Jean JAURÈS

LES
PREUVES

Affaire Dreyfus

En vente à
LA PETITE RÉPUBLIQUE
111, RUE RÉAUMUR — PARIS

Chez tous ses Correspondants et tous les Libraires

LES PREUVES

Jean JAURÈS

LES
PREUVES

Affaire Dreyfus

En vente à
LA PETITE RÉPUBLIQUE
111, RUE RÉAUMUR — PARIS

Chez tous ses Correspondants et tous les Libraires

PRÉFACE

Je réunis en volume, les articles publiés dans *la Petite République*, sur l'affaire Dreyfus. Je tiens d'abord à remercier les lecteurs du journal qui m'ont permis d'entrer dans le détail d'une affaire compliquée, et qui ont bien voulu me suivre dans d'assez longues déductions.

Évidemment, le prolétariat ne veut plus se tenir à des formules générales. Il a, sur l'évolution de la société, une conception d'ensemble ; et l'idée socialiste éclaire devant lui le chemin. Mais il veut aussi connaître à fond et jusque dans les moindres ressorts, le mécanisme des grands événements. Il sait que s'il ne démêle pas les intrigues compliquées de la réaction il est à la merci de tous les mensonges démagogiques : et il vient de donner la mesure de sa force intellectuelle en déjouant un complot où Rochefort était le répondant de l'abbé Garnier.

Saisir la direction générale du mouvement économique qui va vers le socialisme, et pénétrer par l'analyse le détail de la réalité complexe et mouvante, voilà, pour le prolétariat, la pensée complète. Et désormais, dans toutes les grandes crises nationales, il faudra compter avec lui.

Un premier et grand résultat est atteint. La procédure de revision est engagée et la cour de cassation est saisie du dossier de l'affaire. Mais la lutte n'est pas finie : et il y aurait un péril extrême à s'endormir. Les hommes qui ont machiné l'odieux procès contre Picquart pour empêcher l'ouverture de la revision recourront sans doute aux tentatives les plus audacieuses, les plus criminelles, pour troubler et fausser la revision commencée, pour affoler et égarer l'opinion. Désarmer pendant qu'ils se livreront aux plus louches manœuvres, ce serait une fois de plus trahir la vérité. Ce serait aussi trahir la classe ouvrière sur qui la haute réaction militaire épuiserait ses vengeances. Donc, la bataille continue.

Ce n'est pas que nous ayons aucune raison précise de mettre en doute pour l'affaire Dreyfus la bonne foi et le courage de la cour de cassation. Il se peut très bien qu'elle comprenne la grandeur de son devoir et de son rôle, qu'elle veuille faire acte de vérité, produire au jour tous les crimes et toutes les hontes, corriger les erreurs et refouler les violences de la justice militaire. Mais il se peut aussi qu'elle se heurte à de rudes obstacles et que sa vigueur défaille. Elle trouvera devant elle deux difficultés principales. D'abord, le terrain de l'affaire Dreyfus est comme encombré de décisions judiciaires ineptes et iniques, qui peuvent arrêter ou gêner tout au moins la marche de l'enquête. Esterhazy est acquitté à la suite d'une véritable comédie judiciaire ; mais enfin il est acquitté et il est sans doute malaisé de l'appeler de nouveau à s'expliquer. La chambre des mises en accusation, malgré les charges écrasantes de l'information Bertulus, a mis hors de cause, pour les faux Speranza, Esterhazy, du Paty de Clam et Mme Pays ; la cour de cassation a eu beau flétrir ces arrêts étranges; elle a été obligée de les confirmer au fond et quoique pour le faux Blanche un sentier reste ouvert aux poursuites, un gros bloc obstrue le grand chemin.

Enfin l'autorité militaire s'est saisie du colonel Picquart par une procédure jésuitique, mais qui n'est peut-être pas littéralement illégale. Elle essaiera sans doute, par le petit bleu, de retenir à elle l'affaire Dreyfus, et d'opposer à la revision la condamnation criminelle, mais légale, du colonel Picquart, étranglé à huis clos.

Dans le terrain que doit fouiller la cour de cassation il n'y a pas un seul fragment de vérité qui ne soit recouvert d'un mensonge judiciaire. La cour de cassation aura-t-elle le courage de briser ces mensonges légaux pour chercher la vérité? Pourra-t-elle concilier la fonction légale qui lui est assignée par le Code avec la fonction quasi-révolutionnaire que lui assignent les événements?

Elle est la gardienne de la loi; or, la loi, par une application monstrueuse, a travaillé jusqu'ici, dans toute cette affaire, contre la vérité.

La cour de cassation pourra-t-elle rétablir la vérité sans froisser la loi? Et comment délogera-t-elle Esterhazy et du Paty des abris légaux que la trahison gouvernementale a ménagés à l'espion et au faussaire? Voilà la première difficulté.

Il en est une autre. La cour de cassation découvrira certainement, dans son enquête, des vérités terribles. Il est impossible que la longue série des faux produits par les bureaux de la guerre ait pu être fabriquée sans la complicité, ou du moins sans la complaisance des grands chefs. De plus, la forfaiture du général Mercier communiquant aux juges, en violation de la loi, des pièces inconnues de l'accusé et empruntant même ces pièces à un autre dossier que celui de l'affaire Dreyfus est certaine. Sur le général Mercier pèsent donc les responsabilités les plus lourdes.

La cour de cassation aura-t-elle l'énergie d'attaquer les grands chefs, les grands coupables? Et sachant que pour eux la lumière serait mortelle osera-t-elle faire toute la lumière?

Encore une fois, il n'y a dans mes paroles aucune intention blessante pour la cour de cassation. Il se peut qu'elle s'élève au-dessus de toute crainte, au-dessus de toute fausse prudence et qu'elle ait l'entier courage de l'entière vérité.

Je dis seulement que les crimes prolongés de la haute armée et la longue suite des mensonges judiciaires ont créé une situation si terrible que peut-être aucune force organisée de la société d'aujourd'hui ne peut résoudre le problème sans le concours passionné de l'opinion.

Quelle est l'institution qui reste debout ? Il est démontré que les conseils de guerre ont jugé avec la plus déplorable partialité ; il est démontré que l'Etat-Major a commis des faux abominables pour sauver le traître Esterhazy et que la haute armée a communié, sous les espèces du faux, avec la trahison.

Il est démontré que les pouvoirs publics, par ignorance ou lâcheté, ont été traînés pendant trois ans à la remorque du mensonge.

Il est démontré que les magistrats civils, du président Delegorgue au procureur Feuilloley, se sont ingéniés, par des artifices de procédure, à couvrir les crimes militaires.

Et le suffrage universel lui-même, dans son expression légale et parlementaire, n'a su trop longtemps, jusqu'à l'éclair du coup de rasoir, que donner au mensonge et au faux l'investiture nationale.

Oui, quelle est l'institution qui reste debout ? Il n'en est plus qu'une : c'est la France elle-même. Un moment, elle a été surprise, mais elle se ressaisit et même si tous les flambeaux officiels s'éteignent, son clair bon sens peut encore dissiper la nuit.

C'est elle et elle seule qui fera la revision. J'entends par là que tous les organes légaux, la cour de cassation, les conseils de guerre, sont incapables désormais de la vérité complète, si la conscience française n'exige pas chaque jour toute la vérité.

Voilà pourquoi, bien loin de désarmer aujourd'hui, les citoyens qui ont entrepris le combat contre les violences et les fraudes de la justice militaire doivent redoubler d'efforts pour éveiller et éclairer le pays. Voilà pourquoi aussi nous tenons à fournir au prolétariat les éléments de discussion et de preuve que nous avons recueillis.

Beaucoup même de nos adversaires de la première heure ont bien voulu nous dire qu'ils avaient été ébranlés par notre démonstration. Mais toujours un doute revient en eux : Comment est-il possible, disent-ils, que sept officiers français aient condamné un autre officier, sans des preuves décisives ? A vrai dire, un argument aussi général exclurait *a priori* toute erreur judiciaire. Mais il est faux que toujours et en tout cas il y ait entre officiers cette solidarité étroite.

Oui, quand ils ont à se défendre contre les civils, ou contre les simples soldats, ils font bloc. Mais il existe entre eux de terribles rivalités de carrière, d'amour-propre et d'ambition. Que de fois sur le champ de bataille même les généraux se sont trahis les uns les autres, pour ne pas laisser à un rival tout l'éclat de la victoire !

Or, depuis quelques années, il y avait dans l'armée d'implacables luttes de clan. Le parti clérical, ayant perdu pendant la période républicaine de la République la direction des administrations publiques, des services civils, s'était réfugié dans l'armée. Là, les anciennes classes dirigeantes, les descendants de l'armée de Condé se groupaient en une caste hautaine et fermée. Là, l'influence des jésuites, recruteurs patients et subtils de la haute armée, s'exerçait souverainement. Fermer la porte à l'ennemi, au républicain, au dissident, protestant ou juif, était devenu le mot d'ordre.

Depuis des années, la presse catholique signalait le nombre croissant des juifs qui par l'Ecole polytechnique ou l'Ecole de Saint-Cyr entraient dans l'armée. Drumont avait allumé une sorte de guerre civile contre les officiers juifs.

Or, voici qu'un juif pénètre, le premier de sa race, à l'Etat-Major, au cœur même de la place. Après lui sans doute d'autres vont venir : et dans l'antique domaine que se réservait l'aristocratie cléricale exclue un moment des autres fonctions, voici que l'intrus va s'installer.

Vite il faut couper court au scandale. Tout d'abord des rumeurs vagues, des théories générales sont propagées : par quelle imprudence la nation française accueille-t-elle, au centre même de son institution militaire, la race maudite, le peuple de trahison qui, ne pouvant plus crucifier Dieu retiré dans les hauteurs, va crucifier la Patrie? Et aussitôt qu'à l'Etat-Major des fuites de documents sont constatées, c'est vers le juif que se tournent secrètement les yeux :

Ah ! quelle chance si c'était lui ! Ah ! quelle faveur de la Providence, quelle grâce divine si dans le premier juif qui viole de sa seule présence le sanctuaire de l'Etat-Major la trahison s'était logée ! Par lui et en lui tous les autres seraient à jamais discrédités.

Aussi, quand du Paty de Clam constate entre l'écriture du bordereau et l'écriture de Dreyfus quelques vagues analogies, toutes ces haines sournoises, ayant trouvé leur centre, se précipitent et s'organisent. C'est la soudaine cristallisation de la haine.

Dans quelle mesure du Paty de Clam et Henry, les deux meneurs du procès Dreyfus, furent-ils dupes eux-mêmes de cet entraînement? Y eut-il de leur part complaisance fiévreuse au préjugé général? Ou bien est-ce de parti pris, en pleine conscience, qu'ils frappèrent l'innocent? Nous ne le saurons avec certitude que lorsque l'enquête aura été poussée à fond : il nous est impossible encore de savoir quelle fut la part de l'entraînement à demi volontaire, quelle fut la part du calcul scélérat.

Mais ce qui est sûr dès maintenant c'est que, dans les bureaux de la guerre, les cœurs et les cerveaux étaient prêts dès longtemps pour la condamnation du juif. Et voilà sans doute la cause maîtresse d'erreur.

Mais elle ne suffisait pas. Il y a fallu encore l'ambitieuse sottise d'un ministre médiocre et infatué. Le général Mercier, d'abord hésitant, fut peu à peu entraîné par un système combiné de flatteries et de menaces.

Ce pauvre esprit présomptueux, qui prétendait « de son seul flair d'artilleur » résoudre sans étude les problèmes techniques les plus ardus, avait été grisé à la Chambre par les applaudissements qui suivaient sa banale parole. Il crut qu'il pouvait, par l'affaire Dreyfus, jouer un grand rôle : Mater les juifs, sauver la France des menées de trahison, conquérir les bonnes grâces de l'Eglise et l'appui de Rochefort, c'était bâtir à nouveau, sur une base plus solide, la fortune de Boulanger. Quand son entourage clérical vit qu'il souriait à cette pensée, il le brusqua en communiquant aux journaux le nom de l'officier prévenu. Plus tard, *l'Éclair* s'est vanté qu'il a fallu enlever de vive force son assentiment. Mais quand il eut sauté le pas, quand il se fut livré à *la Libre Parole*, quand il eut mis toute sa fortune ministérielle sur cette carte, à tout prix il voulut gagner la partie.

Qu'on joigne à cela la sottise de tout le personnel judiciaire de l'armée, qu'on se rappelle la lamentable imbécillité de Besson d'Ormescheville et de Ravary, on comprendra qu'en ces cerveaux fatigués, l'erreur la plus grossière ait pu germer.

Et par une sorte de fatalité, il se trouve qu'au conseil de guerre qui doit juger Dreyfus, il n'y a aucun officier d'artillerie. Peut-être un officier d'artillerie eût-il fait observer aux juges que le bordereau contenait des détails inapplicables à un artilleur. Il y a notamment, à propos du frein hydraulique, substitué par l'auteur du bordereau au frein hydro-pneumatique, une erreur qu'un officier d'artillerie n'aurait pu commettre.

Personne, au conseil, n'a pu avertir les juges. Et ceux-ci, délibérant sous la communication impérative de pièces secrètes, ont condamné comme à la manœuvre.

Ainsi, bien loin qu'il faille s'étonner de la condamnation de Dreyfus innocent, tant de forces d'erreur et de crime concouraient à le perdre que c'eût été presque miracle qu'il échappât.

Comment ceux qui s'étonnent de la condamnation de Dreyfus ne trouvent-ils pas plus stupéfiant qu'en plein XIXe siècle, en pleine France républicaine, sous un régime d'opinion publique et de contrôle, l'État-Major ait pu accumuler en secret, pendant trois ans, les crimes que l'aveu d'Henry a fait éclater au jour? Oui, pendant trois ans, comme en un antre profond et inaccessible à la lumière, la haute armée de la France a pu fabriquer des faux, se livrer à toutes les manœuvres de mensonge, peut-être même se débarrasser par le crime de Lemercier-Picard et d'Henry, et il a fallu, si je puis dire, un accident, une surprise de clarté, pour que ce fonctionnement normal de scélératesse fût soupçonné du pays.

Sous la République française, avec le gouvernement parlementaire, avec la liberté de la presse et de la tribune, les crimes obscurs des républiques italiennes, assassines et empoisonneuses, ont pu être continués pendant trois ans. Cette guerre à coups de papier faux est comme la reproduction de la guerre sournoise avec des coupes empoisonnées que se livraient les Italiens du XVe et du XVIe siècle. Voilà l'étrange, voilà le surprenant, et non que Dreyfus innocent ait été condamné.

Il faut donc écarter cette sorte de préjugé, et regarder directement les faits. Or, à l'examen des faits, il est certain que Dreyfus est innocent. Les dirigeants ont pu affirmer sa culpabilité. Tant qu'ils l'ont fait en termes généraux, leur affirmation échappait à toute discussion. Mais dès qu'ils essaient de préciser et de produire une preuve, cette preuve tombe. Toutes les fois qu'ils puisent dans le fameux dossier c'est pour remonter à la surface du puits mystérieux ou une sottise ou un faux.

Faut-il croire qu'un sort leur a été jeté? Tous les bâtons sur lesquels ils s'appuient se brisent en leurs mains; c'est du bois pourri. Et lorsque la revision se fera, lorsque le procès recommencera au grand jour, il sera difficile ou mieux il sera impossible à l'État-Major de dresser un acte d'accusation et il s'abîmera lui-même dans le néant.

Aussi, désespérant de trouver désormais des charges sérieuses contre Dreyfus, la haute armée, aidée par la faiblesse des gouvernants et la complicité sournoise de l'Élysée, tente une diversion suprême en essayant de déshonorer et de perdre le colonel Picquart.

De là, la monstrueuse accusation de faux dressée contre lui à propos du petit bleu.

D'avance, dans la série même des articles réunis aujourd'hui dans ce volume, nous avons répondu à cette accusation. J'ajoute seulement, dans cette courte préface, que cette machination scélérate est préparée dès longtemps. Evidemment, l'Etat-Major lui-même la trouve risquée. Tant qu'il a espéré qu'il pourrait se sauver et empêcher la revision sans recourir à cette scélératesse suprême, il l'a ajournée, et c'est seulement quand la revision menaçante était déjà sur lui, qu'il a frappé ce coup de désespoir.

Mais dès longtemps, il le méditait et le tenait en réserve. Dès longtemps, les deux faussaires, Henry et du Paty, préparaient contre Picquart l'accusation de faux.

Elle s'annonce tout d'abord dans la lettre qu'Henry écrit au colonel Picquart en juin 1897, et où il parle de « la tentative de suborner deux officiers du service pour leur faire dire qu'un document classé au service, était de l'écriture d'une personnalité déterminée ». Henry qui avait déjà fabriqué la fausse lettre contre Dreyfus préparait en ce moment contre Picquart de faux témoignages.

Les dépositions de Lauth, si perfides à la fois et si incohérentes, portent la marque d'un entraînement incomplet.

Puis, en novembre 1897, c'est la fausse dépêche Blanche où Esterhazy et du Paty disent au colonel Picquart : « On a des preuves que le bleu a été fabriqué par Georges. » Ainsi, c'est dans un faux que l'accusation de faux commence à s'essayer : c'est une pièce fausse qui sert de berceau au mensonge encore vagissant. Mais dès lors, contre les menteurs et faussaires se dresse cette question terrible : Comment n'avez-vous pas, dès la première heure, dénoncé officiellement le colonel Picquart?

Au procès Esterhazy, en janvier 1898, quand il faut à tout prix sauver le uhlan, l'illustre Ravary, dans son rapport, essaie de jeter le doute sur l'authenticité du petit bleu. Mais ici la question se fait plus pressante encore : Esterhazy est accusé de trahison. L'ancien chef du service des renseignements prétend avoir reçu de ses agents une pièce qui établit entre Esterhazy et M. de Schwarzkoppen des relations louches.

Si cette pièce est fausse, Esterhazy est victime de la plus abominable machination. Si elle est authentique, il y a contre lui une présomption grave. Le premier devoir des enquêteurs et des juges est donc de tirer au clair l'authenticité du petit bleu. Mais non, ils se contentent d'insinuations perfides. Ils n'osent pas dénoncer formellement comme fausse une pièce qu'ils savent authentique. Ils se bornent à la discréditer par des sous-entendus. Jamais machination plus scélérate ne s'étala plus cyniquement.

Aussi attendrons-nous, pour discuter de nouveau et plus à fond cette accusation misérable, de savoir si l'Etat-Major persiste dans cette manœuvre. Il est si répugnant d'engager une discussion sérieuse avec les organisateurs d'un guet-apens, que nous ajournons la nouvelle discussion de fond que nous pourrions produire.

Il nous serait aisé de démontrer par les paroles mêmes de M. Lauth la fausseté de plusieurs parties de son témoignage et l'authenticité du petit bleu. Mais il nous plaît d'attendre que l'Etat-Major produise les nouvelles pièces fausses qu'il a sans doute fabriquées pour cette tentative suprême.

A cette heure, il nous suffit d'avertir une fois de plus les citoyens pour qu'ils ne permettent pas que le colonel Picquart soit jugé dans l'ombre. Qu'on l'accuse en plein jour ; nous ne demandons pas autre chose et nous avons la certitude que l'infamie de ses accusateurs éclatera. Plus de huis clos! Voilà le mot d'ordre des républicains, des honnêtes gens. Que ce soit notre cri de guerre! Et par la seule force de la lumière, nous vaincrons. Et notre grande France généreuse, faisant face une fois de plus aux puissances de réaction et de ténèbres, aura bien mérité du genre humain.

Jean JAURÈS.

Le 29 septembre 1898.

LES PREUVES

De l'examen attentif des faits, des documents, des témoignages, il résulte :

1° Que Dreyfus a été condamné illégalement, en violation des garanties essentielles dues à l'accusé;

2° Que Dreyfus a été condamné par erreur. C'est un innocent qui souffre au loin pour le crime d'un autre, pour la trahison d'un autre. C'est pour prolonger le supplice d'un innocent que sont coalisées aujourd'hui toutes les puissances de réaction et de mensonge.

L'ILLÉGALITÉ

I

Il n'est plus possible de douter aujourd'hui que dans le procès Dreyfus une illégalité violente ait été commise. La loi veut, l'équité et le bon sens veulent que l'accusé connaisse les charges qui pèsent sur lui, les pièces sur lesquelles il est jugé. S'il n'est pas admis à discuter ces pièces et ces charges, s'il n'y peut répondre, s'il ne les connaît même pas, quelle différence y a-t-il entre la prétendue justice et un coup de force?

Ce n'est.pas là un détail de procédure : c'est la garantie

fondamentale du droit; c'est la précaution nécessaire contre la violence et l'erreur.

Or, Dreyfus, cela est certain, n'a pas connu les pièces qui, au dernier moment, ont formé contre lui la conviction des juges.

Le journal *l'Eclair* a été, dès l'origine de cette affaire, l'organe de l'Etat-Major, le journal des bureaux de la guerre. Or, deux ans après le procès, le 15 septembre 1896, *l'Eclair* disait en substance que le ministère de la guerre avait « tort de laisser le doute se glisser dans la conscience publique. Il suffirait, pour dissiper tous les doutes, de dire toute la vérité.

» La vérité était que Dreyfus n'avait pas été condamné seulement pour le bordereau. Une lettre adressée par un attaché militaire allemand à un attaché italien avait été saisie et photographiée; et cette lettre contenait ces mots : « Cette canaille de Dreyfus devient bien exigeant. »

» Cette lettre n'avait été montrée ni à Dreyfus ni à son défenseur; elle n'avait pas été soumise aux juges pendant le procès légal. Mais quand ceux-ci furent réunis dans la chambre du Conseil, hors de la présence de l'accusé, cette pièce leur fut communiquée; et elle décida la condamnation. »

Voilà le récit de *l'Eclair*. On sait aujourd'hui que le journal de l'Etat-Major mentait effrontément en disant que la lettre saisie contenait le nom de Dreyfus. Elle ne portait qu'une initiale. Elle disait : « Ce canaille de D... » comme on peut s'en convaincre par la lecture même qu'en a faite M. Cavaignac à la tribune de la Chambre, le 7 juillet dernier.

II

Mais ce que je retiens pour le moment, c'est que *l'Eclair*, dévoué aux intérêts de l'État-Major, a pu proclamer que la conviction des juges avait été faite contre Dreyfus par une pièce qui n'a été soumise ni à l'accusé ni au défenseur, et qu'aucun démenti n'est intervenu.

Depuis deux ans, depuis le 15 septembre 1896, depuis que cette révélation de *l'Eclair* a jeté l'angoisse dans toutes les consciences honnêtes, personne, au ministère de la guerre, n'a osé nier cette monstrueuse violation du droit.

Bien mieux, les juges du Conseil de guerre l'ont eux-mêmes avouée. Un ancien magistrat, M. Salles, causait avec l'un d'eux; il lui disait :

« Expliquez-moi donc comment l'avocat de Dreyfus, Mᵉ Demange, que je tiens pour un honnête homme et un galant homme, persiste à dire deux ans après le procès que Dreyfus est innocent et qu'il ne s'explique pas sa condamnation.

— Mais c'est bien simple, lui répondit le juge du Conseil de guerre, sans se douter de l'énormité de sa réponse : c'est que nous avons jugé sur des pièces que ni Dreyfus ni Mᵉ Demange n'ont vues. »

Ces jours-ci, M. Salles, effrayé par les attaques des journaux de l'Etat-Major, a écrit que jamais il n'a cru à l'innocence de Dreyfus, ou approuvé l'acte de Zola. Mais il ne s'agit point de cela. Son opinion sur le fond du procès n'a jamais été en cause. Ce qui a été dit, ce qu'il ne dément pas, ce qu'il ne peut pas démentir, c'est qu'il a reçu d'un juge la confidence de l'illégalité.

Dans un pays qui aurait quelque souci de la liberté et du droit, les pouvoirs publics se seraient hâtés de faire la lumière sur cet attentat. Chez nous, dans la France abaissée par la réaction militaire et cléricale, les gouvernements ont fait le silence; les magistrats ont bâillonné les indiscrets.

Le général Billot, ministre de la guerre, donnant aux mots je ne sais quel sens hypocrite, déclarait à la tribune que Dreyfus avait été « justement et légalement condamné »; mais quand on pressait les gouvernants de s'expliquer sur cette communication irrégulière de la pièce secrète, pas de réponse.

A la tribune de la Chambre, le 24 janvier 1898, j'ai posé nettement la question :

« Oui ou non, une pièce pouvant former ou fortifier la conviction des juges, a-t-elle été communiquée aux juges sans l'être à l'accusé? Oui ou non ? »

Et j'ai, plusieurs minutes, attendu la réponse. M. Méline, hésitant, troublé, a fini par balbutier : « On vous répondra ailleurs. »

Mais non ! C'est à la Chambre même, c'est devant le pays qu'on aurait dû me répondre ! Le Parlement n'est pas chargé d'appliquer la loi ; mais son premier devoir est de veiller, par l'intermédiaire du gouvernement responsable, à l'observation de la loi, au maintien des garanties légales sans lesquelles un procès n'est qu'un guet-apens.

Et lorsqu'un Parlement abdique ce devoir essentiel, lorsque, par peur de la haute armée qui a criminellement violé la loi, il n'ose même pas se renseigner, lorsqu'il permet au gouvernement d'éluder par une misérable échappatoire une question précise, il n'y a plus de liberté certaine dans un pays : ce qui nous en reste nous est laissé par pure tolérance.

III

Mais s'il était faux que la loi eût été violée, s'il était faux que les juges eussent condamné sur une pièce que l'accusé ne connaissait pas, qu'est-ce qui empêchait M. Méline de se lever et de dire : Non !

D'un seul mot, il calmait l'inquiétude des consciences droites. Ce mot, il ne l'a pas dit, et son silence est un aveu décisif.

Du moins, cette réponse que le gouvernement me refusait à la Chambre, l'a-t-on donnée ailleurs au pays ?

Ailleurs ? ce pouvait être la cour d'assises. Or, à la cour d'assises, le président Delegorgue n'avait qu'un souci : empêcher que la question ne fût posée.

C'est par une sorte de ruse que M⁰ Demange a pu faire allusion au récit que lui avait fait M. Salles.

Quant au général Mercier, qui comme ministre de la guerre avait communiqué la pièce secrète, il était trop heureux de s'appuyer, pour ne pas répondre, sur l'arrêt de la cour, qui mutilait le procès et qui défendait de toucher à l'affaire Dreyfus.

Dans la troisième audience du procès Zola *(9 février, page 167 du volume, tome I*^{er} *du compte rendu sténographique)*, M° Labori demande au général Mercier :

« M. le général Mercier pourrait-il nous dire si une pièce secrète a été communiquée au Conseil de guerre dans l'affaire Dreyfus en 1894, en dehors du débat?

» M. LE PRÉSIDENT. — Pouvez-vous répondre à la question?

» M. LE GÉNÉRAL MERCIER. — Je crois que l'affaire Dreyfus n'est pas en question, et qu'il est intervenu un arrêt de la cour qui interdit de la mettre en question. »

Voilà donc l'ancien ministre de la guerre qui, pour ne pas répondre à une question redoutable où sa responsabilité était engagée, se réfugie, pour parler comme le procureur général Bertrand, « dans le maquis de la procédure ».

Et un peu plus loin :

« M° LABORI. — Je crois avoir posé à M. le général Mercier la question de savoir si une pièce secrète avait été communiquée au Conseil de guerre en 1894?

» M. LE PRÉSIDENT. — Non, vous ne l'avez pas posée et je refuse de la poser.

» M° LABORI. — Alors, à cet égard, je vais déposer des conclusions sur le bureau de la cour.

» M. LE PRÉSIDENT. — Pourquoi?

» M° LABORI. — Je vais dire dans quel esprit, monsieur le président.

» M° CLÉMENCEAU. — La question a été posée au témoin par M. le Président, et le général Mercier a répondu qu'il y avait un arrêt de la cour qui l'empêchait de répondre. Par conséquent, si M. le général Mercier n'avait pas eu des susceptibilités juridiques, il aurait parlé...

» M. le Président. — Mais je l'aurais arrêté, soyez tranquille ; nous ne sommes pas une cour de revision, mais une cour d'assises ; souvenez-vous-en. »

Ainsi, pendant que la défense multiplie les efforts pour que le général Mercier s'explique sur cette question vitale qui touche au droit essentiel, aux libertés essentielles de tous les citoyens, le général Mercier, protégé par le président, multiplie les efforts pour ne pas répondre.

Et pourtant, s'il était faux qu'une pièce eût été communiquée aux juges en dehors du débat, le général Mercier n'avait qu'à crier : « C'est faux ! »

D'un seul mot, il libérait la conscience du pays, il se libérait lui-même d'un terrible fardeau. Mais ce mot, il ne pouvait pas le dire : et pour lui comme pour M. Méline, ce silence forcé est un aveu.

IV

Un peu plus tard encore, dans la même audience, un malentendu ayant paru se produire, la défense précise une fois encore.

« Mᵉ Labori. — Je demande la permission de bien préciser la question. M. le général Mercier dit-il, — je ne suis pas sûr d'avoir bien compris — M. le général Mercier dit-il qu'il n'est pas vrai qu'une pièce secrète ait été communiquée? Ou M. le général Mercier dit-il qu'il ne l'a répété à qui que ce soit? Je le prie de ne pas laisser d'équivoque dans sa réponse.

» M. le général Mercier. — Je n'ai pas à répondre à la première question (Mouvements divers) ; mais, en ce qui concerne la seconde, je dis que ce n'est pas exact. »

Voilà qui est clair. Le général Mercier affirme qu'il n'a pas parlé aux journaux de la communication de la pièce secrète. Il se refuse à affirmer que cette communication n'a pas eu lieu.

O bravoure militaire ! O splendide honneur de l'armée !

Pendant le procès Zola, les généraux ont été audacieux quand ils ne risquaient rien.

Le général de Pellieux a pu dire que discuter l'excellence de l'Etat-Major, c'était envoyer les enfants de la France à la boucherie. Il a pu, sans autorisation, jeter dans le débat les pièces d'ailleurs ineptes du dossier secret.

Le général de Boisdeffre a pu menacer le jury, s'il acquittait Zola, d'une démission collective de l'Etat-Major, d'une grève générale des officiers supérieurs.

Ils savaient bien l'un et l'autre qu'ils étaient couverts, en ces propos factieux, par la faiblesse du gouvernement, par l'imbécillité de la Chambre, par l'indifférence lâche du pays.

Mais quand il fallait assumer vraiment une grande et redoutable responsabilité, alors nos héros fléchissaient. Le général Mercier pouvait dire : « Oui, j'ai pris sur moi, dans un intérêt que j'ai jugé supérieur à tous les autres, de violer la loi, de suspendre pour l'accusé Dreyfus, les garanties légales. Et je revendique bien haut ce que j'ai fait. »

La vérité et l'honneur lui commandaient de parler ainsi. Il a préféré se taire, s'abriter derrière les prétextes de procédure que lui fournissait la complaisance de la cour. Il a donné ainsi à la criminelle violation de la loi commise par lui, je ne sais quoi de sournois et d'obscur.

Mais, malgré tout, la vérité éclate. S'il n'a pas eu le courage d'avouer, il n'a pas eu non plus l'audace de nier.

Et le fait est acquis maintenant, certain, indiscutable, que l'accusé Dreyfus n'a pas été jugé : car il n'y a jugement que lorsqu'il y a débat contradictoire entre l'accusation et l'accusé. Et sur certaines pièces essentielles il n'y a pas eu débat.

L'accusé a été étranglé sans discussion, il a été assommé par derrière d'un document qu'il n'a jamais vu, et il ne sait pas encore à cette heure pourquoi il a été condamné.

V

Aussi bien, cette illégalité monstrueuse, les gouvernants ne la contestent même plus. Lisez, à l'*Officiel* du 7 juillet 1898, le discours de M. Cavaignac que la Chambre a affiché. Il affirme la culpabilité de Dreyfus et nous verrons par quelle erreur grossière. Mais il n'ose plus, comme le faisait le général Billot, falsifier la langue française et dire que Dreyfus avait été LÉGALEMENT condamné.

Comment d'ailleurs eût-il pu le dire ? Lui-même il a apporté à la tribune, il a lu à la Chambre deux documents, de mars et avril 1894, c'est-à-dire antérieurs de quelques mois au procès Dreyfus. Et dès lors, une question bien simple se posait : Ou bien ces documents n'ont pas été soumis aux juges ; ils n'ont pas été considérés au moment du procès comme une charge contre Dreyfus, et pourquoi donc leur donne-t-on aujourd'hui une valeur accusatrice qu'on ne leur a pas donnée alors ? Ou bien, ils ont été communiqués aux juges, mais comme ils ne sont même pas mentionnés dans l'acte d'accusation, il est clair qu'ils ont été soumis aux juges sans être montrés à l'accusé.

L'illégalité est donc flagrante. Comment un de nos amis ne s'est-il pas levé pour demander simplement à M. Cavaignac :

« Monsieur le ministre, ces deux documents que vous venez de nous lire et qui, selon vous, constituent des preuves, Dreyfus les a-t-il connus ? A-t-il été admis à les discuter ? »

Mais non ; les députés, peu au courant de l'affaire, ont été troublés sans doute par la lecture de pièces sans valeur. Ils ont pris pour un vent de tempête le pauvre souffle, ridicule et débile, de l'Etat-Major aux abois, et ils se sont inclinés.

Ils n'ont même pas pensé à la question de droit qui domine tout.

Peu importe : ce qui demeure c'est que M. Cavaignac s'est tu sur la légalité du procès, et après le silence significatif de M. Méline, après le silence significatif de M. le général Mercier, le silence de M. Cavaignac est aussi un aveu, l'aveu suprême.

VI

Il ne reste donc plus qu'une ressource à ceux qui veulent maintenir à tout prix ce qu'ils appellent « la chose jugée », même quand elle a été jugée contre la loi et le droit. Ils peuvent dire, comme l'a dit M. Alphonse Humbert : « Soit, la loi a peut-être été violée ; les garanties légales ont été refusées à l'accusé Dreyfus ; mais jamais on n'en pourra avoir la preuve certaine, juridique. C'est à huis clos que jugeaient les juges : nul n'a le droit de savoir ce qu'ils ont fait. Nul n'a le droit de le leur demander ; et, en tout cas, il dépend d'eux de ne pas répondre. »

Ainsi, voilà où en sont réduits les avocats de l'État-Major. Il se peut qu'un crime ait été commis contre un accusé, contre un homme. Mais comme ce crime a été commis à huis clos, comme il n'y a aucun moyen légal de le rechercher, cela ne compte pas.

Je ne connais pas de théorie plus absurde à la fois et plus révoltante. D'abord, elle est fausse. Le jour où un gouvernement honnête et ferme le voudra, il connaîtra, et dans les formes juridiques, la vérité. Il n'aura qu'à interroger le général Mercier : « Avez-vous oui ou non communiqué aux juges, en dehors des débats, certains documents ? »

Il n'aura qu'à le demander aux juges eux-mêmes. Ceux-ci à coup sûr, libres enfin de parler, ne se réfugieront pas dans l'obscurité où les veut tenir M. Alphonse Humbert. Ils ne se cacheront pas, comme d'un crime,

1.

de l'acte qu'ils ont accompli sans doute inconsciemment, et, pressés de dire la vérité, ils n'ajouteront pas à leur funeste imprudence la honte d'une dénégation mensongère ou la lâcheté d'un silence calculé.

En tout cas, il est prodigieux qu'on puisse dire et écrire dans notre pays, que, pour qu'un crime soit comme nul et non avenu, il suffit qu'il ait été commis par des juges à huis clos. Quoi! des indices graves, décisifs même, les insdicrétions de l'Etat-Major écrivant aux journaux, les confidences des juges eux-mêmes, le silence embarrassé du ministre compromis, le silence de tous les gouvernants, tout cela permettra d'affirmer qu'un Conseil de guerre a jugé un homme comme on abat un chien suspect, sans discussion, sans garantie! Et parce que ce crime a été commis dans l'obscurité du huis clos, il faudra renoncer à jamais à tout espoir de vérité, à tout espoir de justice!

Il semble au contraire que le huis clos en isolant le juge, accroît sa responsabilité. Il l'oblige à se surveiller plus étroitement lui-même, et n'ayant plus le contrôle de l'opinion publique, à accepter plus rigoureusement encore le contrôle de la loi.

Si, comme le prétend M. Alphonse Humbert, les juges peuvent abuser du huis clos pour violer la loi, s'ils peuvent décharger leur sentence sur l'accusé comme on décharge un fusil sur une bête mauvaise, et si, après ce crime, ils peuvent invoquer le huis clos pour échapper à toute enquête et se rire de toute vérité, je demande ce qui nous sépare de la barbarie.

Mais ces théories monstrueuses ne dureront qu'un jour. Elles sont l'expédient désespéré de l'Etat-Major tremblant. Il n'ose pas nier qu'une illégalité déplorable ait été commise. Il voit que sur ce point la certitude des esprits est entière; il espère seulement que cette certitude morale ne deviendra pas une certitude juridique et qu'il pourra échapper à une revision qui démontrerait à la fois la coupable incorrection des juges et leur erreur.

Ce calcul sera déjoué : il faudra bien qu'un jour, sous la poussée de la conscience publique, les gouvernants demandent au général Mercier et aux juges du Conseil de guerre : « Oui ou non, cet homme a-t-il été jugé sur des pièces ignorées de lui ? » Et la réponse n'est pas douteuse.

L'INTÉRÊT SOCIALISTE

Ce jour-là, nous aurons le droit de nous dresser, nous socialistes, contre tous les dirigeants qui depuis des années nous combattent au nom des principes de la Révolution française.

« Qu'avez-vous fait, leur crierons-nous, de la déclaration des Droits de l'Homme et de la liberté individuelle ? Vous en avez fait mépris ; vous avez livré tout cela à l'insolence du pouvoir militaire. Vous êtes les renégats de la Révolution bourgeoise. »

Oh ! je sais bien ! Et j'entends le sophisme de nos ennemis : « Quoi ! nous dit doucereusement *la Libre Parole*, ce sont des socialistes, des révolutionnaires qui se préoccupent de légalité ! »

Je n'ai qu'un mot à répondre. Il y a deux parts dans la légalité capitaliste et bourgeoise. Il y a tout un ensemble de lois destinées à protéger l'iniquité fondamentale de notre société ; il y a des lois qui consacrent le privilège de la propriété capitaliste, l'exploitation du salarié par le possédant. Ces lois, nous voulons les rompre, et même par la Révolution, s'il le faut, abolir la légalité capitaliste pour faire surgir un ordre nouveau. Mais à côté de ces lois de privilège et de rapine, faites par une classe et pour elle, il en est d'autres qui résument les pauvres progrès de l'humanité, les modestes garanties qu'elle a peu à peu conquises par le long effort des siècles et la longue suite des Révolutions.

Or parmi ces lois, celle qui ne permet pas de condamner un homme, quel qu'il soit, sans discuter avec lui est la plus essentielle peut-être. Au contraire des nationalistes qui veulent garder de la légalité bourgeoise tout ce qui protège le Capital, et livrer aux généraux tout ce qui protège l'homme, nous, socialistes révolutionnaires, nous voulons, dans la légalité d'aujourd'hui, abolir la portion capitaliste et sauver la portion humaine. Nous défendons les garanties légales contre les juges galonnés qui les brisent, comme nous défendrions au besoin la légalité républicaine contre des généraux de coup d'Etat.

Oh! je sais bien encore et ici ce sont des amis qui parlent : « Il ne s'agit pas, disent-ils, d'un prolétaire ; laissons les bourgeois s'occuper des bourgeois. » Et l'un d'eux ajoutait cette phrase qui, je l'avoue, m'a peiné : « S'il s'agissait d'un ouvrier, il y a longtemps qu'on ne s'en occuperait plus. »

Je pourrais répondre que si Dreyfus a été illégalement condamné et si, en effet, comme je le démontrerai bientôt, il est innocent, il n'est plus ni un officier ni un bourgeois : Il est dépouillé, par l'excès même du malheur, de tout caractère de classe ; il n'est plus que l'humanité elle-même, au plus haut degré de misère et de désespoir qui se puisse imaginer.

Si on l'a condamné contre toute loi, si on l'a condamné à faux, quelle dérision de le compter encore parmi les privilégiés ! Non : il n'est plus de cette armée qui, par une erreur criminelle, l'a dégradé. Il n'est plus de ces classes dirigeantes qui par poltronnerie d'ambition hésitent à rétablir pour lui la légalité et la vérité. Il est seulement un exemplaire de l'humaine souffrance en ce qu'elle a de plus poignant. Il est le témoin vivant du mensonge militaire, de la lâcheté politique, des crimes de l'autorité.

Certes, nous pouvons, sans contredire nos principes

et sans manquer à la lutte des classes, écouter le cri de notre pitié ; nous pouvons dans le combat révolutionnaire garder des entrailles humaines ; nous ne sommes pas tenus, pour rester dans le socialisme, de nous enfuir hors de l'humanité.

Et Dreyfus lui-même, condamé à faux et criminellement par la société que nous combattons, devient, quelles qu'aient été ses origines, et quel que doive être son destin, une protestation aiguë contre l'ordre social. Par la faute de la société qui s'obstine contre lui à la violence, au mensonge et au crime, il devient un élément de Révolution.

Voilà ce que je pourrais répondre ; mais j'ajoute que les socialistes qui veulent fouiller jusqu'au fond les secrets de honte et de crime contenus dans cette affaire, s'ils ne s'occupent pas *d'un ouvrier*, s'occupent *de toute la classe ouvrière*.

Qui donc est le plus menacé aujourd'hui par l'arbitraire des généraux, par la violence toujours glorifiée des répressions militaires? Qui ? Le prolétariat. Il a donc un intérêt de premier ordre à châtier et à décourager les illégalités et les violences des conseils de guerre avant qu'elles deviennent une sorte d'habitude acceptée de tous. Il a un intérêt de premier ordre à précipiter le discrédit moral et la chute de cette haute armée réactionnaire qui est prête à le foudroyer demain.

Puisque, cette fois, c'est à un fils de la bourgeoisie que la haute armée, égarée par des luttes de clan, a appliqué son système d'arbitraire et de mensonge, la société bourgeoise est plus profondément remuée et ébranlée, et nous devons profiter de cet ébranlement pour diminuer la force morale et la puissance d'agression de ces Etats-Majors rétrogrades qui sont une menace directe pour le prolétariat.

Ce n'est donc pas servir seulement l'humanité, c'est servir directement la classe ouvrière que de protester, comme nous le faisons, contre l'illégalité, maintenant démontrée, du procès Dreyfus et contre la monstrueuse prétention d'Alphonse Humbert de sceller à jamais ce crime militaire dans l'impénétrabilité du huis clos.

ILLÉGALITÉ ET RAISON D'ÉTAT

I

Et ce qu'il y a de plus grave, c'est que cette illégalité certaine, indiscutable, n'était commandée par aucun intérêt national. On a beaucoup dit, dans les journaux, que si on n'avait pas montré à l'accusé et à son défenseur les pièces secrètes communiquées aux juges, c'était afin de ne pas blesser les puissances étrangères, auxquelles ces pièces avaient été dérobées.

Cette raison est misérable, car le huis clos supprimait à cet égard tout péril.

Que craignait-on? Que pouvait-on craindre? Que l'avocat commît une indiscrétion? Mais il méritait autant de confiance que les six juges militaires auxquels les pièces furent montrées.

Craignait-on que l'accusé ne parlât? Il était au secret, rigoureusement isolé du reste du monde. Et plus tard, s'il était reconnu innocent, nul n'aurait regretté, j'imagine, de lui avoir fourni les moyens de s'expliquer, de se défendre. Si, au contraire, il était reconnu coupable, il était plus que jamais séparé des autres hommes, muré vivant dans un tombeau d'où aucune parole indiscrète ne pouvait s'échapper.

Prononcer le huis clos pour soustraire le débat à l'étranger, et ensuite, dans cette salle bien close, laisser ignorer à l'accusé les pièces sur lesquelles on le juge, c'est une intolérable contradiction.

D'ailleurs, si ce scrupule était sérieux, pourquoi a-t-on montré à Dreyfus et à son avocat le bordereau? Les deux pièces « secrètes » sont la photographie d'une correspondance entre l'attaché militaire italien et l'attaché militaire allemand. Le bordereau est une lettre d'envoi dérobée à la légation militaire allemande. Au point de vue des relations internationales, la saisie du bordereau, au domicile même de la légation, était bien plus grave que la saisie momentanée d'une correspondance photographiée au passage. Et cela n'empêchait pas tous les journaux acharnés contre Dreyfus, au moment du procès, de parler librement du bordereau et des conditions dans lesquelles il avait été saisi. Cela n'empêchait pas les bureaux de la guerre de verser le bordereau au procès légal et de le communiquer régulièrement à l'accusé et à son défenseur comme aux juges.

Par quelle incohérence, par quel désordre d'esprit peut-on soutenir qu'il était possible, sans compromettre la paix internationale, de soumettre le bordereau à l'accusé et qu'il n'était pas possible de lui soumettre les lettres des attachés? Ce sont là, manifestement, des raisons trouvées après coup.

II.

Aussi bien, depuis le discours de M. Cavaignac à la séance du 7 juillet, il faut renoncer à ces misérables prétextes. M. Cavaignac, ministre de la guerre, a déclaré, aux applaudissements de toute la Chambre : « Nous sommes maîtres de traiter nos affaires chez nous comme nous l'entendons. »

A la bonne heure, et j'applaudis aussi. Mais cela signifie que nous avions le droit et le devoir de conduire le procès Dreyfus selon les formes de la loi française. Cela signifie que jamais la France n'a été obligée de sacrifier à d'humiliants calculs de fausse prudence internationale les garanties légales qu'elle a instituées pour tous ses enfants, et ses devoirs de nation civilisée.

Par ces paroles, M. Cavaignac démontrait, sans le vouloir probablement, que l'illégalité monstrueuse commise contre Dreyfus était doublement criminelle, car, en même temps qu'elle est une violation du droit individuel, elle est, au point de vue national, humiliante et inutile.

Inutile? elle l'est si evidemment que M. Cavaignac a pu, sans danger, sans inconvénient aucun, lire à la tribune de la Chambre, devant le pays, devant l'Europe, devant le monde entier, les deux pièces que, d'après nos grands patriotes, on ne pouvait pas montrer à l'accusé Dreyfus.

Ainsi, aujourd'hui, en vertu d'une communication publique, officielle, du gouvernement français, toutes les puissances étrangères connaissent les pièces sur lesquelles Dreyfus a été jugé. L'Allemagne les connaît, l'Italie les connaît, le monde entier les connaît.

Seul, l'accusé Dreyfus ne les connaît pas.

Je ne crois pas que dans l'histoire des crimes judiciaires il y ait eu jamais un paradoxe aussi violent.

Le huis clos, dans les procès, a pour but de montrer à l'accusé certaines pièces en les cachant au reste du monde. Les bureaux de la guerre ont conduit si étrangement le procès Dreyfus qu'enfin les pièces du jugement ont été cachées à l'accusé seul et montrées au reste du monde.

C'est un renversement scandaleux non seulement de toute justice, mais de toute raison. C'est un défi au bon sens aussi bien qu'à la conscience.

Peut-être, après tout, le peuple de France, si facile aux entraînements chauvins, avait-il besoin de cet exemple et de cette leçon pour savoir où conduit le patriotisme professionnel de certains agités. Quand il a fallu étrangler Dreyfus, quand il a fallu accabler ceux qui pour lui réclamaient la loi commune et la justice, nos grands patriotes ont crié : « C'est dans l'intérêt de la France qu'on a dû violer la loi ; on a caché à l'accusé les pièces qui décidèrent les juges! Tant pis! La France au-dessus de tout! Il ne fallait pas qu'une indiscrétion quelconque pût la compromettre! »

Et les mêmes hommes acclament M. Cavaignac apportant à la tribune, et livrant à l'univers, les papiers « secrets! »

Quand donc les « patriotes » cesseront-ils de se moquer de nous? S'ils veulent subordonner la loi et asservir la France à leurs fantaisies, qu'ils aient du moins quelque suite, et qu'ils ne nous infligent pas l'incohérence dans la servitude!

En tout cas, dès maintenant, et après le discours de M. Cavaignac, il n'est plus permis de dire que l'illégalité est nécessaire; il n'est même plus permis de dire que le huis clos est nécessaire. Les raisons de prétendu patriotisme dont on couvrait toutes les violences ne tiennent plus; le tambour dont le roulement couvrait toute discussion, toute parole libre, est crevé.

Il est entendu aujourd'hui que la France peut sans péril juger au grand jour et selon sa loi ; et quand la conscience publique, révoltée enfin contre la monstrueuse iniquité et la monstrueuse erreur de l'affaire Dreyfus, obligera les gouvernants à rouvrir le procès, ce ne sera plus un procès de violence et de ténèbres; c'est dans la pleine lumière d'un débat public, c'est sous la garantie de la loi, que l'accusé sera jugé de nouveau.

III

Mais puisque la criminelle illégalité commise contre Dreyfus était à ce point inutile, pourquoi le ministre et les bureaux de la guerre s'y sont-ils risqués? Puisqu'ils communiquaient dans les formes légales le bordereau, puisqu'il n'y avait aucun péril à soumettre aussi à l'accusé, dans les formes légales, les deux lettres des attachés militaires, par quelle aberration se sont-ils mis, sans raison décisive, en dehors de la loi?

Nous le saurons, avec précision, quand un gouvernement probe obligera le général Mercier à parler, à dire enfin dans quelles circonstances et pour quel objet il a pesé sur l'esprit des juges, en dehors du débat, par la production des pièces secrètes.

Mais, dès maintenant, on peut conjecturer que si une illégalité aussi scélérate à la fois et aussi inutile a été commise, c'est par un effet combiné d'inconscience, de honteux calcul et d'entraînement.

Il y a eu inconscience, car les généraux, les juges militaires, peu habitués aux formes légales, au respect de la pensée et de la libre discussion, ne se sont pas rendu parfaitement compte de l'énormité qu'ils commettaient en jugeant un homme sur des pièces qu'ils ne lui soumettaient pas. La preuve, c'est la naïveté tranquille de l'officier racontant à M. Salles, comme chose naturelle, la scandaleuse violation du droit à laquelle il avait participé.

Il y a eu calcul aussi : l'affaire était lancée ; la presse aboyeuse exigeait la condamnation « du juif », quand même, à tout prix. Les habiles et les forcenés des bureaux de la guerre, en relations avec *la Libre Parole*, avaient promis la victime : il ne fallait point qu'elle échappât. Et pour cela, il fallait qu'elle discutât le moins possible.

Puisque le bordereau, qu'on avait cru suffisant, laissait les juges perplexes, puisqu'ils hésitaient, il fallait leur envoyer en hâte des documents nouveaux, des pièces de renfort.

Mais ces pièces, on ne les jugeait pas très solides, puisqu'on ne les avait même pas jointes au dossier.

Qui sait si l'accusé, admis à les discuter, ne les réduirait pas à néant? Le plus sage était qu'il ne les vît pas.

D'ailleurs, comment les introduire légalement, au dossier, à la dernière heure? Il aurait fallu expliquer, devant l'accusé, pourquoi on ne les y avait pas mises plus tôt. Il aurait fallu expliquer pourquoi on ne les avait pas jusque-là considérées comme des charges et pourquoi brusquement elles devenaient des moyens d'accusation.

De plus, en improvisant ainsi à la dernière heure des moyens nouveaux de conviction, on aurait appris à l'accusé que la base première de l'accusation chancelait. Et cette première défaite officielle de l'accusation connue du défenseur, pouvait se changer en déroute. Il valait mieux vraiment passer par-dessus la tête de l'accusé.

On pouvait dire aux juges : « Vous hésitez, mais voici des pièces que, pour des raisons mystérieuses et diplomatiques, nous n'avions pas jointes au dossier. Puisque le bordereau ne suffit pas, voici ces documents : à la dernière heure, nous les confions à votre patriotisme. »

Oui, cela était plus sûr : et ainsi la condamnation dont on avait besoin était certaine ! Car, comment les juges auraient-ils pu résister ? Des officiers, tant qu'ils jugent selon les formes légales, sont indépendants de tout et de tous. Ils n'ont plus qu'un chef, la loi ; et celle-ci, par sa force souveraine, les élève au-dessus de toute crainte ; elle les affranchit de la coutumière discipline. Un moment, ils ne relèvent que de leur conscience.

Au contraire, quand ils sont placés, par une communication irrégulière du ministre, en dehors des conditions légales et pour ainsi dire hors de l'enceinte même de la loi, ils ne sont plus des juges ayant affaire à la loi seule : ils sont des subordonnés ayant affaire à leur chef.

Le ministre agissant hors de la loi, avec son autorité gouvernementale, avec sa puissance de chef, c'est s'insurger contre l'autorité, c'est se rebeller contre le chef que de refuser la condamnation que comme chef il sollicite. Et en ce sens vraiment, on peut dire que le premier Conseil de guerre a jugé par ordre.

La loi qui est la garantie de l'accusé est en même temps la garantie du juge : supprimer la loi, c'est livrer l'accusé à l'arbitraire du juge, c'est livrer le juge à l'arbitraire de ses maîtres.

IV

D'ailleurs, comment les officiers du Conseil de guerre auraient-ils pu examiner sérieusement les pièces qui leur étaient soumises, hors de l'accusé? Supposons qu'un des juges ait eu un doute. Supposons qu'il ait dit : « Il ne me semble pas, d'après tel détail de ces lettres, qu'elles s'appliquent à Dreyfus. » La tentation devenait alors irrésistible, la nécessité apparaissait impérieuse de provoquer les explications de l'accusé.

Or, c'est cela précisément qui leur était défendu. Ils n'avaient donc plus qu'une ressource : ne pouvant poser des questions à l'accusé, ils ne devaient pas s'en poser à eux-mêmes. Ne pouvant éclaircir leurs doutes, ils n'en devaient pas avoir.

Et, en effet, ils n'en eurent pas. Le ministre prenait tout sur lui ; le ministre savait pour eux : ils obéirent. Les yeux fermés, ils frappèrent, et ainsi le crime fut accompli.

La seule excuse de tous ces hommes et du ministre lui-même, c'est qu'en tout cela il y eut plutôt entraînement que préméditation. Le général Mercier et M. du Paty de Clam, grisés peu à peu par la passion mauvaise des journaux et de l'opinion, avaient cru que le bordereau leur suffirait à emporter d'emblée la condamnation.

Devant les hésitations des juges, que troublait la démonstration délirante de l'expert Bertillon, ils font en toute hâte une levée de documents nouveaux; ils ne prennent pas la peine d'en éprouver la valeur; ils ne laissent aux juges ni le temps ni la liberté d'esprit de les examiner; ils jettent au dernier moment, et sans que l'accusé soit prévenu, des pièces suspectes dans la balance hésitante de la justice.

Et cet attentat, un des plus douloureux qu'ait vu l'histoire, ressemble à une effroyable improvisation. Mieux préméditée, l'illégalité eût été peut-être plus criminelle :

elle eût été moins dangereuse. Car, du moins, avant de se prononcer sur des pièces que l'accusé ne connaîtrait pas, eût-on pris la précaution de les étudier sérieusement, d'en contrôler la valeur.

Mais non : c'est à la dernière heure, c'est parce que le procès semblait chanceler qu'on lui applique du dehors et en toute hâte des étais de hasard.

Improvisation dans l'arbitraire! Etourderie dans le crime! Non seulement il y avait ainsi violation du droit, illégalité : mais l'illégalité était commise dans des conditions telles que les chances d'erreur étaient terriblement accrues.

Et, en effet, il y a eu erreur. C'est un innocent qui est à l'île du Diable.

DREYFUS INNOCENT

Il y a contre Dreyfus trois ordres de preuves : 1° le bordereau ; 2° les pièces dites secrètes que M. Cavaignac a lues à la tribune le 7 juillet dernier ; 3° les prétendus aveux faits par Dreyfus au capitaine Lebrun-Renaud.

Si donc nous démontrons qu'aucune de ces preuves prétendues n'a la moindre valeur, si nous démontrons que le bordereau sur lequel a été condamné Dreyfus n'est pas de Dreyfus, mais d'Esterhazy ; si nous démontrons que des trois pièces citées par M. Cavaignac, deux ne peuvent s'appliquer à Dreyfus et que la troisième est un faux imbécile ; si nous démontrons enfin que les prétendus aveux n'ont jamais existé, et qu'au contraire Dreyfus, devant le capitaine Lebrun-Renaud comme devant tout autre, a toujours affirmé énergiquement son innocence, il ne restera rien des charges imaginées contre lui. Il ne restera rien des misérables preuves alléguées, et son innocence, que les amis du véritable traître Esterhazy essaient vainement de nier, éclatera à tous les yeux. Or, pour ceux qui prennent la peine de regarder et de réfléchir, cette triple démonstration est faite ; les éléments de vérité déjà connus suffisent à l'assurer, et c'est avec confiance que je soumets, à tous ceux qui cherchent la vérité, les observations qui suivent.

LES PRÉTENDUS AVEUX

I

Et j'aborde tout de suite la légende des aveux de Dreyfus. Il importe, avant d'entrer dans le fond de l'affaire, de dissiper ce mensonge par lequel on prétend même supprimer la discussion.

Les aveux de Dreyfus, c'est l'argument principal de M. Cavaignac. Dans son discours du 7 juillet dernier, il n'a pas dit un mot de la légalité du procès; bien mieux, quand il a résumé les faits qui, selon lui, démontrent la culpabilité de Dreyfus, *il n'a pas dit un mot du bordereau*. Il considère sans doute qu'il n'est plus possible aujourd'hui de l'attribuer à Dreyfus.

Il s'est appliqué, laborieusement, à démontrer l'authenticité d'une pièce secrète qui est le faux le plus ridicule; mais il ne s'est pas risqué à dire que sa « certitude » reposait là-dessus.

Non, sa certitude, c'est sur les prétendus aveux de Dreyfus qu'il la fonde tout entière. Il dit textuellement :

« Messieurs, ce n'est pas tout; il y a encore un autre ordre de faits. Et je déclare, quant à moi, dans ma conscience, que, tout le reste vint-il à manquer, ce seul ordre de faits serait encore suffisant pour asseoir ma conviction d'une façon absolue! Je veux parler des aveux de Dreyfus. »

Si c'est là, pour M. Cavaignac, l'argument principal, décisif, c'est, pour M. Rochefort, le seul. Il se borne à dire : « Dreyfus a avoué. » Quand on le presse, quand on démontre que le bordereau est d'Esterhazy, et que celui-ci est le véritable traître, quand on signale les machinations criminelles par lesquelles l'Etat-Major a perdu l'innocent et sauvé le coupable, M. Rochefort se borne à dire : « Pourquoi insiste-t-on? Dreyfus a avoué. »

C'est bien, mais puisque M. Cavaignac et M. Rochefort font reposer sur les prétendus aveux de Dreyfus leur certitude, s'il est démontré que Dreyfus n'a jamais fait d'aveux, toute leur thèse s'écroule.

Or, jamais Dreyfus n'a avoué. Toujours, avec une infatigable énergie, il a affirmé son innocence.

Il l'a affirmée pendant sa longue détention. Brusquement arrêté, il ne laisse échapper, sous le coup de l'émotion, aucun aveu, aucune parole équivoque.

Du 15 octobre au 20 décembre, de l'arrestation au jugement, il est mis au secret; seul, loin de tout appui, il est interrogé de la façon la plus pressante. Pas une défaillance; pas une hésitation; pas l'ombre d'un aveu; pas une parole à double sens que les enquêteurs puissent tourner contre lui.

L'acte d'accusation constate avec une sorte de colère « ses dénégations persistantes ».

Non seulement il affirme que le bordereau n'est pas de lui et qu'il n'a eu avec les attachés militaires étrangers aucune relation coupable, mais il affirme qu'il n'a même pas une imprudence à se reprocher.

II

Persistantes, ses dénégations sont en outre complètes, catégoriques, sans réserve. Devant le Conseil de guerre, il maintient énergiquement son innocence. Condamné, il ne fléchit pas sous le coup, et il proteste qu'il est victime de la plus déplorable erreur.

Avant la condamnation, le 30 octobre, le commandant du Paty de Clam, chargé de l'enquête, avait essayé en vain d'obtenir un aveu de Dreyfus par le mensonge et la fraude. Voici, sur ce point, le procès-verbal authentique (*Compte rendu sténographique du procès Zola, pages 398 et 399, tome II*) :

Le 29 octobre 1894, M. le commandant du Paty de Clam se présente dans la cellule de Dreyfus et lui pose entre autres questions celle que voici :

« Reconnaissez-vous que ce que vous venez d'écrire ressemble étrangement à l'écriture du document? (le bordereau).

Réponse. — Oui, il y a des ressemblances dans les détails de l'écriture, mais l'ensemble n'y ressemble pas ; j'affirme ne l'avoir jamais écrit. Je comprends très bien cette fois que ce document ait donné prise aux soupçons dont je suis l'objet; mais je voudrais bien à ce sujet être entendu par le ministre. »

C'est la fin de l'interrogatoire du 29 octobre 1894.

Le 30 octobre, M. le commandant du Paty de Clam se présente à nouveau :

Demande. — Vous avez demandé dans votre dernier interrogatoire à être entendu par M. le ministre de la guerre pour lui proposer qu'on vous envoyât n'importe où pendant un an sous la surveillance de la police tandis qu'on procéderait à une enquête approfondie au ministère de la guerre.

R. — Oui.

D. — Je vous montre les rapports d'experts qui déclarent que la pièce incriminée est de votre main. Qu'avez-vous à répondre?

R. — Je vous déclare encore que jamais je n'ai écrit cette lettre.

D. — *Le ministre est prêt à vous recevoir si vous voulez entrer dans la voie des aveux.*

R. — Je vous déclare encore que je suis innocent et que je n'ai rien à avouer. Il m'est impossible, entre les quatre murs d'une prison, de m'expliquer cette énigme épouvantable. Qu'on me mette avec le chef de la Sûreté, et toute ma fortune, toute ma vie seront consacrées à débrouiller cette affaire.

Il était faux que le ministre eût consenti à recevoir Dreyfus. Mais du Paty de Clam savait combien Dreyfus tenait à voir le ministre, à se défendre directement devant lui, et il le tentait par la promesse d'une entrevue pour obtenir au moins un commencement ou un semblant d'aveu.

Pour toute réponse, Dreyfus proteste de son innocence une fois de plus.

III

Après la condamnation, le commandant du Paty de Clam revient à la charge. Quatre jours avant la dégradation, quand il peut supposer que l'énergie du condamné est brisée par cinquante jours de détention et par l'attente de l'horrible supplice, il se présente de la part du ministre et une dernière fois sollicite l'aveu.

Une fois encore, Dreyfus affirme qu'il est innocent, et il écrit au ministre :

Monsieur le Ministre,

J'ai reçu par votre ordre la visite du commandant du Paty de Clam, auquel j'ai déclaré que j'étais innocent et que je n'avais même jamais commis la moindre imprudence.

Je suis condamné, je n'ai aucune grâce à demander, mais, au nom de mon honneur qui, je l'espère, me sera rendu un jour, j'ai le devoir de vous prier de vouloir bien continuer vos recherches.

Moi parti, qu'on cherche toujours, c'est la seule grâce que je sollicite.

Et il écrit à M° Demange, son avocat :

3 janvier 1895.

Cher Maitre,

Je viens d'être prévenu que je subirai demain l'affront le plus sanglant qui puisse être fait à un soldat.

Je m'y attendais, et je m'y étais préparé, le coup a cependant été terrible. Malgré tout, jusqu'au dernier moment, j'espérais qu'un hasard providentiel amènerait la découverte du véritable coupable.

Je marcherai à ce supplice épouvantable, pire que la mort, la tête haute, sans rougir. Vous dire que mon cœur ne sera pas affreusement torturé quand on m'arrachera les insignes de l'honneur que j'ai acquis à la sueur de mon front, ce serait mentir.

J'aurais, certes, mille fois préféré la mort. Mais vous m'avez indiqué mon devoir, cher maître, et je ne puis m'y soustraire, quelles que soient les tortures qui m'attendent. Vous m'avez inculqué l'espoir, vous m'avez pénétré de ce sentiment qu'un innocent ne peut rester éternellement condamné, vous m'avez donné la foi. Merci encore, cher maître, de tout ce que vous avez fait pour un innocent.

Demain, je serai transféré à la Santé. Mon bonheur serait grand si vous pouviez m'y apporter la consolation de votre parole chaude et éloquente et ranimer mon cœur brisé. Je compte toujours sur vous, sur toute ma famille pour déchiffrer cet épouvantable mystère.

Partout où j'irai, votre souvenir me suivra, ce sera l'étoile d'où j'attendrai tout mon bonheur, c'est-à-dire ma réhabilitation pleine et entière.

Agréez, cher maître, l'expression de ma respectueuse sympathie.

A. Dreyfus.

LE JOUR DE LA DÉGRADATION

I

Et voici maintenant le jour de la dégradation. Je laisse de côté, pour un instant, la phrase que Dreyfus aurait dite au capitaine Lebrun-Renaud, *seul à seul*, dans le pavillon de l'Ecole militaire une demi-heure avant la parade d'exécution. Cette phrase, suprême refuge de M. Cavaignac, de M. Rochefort et de l'Etat-Major, je la discuterai en détail, tout à l'heure; j'en examinerai l'authenticité et le sens, et j'ose dire qu'il est aisé d'en démontrer le néant.

Mais je me tiens, pour un moment encore, à ce qui est incontesté. De même que j'ai cité seulement des fragments du procès-verbal authentique des interrogatoires, et des lettres de Dreyfus lui-même, je relève d'abord le jour de la dégradation ce qui a été public, ce qui a éclaté à tous les yeux.

Or, ce qui a frappé tous les spectateurs, ce qui a troublé beaucoup d'entre eux, ce qui a jeté en plus d'une conscience le germe du doute, c'est le cri d'innocence, que, dans son horrible supplice, poussait sans cesse le condamné.

Voici, entre bien des récits, tous semblables au fond, celui de *l'Autorité*, que M° Labori a lu devant la cour d'assises. Si long qu'il soit, je dois le citer en entier, car il faut que ces détails tragiques repassent devant nous. Pour que nous sentions bien toute la valeur du cri d'innocence que poussait le supplicié, il faut que nous sachions dans quelle tempête de haine et de mépris ce cri était jeté.

Le premier coup de neuf heures sonne à l'horloge de l'Ecole.

Le général Darras lève son épée et jette le commandement, aussitôt répété sur le front de chaque compagnie :

— Portez armes !

Les troupes exécutent le mouvement.

Un silence absolu lui succède.

Les cœurs cessent de battre et tous les yeux se portent dans l'angle droit de la place où Dreyfus a été enfermé dans un petit bâtiment à terrasse.

Un petit groupe apparaît bientôt : c'est Alfred Dreyfus, encadré par quatre artilleurs, accompagné par un lieutenant de la garde républicaine, et le plus ancien sous-officier de l'escorte, qui approche. Entre les dolmans sombres des artilleurs, on voit se détacher très net l'or des trois galons en trèfle, l'or des bandeaux du képi : l'épée brille et l'on distingue de loin la dragonne noire tenant à la poignée de l'épée.

Dreyfus marche d'un pas assuré.

— Regardez-donc comme il se tient droit, la canaille ! dit-on.

Le groupe se dirige vers le général Darras, devant lequel se tient le greffier du Conseil de guerre, M. Vallecalle, officier d'administration.

Dans la foule, des clameurs se font entendre.

Mais le groupe s'arrête.

Un signe du commandant des troupes, et les tambours et les clairons ouvrent un ban, et le silence se fait de nouveau, cette fois tragique.

Les canonniers qui accompagnent Dreyfus reculent de quelques pas; le condamné apparaît bien détaché.

Le greffier salue militairement le général, et, se tournant vers Dreyfus, lit, d'une voix très distincte, le jugement qui condamne le nommé Dreyfus à la déportation dans une enceinte fortifiée et à la dégradation militaire.

Puis le greffier se retourne vers le général et fait le salut militaire.

Dreyfus a écouté silencieusement. La voix du général Darras s'élève alors et bien que légèrement empreinte d'émotion, on entend très bien cette phrase : « — Dreyfus, vous êtes indigne de porter les armes. Au nom du peuple français, nous vous dégradons. »

On voit alors Dreyfus lever les deux bras et, la tête haute, s'écrier d'une voix forte, sans qu'on distingue le moindre tremblement :

— Je suis innocent! Je jure que je suis innocent! Vive la France!

— A mort! répond au dehors une immense clameur.

Mais le bruit s'apaise aussitôt. On a remarqué que l'adjudant chargé de la triste besogne d'enlever les galons et les armes du dégradé avait porté la main sur celui-ci, et déjà les premiers galons et parements, qui ont été décousus d'avance, ont été arrachés par lui et jetés à terre.

Dreyfus en profite pour protester de nouveau contre sa condamnation et ses cris arrivent très distincts jusqu'à la foule :

— Sur la tête de ma femme et de mes enfants, je jure que je suis innocent. Je le jure! Vive la France!

Cependant l'adjudant a arraché très rapidement les galons du képi, les trèfles des manches, les boutons du dolman, les numéros du col, la bande rouge que le condamné porte à son pantalon depuis son entrée à l'Ecole polytechnique.

Reste le sabre. L'adjudant le tire et le brise sur son genou;

2.

un bruit sec, les deux tronçons sont jetés à terre comme le reste.

Le ceinturon est ensuite détaché, le fourreau tombe à son tour.

C'est fini. Ces secondes nous ont semblé un siècle ; jamais impression d'angoisse plus aiguë.

Et de nouveau, nette, sans indice d'émotion, la voix du condamné s'élève :

« On dégrade un innocent ! »

Il faut maintenant au condamné passer devant ses camarades et ses subordonnés de la veille. Pour tout autre, c'eût été un supplice atroce. Dreyfus ne paraît pas autrement gêné, car il enjambe ce qui fut les insignes de son grade, que deux gendarmes viendront enlever tout à l'heure, et se place lui-même entre les quatre canonniers, le sabre nu, qui l'ont conduit devant le général Darras.

Le petit groupe, que conduisent deux officiers de la garde républicaine, se dirige vers la musique placée devant la voiture cellulaire et commence à défiler devant le front des troupes, à un mètre à peine.

Dreyfus marche toujours la tête relevée. Le public crie : « A mort ! » Bientôt, il arrive devant la grille, la foule le voit mieux, les cris augmentent ; des milliers de poitrines réclament la mort du misérable, qui s'écrie encore : « Je suis innocent ! Vive la France ! »

La foule n'a pas entendu, mais elle a vu Dreyfus se tourner vers elle et crier.

Une formidable bordée de sifflets lui répond, puis une clameur qui passe comme un souffle de tempête au travers de la vaste cour : « A mort ! A mort ! »

Et au dehors un remous terrible se produit dans la masse sombre, et les agents ont une peine inouïe à empêcher le peuple de se précipiter sur l'Ecole militaire et de prendre la place d'assaut, afin de faire plus prompte et plus rationnelle justice de l'infamie de Dreyfus.

Dreyfus continue sa marche. Il arrive devant le groupe de de la presse.

— Vous direz à la France entière, dit-il, que je suis innocent.

— Tais-toi, misérable, lui répondent les uns, pendant que d'autres lui crient : Lâche ! Traître ! Judas !

Sous l'outrage, l'abject personnage se redresse ; il nous jette un coup d'œil de haine féroce.

— Vous n'avez pas le droit de m'insulter.

Une voix nette sort du groupe de la presse, contestant :

— Vous savez bien que vous n'êtes pas innocent.

— Vive la France ! sale juif ! lui crie-t-on encore, et Dreyfus continue son chemin.

Ses vêtements ont un aspect pitoyable. A la place des galons pendent de longs bouts de fil, et le képi n'a plus de forme.

Dreyfus se redresse encore, mais il n'a parcouru que la moitié du front des troupes, et l'on s'aperçoit que les cris continus de la foule et les divers incidents de cette parade commencent à avoir raison de lui.

Si la tête du misérable est insolemment tournée du côté des troupes qu'elle semble défier, ses jambes commencent à fléchir, sa démarche parait plus lourde.

Le groupe n'avance que lentement.

Il passe maintenant devant « les bleus ». Le tour du carré s'achève. Dreyfus est remis entre les mains des deux gendarmes qui sont venus ramasser ses galons et les débris de son sabre, ils le font aussitôt monter dans la voiture cellulaire.

Le cocher fouette ses chevaux et la voiture s'ébranle, entourée d'un détachement de gardes républicains, que précèdent deux d'entre eux, le revolver au poing.

La parade a duré juste dix minutes. Ensuite Dreyfus, restant toujours dans un complet mutisme, a été réintégré au Dépôt.

Mais là, il a de nouveau protesté de son innocence.

II

J'ai entendu à l'audience de la cour d'assises, la lecture de ce récit. Pour moi, convaincu dès lors par les révélations du procès Zola que Dreyfus était en effet innocent, j'ai à peine besoin de dire combien cette lecture était poignante. Mais laissons cela tant que la démonstration n'est pas faite. Sur tous les auditeurs, et sur les ennemis mêmes de Dreyfus, cette lecture produisait visiblement une impression profonde. Ce cri d'innocence, si troublant, ébranlait un moment les consciences et sur cette assemblée, où bouillonnait jusque là le désordre grossier des haines, un souffle de tragique mystère était passé.

III

Ce n'est pas seulement au peuple, ce n'est pas seulement à l'armée et à la France même que Dreyfus jetait sa protestation d'innocence. Après s'être tenu debout contre le vent de mépris et de haine qui soufflait sur lui, il exhalait encore dans la solitude de sa cellule, le cri de l'innocent supplicié.

Il faut que je cite encore, car aux mensonges d'une presse ignominieuse, qui se joue en ce moment de l'ignorance du peuple, je veux opposer des faits, des documents, des raisons.

Il est temps, pour l'honneur du prolétariat, qu'il ne soit plus le jouet des misérables qui le trompent pour faire de lui le complice d'un crime. Voici donc ce qu'après le supplice de honte et de désespoir, Dreyfus écrit, de la prison de la Santé, le soir même de la dégradation.

A son avocat d'abord :

Prison de la Santé, samedi.

Cher Maître,

J'ai tenu la promesse que je vous avais faite. Innocent, j'ai affronté le martyre le plus épouvantable que l'on puisse infliger à un soldat ; j'ai senti autour de moi le mépris de la foule ; j'ai souffert la torture la plus terrible qu'on puisse imaginer. Et que j'eusse été plus heureux dans la tombe ! Tout serait fini, je n'entendrais plus parler de rien, ce serait le calme, l'oubli de toutes mes souffrances !

Mais, hélas ! le devoir ne me le permet pas, comme vous me l'avez si bien montré.

Je suis obligé de vivre, je suis obligé de me laisser encore martyriser pendant de longues semaines pour arriver à la découverte de la vérité, à la réhabilitation de mon nom.

Hélas ! quand tout sera-t-il fini ? Quand serai-je de nouveau heureux?

Enfin, je compte sur vous, cher maître. Je tremble encore au souvenir de tout ce que j'ai enduré aujourd'hui, à toutes les souffrances qui m'attendent encore.

Soutenez-moi, cher maître, de votre parole chaude et éloquente ; faites que ce martyre ait une fin, qu'on m'envoie le plus vite possible là-bas, où j'attendrai patiemment, en compagnie de ma femme (elle n'a pas été autorisée à le rejoindre), que l'on fasse la lumière sur cette lugubre affaire et qu'on me rende mon honneur.

Pour le moment, c'est la seule grâce que je sollicite. Si l'on a des doutes, si l'on croit à mon innocence, je ne demande qu'une chose pour le moment, c'est de l'air, c'est la société de ma femme, et alors j'attendrai que tous ceux qui m'aiment aient déchiffré cette lugubre affaire. Mais qu'on fasse le plus vite possible, car je commence à être à bout de résistance. C'est vraiment trop tragique, trop cruel, d'être innocent et d'être condamné pour un crime aussi épouvantable.

Pardon de ce style décousu, je n'ai pas encore les idées à moi, je suis profondément abattu, physiquement et moralement. Mon cœur a trop saigné aujourd'hui.

Pour Dieu donc, cher maître, qu'on abrège mon supplice immérité.

Pendant ce temps, vous chercherez et, j'en ai la conviction profonde, vous trouverez.

Croyez-moi toujours votre dévoué et malheureux

A. DREYFUS.

Et le même jour, voici ce qu'il écrit à sa femme :

Prison de la Santé, samedi 5 janvier 1895.

MA CHÉRIE,

Te dire ce que j'ai souffert aujourd'hui, je ne le veux pas, ton chagrin est déjà assez grand pour que je ne vienne pas encore l'augmenter. En te promettant de vivre, en te promettant de résister jusqu'à la réhabilitation de mon nom, je t'ai fait le plus grand sacrifice qu'un homme de cœur, qu'un honnête homme, auquel on vient d'arracher son honneur, puisse faire. Pourvu, mon Dieu! que mes forces physiques ne m'abandonnent pas ! Le moral tient ; ma conscience, qui ne me reproche rien, me soutient ; mais je commence à être à bout de patience et de forces. Avoir consacré toute sa vie à l'honneur, n'avoir jamais démérité, et me voir où je suis, après avoir subi l'affront le plus sanglant qu'on puisse infliger à un soldat ! Donc, ma chérie, faites tout au monde pour trouver le véritable coupable, ne vous ralentissez pas un seul instant, c'est mon seul espoir dans le malheur épouvantable qui me poursuit... Ah ! hélas ! pourquoi ne peut-on pas ouvrir avec un scalpel le cœur des gens et y lire ! Tous les braves gens qui me voyaient passer y auraient lu, gravé en lettres d'or : « Cet homme est un homme d'honneur. » Mais comme je les comprends ! A leur place, je n'aurais pas non plus pu contenir mon mépris à la vue d'un officier qu'on leur dit être traître... Mais hélas ! c'est là ce qu'il y a de plus tragique, c'est que le traître, ce n'est pas moi !

Et un peu plus tard encore, plus avant dans la soirée du même jour, il reprend la plume :

5 janvier 1895, samedi, 7 h., soir.

Je viens d'avoir un moment de détente terrible, des pleurs entremêlés de sanglots, tout le corps secoué par la fièvre. C'est la réaction des horribles tortures de la journée, elle devait fatalement arriver ; mais hélas ! au lieu de pouvoir sangloter dans tes bras, au lieu de pouvoir m'appuyer sur toi, mes sanglots ont résonné dans le vide de ma prison.

C'est fini, haut les cœurs ! Je concentre toute mon énergie. Fort de ma conscience pure et sans tache, je me dois à ma famille, je me dois à mon nom. Je n'ai pas le droit de déserter tant qu'il me restera un souffle de vie ; je lutterai avec l'espoir prochain de voir la lumière se faire. Donc, poursuivez vos recherches. Quant à moi, la seule chose que je demande, c'est de partir au plus vite, de te retrouver là-bas, de nous installer, pendant que nos amis, nos familles, s'empresseront de rechercher le véritable coupable, afin que nous puissions rentrer dans notre chère patrie en martyrs qui ont supporté la plus terrible, la plus émouvante des épreuves.

Voilà l'homme dont on dit, sur une phrase incertaine, rapportée par un seul témoin, qu'il a avoué. Depuis qu'il est arrêté, pendant la longue durée de l'instruction, il affirme invariablement son innocence, il résiste aux manœuvres de l'enquêteur du Paty de Clam, qui essaie de le faire tomber dans un piège et de lui arracher frauduleusement un aveu.

Condamné, il proteste encore : il résiste à une nouvelle et suprême tentative de du Paty ; il écrit au ministre que non seulement il n'est pas coupable de trahison, mais qu'il n'a pas commis la moindre imprudence.

Enfin, dans le jour tragique de la dégradation, toutes ses paroles publiques, tous ses écrits certains sont un cri d'innocence, ardent, répété, émouvant.

LE RÉCIT DE LEBRUN-RENAUD

I

Qu'oppose-t-on, qu'opposent MM. Cavaignac, Rochefort et Drumont à cette longue protestation d'innocence ? Une phrase que le capitaine Lebrun-Renaud prétend avoir recueillie de Dreyfus, le matin de la dégradation, dans une conversation où il n'y avait d'autre témoin que Lebrun-Renaud lui-même.

Ils ne se demandent pas une minute ce que vaut cette phrase ; ils n'en recherchent ni l'authenticité ni le vrai sens. Ils se gardent bien de discuter devant le peuple et de l'habituer à la discussion. Ils voudraient le traiter insolemment comme un grand enfant hébété que l'on mène comme on veut, et ils lui jettent, sans examen, sans critiques, ce simple mot : le traître a avoué.

C'est faux : il n'a pas avoué, pas plus au capitaine Lebrun-Renaud qu'à tout autre. Il a affirmé son innocence au capitaine Lebrun-Renaud comme au reste du monde.

Et d'abord, par quel prodige, par quelle contradiction inexplicable, l'homme qui depuis six semaines affirmait son innocence, et qui allait, le jour même de la dégradation, la crier à l'univers, oui, par quel prodige cet homme aurait-il fait des aveux, avant d'aller à la parade, au capitaine Lebrun-Renaud ?

Comment, s'il venait, dans le pavillon de l'Ecole militaire, de s'avouer coupable à un officier, comment a-t-il pu avoir la force de se redresser aussitôt et de jeter à la France qui le maudit son cri d'innocence, son indomptable appel ? Après la défaillance d'un premier aveu, toute énergie en lui eût été morte ; or, l'énergie surhumaine de sa protestation a stupéfié la foule et bouleversé les consciences.

Qu'on y veuille penser. Où donc un homme condamné pour un pareil crime et soumis à l'infamie d'un pareil supplice peut-il trouver la force nécessaire pour porter la tête haute et d'une voix ferme crier au monde : Je suis innocent ?

S'il est innocent, en effet, c'est dans sa conscience indomptée, c'est dans la révolte de son honneur qu'il trouvera cette force, et on comprend alors que Dreyfus ait pu opposer son front au vent de tempête, tout chargé de malédictions, qui passait sur lui. On comprend aussi que, se retrouvant seul, dans la solitude de sa prison, l'esprit brisé et les vêtements en loques, il ait pu encore, soutenu par sa force d'innocence, envoyer à son avocat, à sa femme, les paroles héroïques de l'honnête homme sacrifié.

Et s'il est coupable au contraire, s'il a pu, malgré le sentiment interne de sa trahison, jouer ce personnage prodigieux, si, après la comédie d'innocence, presque surhumaine, dans la parade d'exécution, il a pu continuer son rôle jusque dans le secret de sa prison, si, dans la secousse de l'exécution comme dans la détente de la solitude, son masque n'a pas bougé, il a fallu à cet homme une puissance de calcul et de sang-froid, une audace et une constance de cynisme incomparables.

Comment alors eût-il inauguré par un aveu cette journée d'exécution publique pour laquelle il avait évidemment combiné toutes ses ressources d'hypocrisie et ramassé toutes ses énergies de mensonge ?

Comment surtout, après cette fêlure par où son secret s'était échappé, sa protestation a-t-elle résonné d'un accent si net et si fort ?

Mais enfin cette phrase de prétendu aveu, contredite si violemment par toute l'attitude publique, par toutes les lettres et toutes les paroles certaines de Dreyfus, comment a-t-elle été recueillie et que dit-elle ?

LES ÉQUIVOQUES DE CAVAIGNAC

I

C'est M. Cavaignac qui, le premier, a donné quelque autorité au propos du capitaine Lebrun-Renaud en le portant à la tribune de la Chambre.

Le 13 janvier 1898, dans une interpellation soulevée par M. de Mun, M. Cavaignac disait : « Lorsque la dégradation d'Alfred Dreyfus a eu lieu, un officier assistait à la parade. Cet officier a recueilli de la bouche de Dreyfus cette parole : « Si j'ai livré des documents sans
» importance à une puissance étrangère, c'était dans
» l'espoir de m'en procurer d'autres. » Cet officier, frappé de cette parole, est venu la rapporter à M. le ministre de la guerre qui l'a lui-même transmise à ceux auxquels

il devait la transmettre. Il reste de cette parole un témoignage contemporain écrit. »

Ici, qu'il l'ait voulu ou non, M. Cavaignac est étrangement équivoque. En entendant ces paroles ou en les lisant, on comprenait naturellement que le rapport du capitaine Lebrun-Renaud au ministère de la guerre était un rapport écrit, et que c'était là le témoignage contemporain.

Pas du tout. M. Cavaignac, hâtivement renseigné par ses amis de l'Etat-Major, avait risqué une affirmation inexacte, et il est au moins étrange que l'homme qui appuie toute sa conviction sur le « témoignage » de Lebrun-Renaud soit, dès le début, coupable, en ce point, d'étourderie ou d'équivoque.

Lui-même, quelques jours après, sous prétexte de préciser son affirmation, la rectifiait. Dans une interpellation déposée par lui-même, M. Cavaignac dit ceci à la séance du 22 janvier :

J'ai demandé il y a quelques jours à interpeller le gouvernement sur la note de l'*agence Havas*, afin de préciser les affirmations que j'avais apportées à la tribune... Sur le premier point, j'affirme que, d'après les déclarations du capitaine Lebrun-Renaud, Dreyfus a laissé échapper une phrase commençant par ces mots : « Si j'ai livré des documents, etc... » J'affirme que ces déclarations sont attestées : 1º Par une lettre du 6 janvier 1895 adressée par le général Gonse à son chef, momentanément absent ; 2º Par une attestation **signée plus tard** par le capitaine Lebrun-Renaud et dans laquelle il affirmait, sous la foi de sa signature, la déclaration qu'il avait faite. J'ai demandé au gouvernement de publier ce document, afin que les hommes de bonne volonté qui cherchen impartialement la vérité puissent y trouver des éléments de conviction.

Ainsi, le 13 janvier, M. Cavaignac nous apprend que le capitaine Lebrun-Renaud est tellement frappé, le jour de la dégradation, des aveux de Dreyfus, qu'il en fait l'objet d'un rapport au ministre de la guerre ; et il est bien évident que ce doit être un rapport immédiat, car pourquoi le capitaine Lebrun-Renaud, s'il a été ainsi frappé et s'il a cru nécessaire de faire un rapport au ministre, aurait-il attendu plusieurs semaines, ou même plusieurs jours? Tel était évidemment le sens des paroles de M. Cavaignac. Telle était certainement sa pensée. Or, lui-même, neuf jours après, était obligé de se démentir. L'attestation du capitaine Lebrun-Renaud n'a été signée que « plus tard ».

Ainsi, cet homme sévère, qui fonde toute sa conviction sur une prétendue phrase de Dreyfus rapportée par le capitaine Lebrun-Renaud et qui veut, par cette seule phrase, former la conviction du pays, ne savait même pas, avec exactitude, quand il en a parlé la première fois à la tribune, la date du rapport Lebrun-Renaud; et, faussement, il laissait entendre que ce rapport était contemporain de la dégradation.

Neuf jours après, mieux renseigné, il rectifie. Mais le fait-il loyalement? Non, certes : il dit que le rapport a été signé « plus tard ».

Mais quelqu'un pouvait-il supposer que ce n'était que *trois ans* après, en octobre ou novembre 1897, quand l'Etat-Major acculé chercherait de tout côté des documents et des appuis, que l'attestation avait été signée?

Si M. Cavaignac l'avait dit, s'il avait avoué à la Chambre que l'attestation dont il avait parlé si audacieusement le 15 janvier n'avait été rédigée et signée que trois ans après l'événement, et sur la demande des bureaux de la guerre, il aurait singulièrement affaibli l'impression de ses paroles. Aussi s'est-il bien gardé de parler clairement. Il s'est borné à dire « plus tard ». Il a rectifié son erreur du 13 avec une austère rouerie, et il a été assez vague pour ne pas laisser apparaître la vérité vraie.

Pourtant, ou M. Cavaignac ignorait encore, le 22 janvier, que le rapport, selon lui décisif, était postérieur de trois ans aux faits; et on ne peut qu'admirer la stupéfiante légèreté de cet homme qui, réduisant toute l'affaire

Dreyfus à un texte de quelques lignes, ne sait même pas dans quelles conditions exactes ce texte a été produit. Ou bien M. Cavaignac savait que le document en question avait été rédigé trois ans après la prétendue conversation de Dreyfus, et en le cachant à la Chambre et au pays, M. Cavaignac s'est livré à une singulière manœuvre. Dans une affaire où la date a tant d'importance, tromper ou équivoquer sur la date, c'est presque un commencement de faux.

II

Mais, du moins, on pouvait espérer que ce rapport, tel quel, dont il exigeait de M. Méline la production, M. Cavaignac, quand il serait ministre de la guerre, le produirait. Il n'en est rien, et dans la fameuse séance du 7 juillet, voici ce que M. Cavaignac apporte à la Chambre sur l'affaire Lebrun-Renaud.

Je cite *in extenso*, car chaque partie de ce texte devra être sérieusement étudiée :

Le matin de sa dégradation, Dreyfus fut maintenu pendant quelques heures dans une salle où deux officiers ont recueilli de sa bouche l'aveu de son crime.

Ces deux officiers en ont parlé aussitôt; et comme le rappelait à l'instant M. Castelin, les aveux de Dreyfus furent publiés, notamment dans une note que je ne cite qu'à titre d'indication et qui parut dans *le Temps* portant la date du 6 janvier et paru le 5 janvier au soir.

Cette note est ainsi conçue : « Nous avons pu contrôler les paroles de Dreyfus; les voici à peu près textuellement : « Je » suis innocent. Si j'ai livré des documents à l'étranger, c'était » pour amorcer et en avoir de plus considérables; dans trois » ans, on saura la vérité et le ministre lui-même reprendra » mon affaire. »

Ces paroles ayant été publiées, le capitaine Lebrun-Renaud, l'un des officiers dont je viens de parler, fut mandé au ministère de la guerre; et là, devant le ministre de la guerre, il raconta ce qu'il avait entendu.

Il avait été conduit au ministère de la guerre par le général Gonse qui assistait à l'entretien et qui, dès qu'il sortit, le 6 janvier 1895, le jour même, écrivit au général de Boisdeffre qui se trouvait absent la lettre suivante :

« Mon Général,

» Je m'empresse de vous rendre compte que j'ai conduit moi-même le capitaine de la garde républicaine, le capitaine Lebrun-Renand, chez le ministre, qui l'a envoyé, après l'avoir entendu, chez le Président. D'une façon générale, la *conversation du capitaine Lebrun-Renaud avec Dreyfus était surtout un monologue* de ce dernier qui s'est coupé et repris sans cesse. Les points saillants étaient les suivants :
« En somme on n'a pas livré de documents originaux, mais
» simplement des copies. »

Et le général Gonse ajoute :

« Pour un individu qui déclare toujours ne rien savoir, cette phrase est au moins singulière. Puis, en protestant de son innocence, il a terminé en disant : « Le ministre sait que
» je suis innocent, il me l'a fait dire par le commandant du
» Paty de Clam, dans la prison, il y a trois ou quatre jours,
» et il sait que si j'ai livré des documents ce sont des docu-
» ments sans importance et que c'était pour en obtenir de
» sérieux. » Le capitaine a conclu en exprimant l'avis que Dreyfus faisait des demi-aveux ou des commencements d'aveux mélangés de réticences et de mensonges. Je ne sais rien depuis ce matin, etc... »

Le capitaine Lebrun-Renaud lui-même inscrivit le même jour, le 6 janvier, sur une feuille détachée de son calepin, la note suivante, qui est encore entre ses mains :

« Hier, dégradation du capitaine Dreyfus. Chargé de le conduire de la prison du Cherche-Midi à l'École militaire, je suis resté avec lui de huit à neuf heures. Il était très abattu, m'affirmait que dans trois ans son innocence serait reconnue. Vers huit heures et demie, sans que je l'interroge, il m'a dit :
« Le ministre sait bien que, si je livrais des documents, ils
» étaient sans valeur, et que c'était pour m'en procurer de
» plus importants. »

» Il m'a prié de donner l'ordre à l'adjudant chargé de le dégrader d'accomplir cette mission le plus vite possible. »

Depuis, le capitaine Lebrun-Renaud a confirmé ces déclarations par un document écrit, signé de lui, que je ne fais pas passer sous les yeux de la Chambre parce qu'il est postérieur, et que c'est aux documents que je viens de lire, qui datent du jour même, que je veux m'en référer.

III

Suivez bien, je vous prie, à ce point, les transformations, les variations subtiles de M. Cavaignac.

Trois fois il parle du témoignage de Lebrun-Renaud, le 13 janvier, le 22 janvier et le 7 juillet 1898 : et chaque fois, il y a substitution de document.

Une première fois, on croit qu'il s'agit d'un document signé de Lebrun-Renaud lui-même, et contemporain des faits.

La seconde fois, cette attestation recule : M. Cavaignac avoue qu'elle a été signée « plus tard », mais il en exige de M. Méline la production.

La troisième fois, M. Cavaignac, ministre de la guerre, et pouvant citer ce qu'il lui plaît, néglige de citer cette fameuse attestation qui, tout d'abord, était proclamée par lui décisive. Il la remplace par une feuille *détachée du calepin de M. Lebrun-Renaud*.

M. Cavaignac, pour s'excuser de ne pas citer la déclaration de M. Lebrun-Renaud lui-même, allègue qu'elle est postérieure aux événements et aux documents cités par lui. N'importe, si tardive qu'elle soit, elle est encore la seule pièce ayant un caractère certain d'authenticité; elle est le seul témoignage direct.

Une conversation racontée par le général Gonse ou une feuille détachée du calepin de M. Lebrun-Renaud ne peut suppléer le témoignage direct du capitaine, engageant sa signature et sa responsabilité. Si M. Cavaignac n'a point cité ce rapport, dont il exigeait si âprement de M. Méline la production, c'est d'abord pour ne pas proclamer officiellement qu'il avait été écrit et signé trois ans après l'événement. C'est pour ne pas avouer que lui-même avait d'abord formé très étourdiment sa conviction sur une pièce à laquelle sa date, si éloignée de l'événement même, ôte presque toute valeur. Et surtout c'est pour ne pas s'exposer d'emblée à des questions gênantes.

Car enfin si les bureaux de la guerre avaient jugé sérieux les documents « contemporains », cités par M. Cavaignac, *pourquoi trois ans après ont-ils demandé au capitaine Lebrun-Renaud une attestation régulière et un rapport officiel?*

Mais surtout, ce rapport officiel, pourquoi ne l'a-t-on pas demandé au capitaine Lebrun-Renaud, le jour même de la dégradation?

Quoi? Dreyfus a été jugé et condamné à huis clos et les jugements secrets laissent toujours une inquiétude dans la conscience publique. De plus, malgré tous les assauts, malgré tous les pièges, il affirme son innocence; il la crie à la France, au monde, dans l'exécution publique, et ce cri va au loin bouleverser les consciences.

Toujours il reste au juge, quand le condamné n'avoue pas, une sorte de malaise.

Mais voici qu'on apprend tout à coup, par un officier, que Dreyfus, dans une minute de défaillance, aurait avoué son crime. Et on ne demande pas à cet officier un rapport immédiat, écrit, officiel? On l'appelle chez le ministre, on l'envoie chez le Président; et on ne lui demande pas de rédiger, d'attester par écrit les aveux qu'il aurait reçus?

On se contente d'avoir avec lui des conversations!

Cela est prodigieux, et il est très clair que, si on ne lui a pas demandé de fixer par écrit ses paroles, c'est qu'on ne les a pas crues décisives. On a eu peur qu'en les pressant, en les précisant pour les fixer sur le papier, le capitaine Lebrun-Renaud fît apparaître une fois de plus la protestation d'innocence de Dreyfus.

IV

Mais pourquoi n'est-on pas allé trouver aussitôt Dreyfus lui-même ?

Deux fois le commandant du Paty de Clam a essayé en vain de lui surprendre ou de lui arracher un aveu.

Quatre jours encore avant la dégradation, il est allé le trouver de la part du ministre ; il a essayé précisément de lui faire dire qu'il s'était livré au moins à des opérations d'amorçage, et Dreyfus a énergiquement protesté.

Rien, pas une faute, pas même une imprudence.

Cette protestation d'innocence complète, il l'adresse au ministre dans une lettre que j'ai citée.

Et quand M. du Paty de Clam apprend que Dreyfus aurait avoué au capitaine Lebrun-Renaud ces pratiques d'amorçage, il ne va pas le trouver dans sa prison ! Il ne va pas lui dire : « A la bonne heure ! Vous avez fini par suivre mon conseil ! Vous avez fini par avouer ! »

Non : on se garde bien de parler à Dreyfus du propos rapporté par le capitaine Lebrun-Renaud ; on sait bien qu'il protestera à nouveau.

On a peur qu'il dise : « Le capitaine Lebrun-Renaud se trompe : il a mal entendu ou mal compris une phrase de moi. »

Et aussi, après avoir négligé de demander au capitaine Lebrun-Renaud, sur cette question pourtant si grave, un rapport signé et écrit, on s'abstient de tirer parti contre Dreyfus de cette prétendue défaillance. On ne lui dit pas : « Puisque vous avez avoué au capitaine Lebrun-Renaud il est inutile de prolonger vos dénégations ; allez jusqu'au bout dans la voie où vous êtes entré, et pour mériter un peu la pitié et le pardon de la France donnez-nous décidément le secret de vos imprudences. »

Non, on s'en tient aux vagues propos du capitaine, de peur de faire évanouir, en la regardant de plus près, l'ombre d'aveu qu'on veut y voir.

Bien mieux, comment expliquer, si l'on croit que Dreyfus a avoué en effet des opérations d'amorçage, qu'on ne lui ait pas demandé : « Avez-vous reçu, en retour de vos communications imprudentes, des pièces de l'étranger? »

On n'y songe même pas, tant on accorde peu d'importance à la conversation rapportée par le capitaine Lebrun-Renaud.

Ainsi, aux protestations d'innocence, authentiques, répétées, éclatantes que multiplie Dreyfus, M. Cavaignac ne peut opposer qu'une phrase d'une conversation entendue et rapportée par un seul témoin.

Car il ne faut pas qu'il y ait d'équivoque. Pour faire illusion, M. Cavaignac parle de « deux officiers ». Mais il ressort du récit même du capitaine Lebrun-Renaud que c'est à lui et à lui seul que Dreyfus aurait tenu ce propos.

La preuve, c'est que c'est lui, lui tout seul qu'on appelle au ministère de la guerre! C'est à lui, à lui tout seul qu'on demande, trois ans après, une attestation signée.

Donc, il est le seul témoin, et je suis épouvanté, je l'avoue, de l'inconscience de M. Cavaignac. Il ne tient aucun compte des documents officiels et authentiques : des procès-verbaux d'interrogatoire, des lettres au ministre où Dreyfus affirme continuellement son innocence. Il ne tient aucun compte de cette scène de la dégradation où le malheureux a jeté au pays le cri de l'innocent martyrisé.

Il réduit tout à une phrase qui aurait été entendue dans une conversation à deux, par un seul témoin, et il ne se demande pas une minute si ce témoin unique n'a pas mal entendu ou mal compris.

Il suffit, pour dénaturer tout à fait le sens d'une phrase, d'un mot mal saisi ou mal interprété ; il suffit même que la place de cette phrase dans la conversation soit modifiée. Et c'est sur une base aussi fragile, aussi incertaine, que M. Cavaignac a osé appuyer sa conviction! Il y a là une étourderie ou un calcul d'ambition qui fait trembler.

V

Mais comment M. Cavaignac n'est-il pas frappé de l'inconsistance des textes qu'il a cités? Dans cette conversation même où l'on cherche un aveu, Dreyfus, selon le capitaine Lebrun Renaud, a une fois encore affirmé son innocence. Comment eût-il pu affirmer son innocence si, une minute avant, il avait avoué avoir communiqué des documents à l'étranger? De plus, comment peut-il dire : « Le ministre sait que c'est pour des opérations d'amorçage que j'ai livré des pièces », puisque *lui-même, quatre jours avant, a écrit au ministre qu'il n'avait jamais commis la moindre imprudence.*

D'après le général Gonse, le capitaine Lebrun-Renaud lui-même, résumant son impression, déclare que Dreyfus lui a fait « des demi-aveux ».

Quoi! des demi-aveux? Et si le capitaine Lebrun-Renaud lui-même n'ose pas dire qu'il a reçu un aveu complet, catégorique, comment M. Cavaignac ne craint-il pas de se tromper et de tromper le pays en s'appuyant sur un écrit aussi inconsistant et que nul au monde ne peut contrôler?

L'EXPLICATION VRAIE

I

Mais M. Cavaignac se trompe. Il se trompe grossièrement dans l'interprétation qu'il donne du récit du capitaine. Ce texte unique et incertain, qui est sa seule base de conviction, ou qui, du moins, en est la base la plus forte, il ne l'a pas lu avec soin ; il n'a pas cherché à le comprendre.

— 47 —

Il l'a, par son commentaire même, violemment dénaturé, et, par un parti pris vraiment coupable, il en a laissé échapper l'explication naturelle.

En effet, qu'on veuille bien lire avec soin le propos prêté à Dreyfus, dans la lettre du général Gonse comme dans la feuille détachée du calepin Lebrun-Renaud.

Il faut bien regarder au détail du texte, puisque c'est par une phrase que M. Cavaignac entend condamner Dreyfus.

Que dit celui-ci? Jamais il ne dit simplement : « Si j'ai livré des documents à l'étranger, c'était pour en avoir d'autres. »

Non, jamais. Et pourtant, s'il avait voulu vraiment avouer, c'est cela qu'il aurait dit.

Il n'aurait pas fait intervenir le ministre; il n'aurait pas dit : « Le ministre sait que... », car cela était absurde; le ministre ne le savait pas, et Dreyfus, en parlant ainsi, se fût heurté à un démenti certain.

Pourquoi donc, dans la phrase que lui attribue le capitaine Lebrun-Renaud, Dreyfus fait-il intervenir le ministre?

Là se trouve la clef du problème, l'explication aisée et évidente des prétendus aveux, et M. Cavaignac n'y a même pas pris garde. Bien mieux, par une sorte de faux assurément involontaire, mais qui atteste le plus étrange aveuglement d'esprit, M. Cavaignac a complètement dénaturé le texte en supprimant l'intervention du ministre.

Le 22 janvier 1898, il dit à la Chambre :

« D'après les déclarations du capitaine Lebrun-Renaud, Dreyfus a laissé échapper une phrase contenant ces mots : « Si j'ai livré des documents, etc... »

Mais non : c'est une mutilation grossière. D'après les textes mêmes qu'apportera plus tard M. Cavaignac, la phrase commence (et cela est capital), par les mots : « **Le ministre sait que** si j'ai livré des documents... »

Chose étrange : même le 7 juillet, même quand M. Cavaignac a cité le texte exact de la lettre du général

Gonse, il oublie aussitôt les premiers mots décisifs, ceux qui mettent le ministre en cause, et, pour résumer son argumentation, il s'écrie : « Je déclare que dans ma conscience je ne puis admettre qu'un homme ait prononcé ces mots : « Si j'ai livré des documents... » s'il ne les avait pas livrés en effet. (*Vifs applaudissements.*) »

Mais une fois encore, d'après le texte même que nous apporte M. Cavaignac, il n'a pas prononcé ces mots tout court. C'est l'intervention du ministre, c'est l'opinion du ministre qui domine toute la phrase : *Le ministre sait que...*

M. Cavaignac laisse tomber cela.

Et pourtant, *ces mots sont tout ;* car ils démontrent que, dans cette partie de sa conversation, Dreyfus faisait allusion à la démarche faite auprès de lui quatre jours auparavant, de la part du ministre, par le commandant du Paty de Clam.

Celui-ci est venu pour obtenir enfin du condamné des aveux : et il a tenté de lui adoucir les aveux pour l'y décider.

Il lui a dit : « Avouez donc ! Après tout il ne s'agit peut-être pas d'une véritable trahison ; peut-être n'aviez-vous pas l'intention de nuire ; peut-être avez-vous simplement pratiqué des opérations d'amorçage. Le ministre lui-même est tout disposé à prendre la chose ainsi ; il est porté à croire qu'au fond, vous êtes innocent; *il croit que si vous avez livré des documents c'est pour en obtenir d'autres plus importants.* Dites donc la vérité, car on est prêt à l'accueillir, et ainsi vous sauverez du moins votre honneur. »

Que tel ait été le langage tenu à Dreyfus le 31 décembre, quatre jours avant la dégradation, par le commandant du Paty de Clam, cela est certain. La preuve en est dans la lettre écrite, aussitôt après cette visite, par Dreyfus au ministre de la guerre. Je l'ai déjà citée, mais j'en rappelle le début : « Monsieur le ministre, j'ai reçu, par votre ordre, la visite du commandant du Paty de

Clam, auquel j'ai déclaré encore que j'étais innocent et que je **n'avais même pas commis la moindre imprudence.** »

C'est évidemment une réponse aux suggestions de du Paty.

Mais la preuve, plus formelle encore et plus nette, est dans la note envoyée le jour même par Dreyfus à son avocat et que celui-ci a communiquée le 9 juillet dernier à M. le garde des sceaux :

Note du capitaine Dreyfus

Le commandant du Paty est venu aujourd'hui lundi 31 décembre 1894, à cinq heures et demie du soir, après le rejet du pourvoi, me demander, de la part du ministre, si je n'avait pas été peut-être la victime de mon imprudence, si je n'avais pas voulu simplement amorcer ; puis que je me serais laissé entraîner dans un engrenage fatal. Je lui ai répondu que je n'avais jamais eu de relations avec aucun agent ou attaché, que je ne m'étais livré à aucun amorçage, que j'étais innocent.

Mais, que dis-je ? dans la lettre même du général Gonse, citée par M. Cavaignac, Dreyfus se réfère expressément à cette entrevue : « Le ministre sait que je suis innocent ; il me l'a fait dire par le commandant du Paty de Clam, dans la prison, il y a trois ou quatre jours. »

Voilà donc qui est certain : c'est le ministre qui suggère à Dreyfus cette explication qui atténuerait sa faute ; et Dreyfus se redresse : « Non, pas même une imprudence ; mon innocence est entière. »

Mais en même temps, il retient cette opinion du ministre, telle qu'elle lui est transmise, comme un argument de plus en faveur de son innocence ; et le matin de sa dégradation, quand il est en tête à tête avec Lebrun-Renaud dans le pavillon de l'Ecole militaire, quand il se prépare à subir l'horrible supplice, il reprend dans une longue démonstration, semblable, comme le dit la lettre du général Gonse, à un monologue, toutes les preuves de son innocence, et il insère dans sa démonstration l'opinion que du Paty de Clam prête au ministre sur son cas.

Ainsi s'expliquent et se concilient le récit fait par Lebrun-Renaud à M. Clisson, le reporter du *Figaro*, le soir de la dégradation et le récit fait par lui au ministre le lendemain.

Il est aisé de reconstituer toute la conversation, tout le monologue de Dreyfus dans cette crise suprême :

« Je suis innocent. Voyons, mon capitaine, écoutez : On trouve dans un chiffonnier d'une ambassade un papier annonçant l'envoi de quatre pièces. On soumet le papier à des experts : trois reconnaissent mon écriture, deux déclarent que l'écriture n'est pas de ma main, et c'est là-dessus qu'on me condamne. A dix-huit ans j'entrais à l'Ecole polytechnique. J'avais devant moi un magnifique avenir militaire, 300.000 francs de fortune et la certitude d'avoir dans l'avenir 50.000 francs de rentes. Je n'ai jamais été un coureur de filles ; je n'ai jamais touché une carte de ma vie, donc je n'ai pas besoin d'argent. Pourquoi aurais-je trahi ? Pour de l'argent ? Non ; alors, quoi ?

» — Et qu'est-ce que c'était que les pièces dont on annonçait l'envoi ?

» — Une très confidentielle, et trois autres moins importantes.

» — Comment le savez-vous ?

» — Parce qu'on me l'a dit au procès. Ah ! ce procès à huis clos, comme j'aurais voulu qu'il eût lieu au grand jour ! Il y aurait eu certainement un revirement d'opinion. »

(Interview Clisson, dans *le Figaro* du 6 janvier 1894.)

Et il ajoute : « D'ailleurs, le ministre lui-même sait que je suis innocent. Il me l'a fait dire par M. du Paty ; il *croit que si j'ai livré des documents*, c'est pour en obtenir d'autres. Mais je n'ai même pas fait cela ; je n'ai commis ni trahison ni amorçages : je suis pleinement innocent. » Voilà, quand on compare les textes cités par M. Cavaignac, avec l'entrevue de du Paty de Clam et de Dreyfus, voilà le sens évident des paroles de Dreyfus, voilà la marche certaine de sa conversation et il a suffi que le capitaine Lebrun-Renaud, qui avoue lui-même n'avoir perçu qu'un demi-aveu, se méprît sur la portée logique d'une phrase ; il suffit qu'il ait compris ou entendu : « Le ministre *sait* » au lieu de : « le ministre *croit* », pour qu'on ait relevé contre Dreyfus, comme un commencement d'aveu, ce qui était une partie de sa démonstration d'innocence.

Quelle sottise et quelle pitié ! Et combien est lourde la responsabilité de M. Cavaignac, qui n'a même pas pris la peine de rapprocher les textes avant de conclure !

Comme le réveil de sa conscience sera terrible, si toutefois elle est encore susceptible de réveil !

II

Non, Dreyfus n'a pas avoué au capitaine Lebrun-Renaud. Au contraire, à lui comme aux autres, il a affirmé son innocence ; et pour lui, il essayait encore de la démontrer.

Par une fatalité de plus qui s'ajoute à toutes les fatalités dont le malheureux a été victime, par une méprise de plus qui s'ajoute à toutes les méprises sous lesquelles il a été accablé, un argument allégué par lui pour démontrer son innocence, a été transformé, par l'inattention, la légèreté ou la mauvaise foi, en un commencement d'aveu.

Et par une scélératesse qui s'ajoute à toutes les scélératesses dont il faudra bien qu'il rende compte un jour, le commandant du Paty de Clam, qui a certainement reconnu dans le propos prêté à Dreyfus par Lebrun-Renaud l'écho de sa propre conversation avec Dreyfus, a négligé d'avertir son bon ami et disciple Cavaignac.

Mais patience ! Toutes ces habiletés et tous ces mensonges ne prévaudront pas éternellement.

Est-il besoin maintenant, après avoir constaté comment le propos de Dreyfus avait été déformé par un intermédiaire, Lebrun-Renaud, de discuter la valeur d'un autre propos que, d'après le capitaine Anthoine, Dreyfus aurait tenu devant le capitaine Attel, mort aujourd'hui ?

Ce propos, d'ailleurs niais, n'est que l'écho d'un écho, l'ombre d'une ombre. J'observe seulement qu'il est absurde de penser que Dreyfus, aussitôt après la dégradation, c'est-à-dire au moment même où il venait d'exalter toute son énergie à crier son innocence au monde, soit tombé tout à coup à regretter qu'on ne lui ait pas permis de continuer le métier d'amorceur.

Ce n'est là évidemment qu'une autre variante, plus grossière et plus déformée, du propos tenu devant Lebrun-Renaud. Et, matériellement, il est impossible qu' « après la dégradation », Dreyfus ait pu s'entretenir avec les officiers. Au récit unanime des journaux, il a été, aussitôt après la parade d'exécution, mis en voiture cellulaire et emporté à la prison. Epuisé, il s'est enfermé dans un silence de désespoir, et il ne l'a rompu que pour protester une fois de plus au seuil de la prison, qu'il était pleinement innocent.

CERTITUDE

Donc sur les prétendus aveux la lumière est faite. C'est une détestable légende à laquelle a donné naissance la déviation en apparence légère d'un propos réel.

Bien loin d'avoir avoué au capitaine Lebrun-Renaud, Dreyfus, là aussi, comme dans l'enquête, comme dans la prison préventive, comme dans le huis clos du procès, comme après sa condamnation, comme dans la parade d'exécution, a proclamé son innocence.

Depuis, dans chacune de ses lettres, à Saint-Martin-de-Ré, à l'île du Diable, c'est toujours la même protestation, c'est toujours le même cri d'innocence qui sort du tombeau où l'erreur des hommes a enseveli Dreyfus vivant.

Et ce cri terrible, ce cri que rien ne lasse ni ne brise, ce cri qui depuis quatre ans s'élève toujours le même, infatigable et monotone, comme si la protestation de la conscience, à force de se répéter, ressemblait enfin à une plainte de la nature, ce cri de douleur et de vérité finira bien par entrer dans les cœurs et dans les cerveaux.

Ah! ce sont des étourdis ou des misérables ceux qui osent dire que Dreyfus a avoué : plus coupables aujourd'hui qu'hier, plus coupables demain qu'aujourd'hui, car chaque fois la vérité s'offre à eux et ils la refusent.

Demain, sans doute encore, les hommes d'Etat, dont une ambition effrénée crève la conscience et les yeux, abriteront sous la légende menteuse des aveux, l'effroyable misère morale de leur rêve de grandeur.

Demain aussi les journalistes sans pudeur tenteront encore d'égarer le peuple par cette formule trompeuse mais simple : le traître a avoué.

Mais qu'ils prennent garde! Il leur est permis d'attaquer, de diffamer, de calomnier les combattants, tous ceux qui sont dans la mêlée politique et sociale. Mais le peuple réveillé ne leur pardonnera pas d'avoir, par leurs inventions facétieuses, prolongé l'agonie d'un innocent. Il ne leur pardonnera pas, à eux les amuseurs, d'avoir fait de sa trop longue crédulité un nouveau moyen de torture contre un martyr, et tous diront que c'est une triste chose lorsque, dans l'Etat, le bouffon devient bourreau.

Dès maintenant, il est sûr que Dreyfus n'a pas fait d'aveux. Il est sûr qu'il a toujours affirmé son innocence. Et j'ajoute qu'il en avait le droit : car je vais démontrer qu'en effet il est innocent.

LE BORDEREAU
SEULE BASE D'ACCUSATION

Quand Dreyfus a comparu en décembre 1894 devant le Conseil de guerre, l'accusation ne relevait contre lui qu'une charge. Une lettre, non signée, annonçant l'envoi de documents, avait été saisie à l'ambassade d'Allemagne. M. du Paty de Clam, enquêteur, et trois experts sur cinq déclarèrent que l'écriture de cette missive ressemblait à celle de Dreyfus : c'est pour cela et uniquement pour cela qu'il fut traduit en justice.

C'est cette lettre d'envoi, dite **bordereau**, qui est la seule base légale de l'accusation. Pendant la détention et le procès de Dreyfus, en novembre et décembre 1894, les journaux, surtout *la Libre Parole* et *l'Intransigeant*, accumulèrent les histoires les plus extravagantes, les récits les plus mensongers.

Pour les réduire à rien, il suffit de lire l'acte d'accusation du commandant Besson d'Ormescheville devant le Conseil de guerre qui condamna Dreyfus. Un journal l'a publié, et si le texte n'en était point exact, il y a longtemps que des poursuites auraient eu lieu.

Or, ce rapport est d'un vide effrayant. Tous ceux qui l'ont lu ont été vraiment bouleversés. Quoi ! c'est sur un document aussi misérable, aussi vain, qu'un homme a été jugé et condamné !

Des histoires extraordinaires, racontées par les journaux, pas un mot. Une seule charge est relevée contre Dreyfus, une seule : le bordereau.

Avant que ce bordereau ait été saisi à la légation allemande et examiné au ministère de la guerre, avant que le commandant du Paty de Clam ait cru démêler entre l'écriture du bordereau et celle de Dreyfus une certaine ressemblance, il n'y avait pas contre Dreyfus la plus légère charge ; il n'y avait pas contre lui l'ombre d'un soupçon. On peut parcourir de la première ligne à la dernière, l'acte d'accusation, on n'y trouvera pas autre chose : le bordereau et seulement le bordereau.

Voici d'ailleurs, textuellement, le début de l'acte d'accusation qui ramène toute l'accusation au bordereau :

M. le capitaine Dreyfus est inculpé d'avoir, en 1894, pratiqué des machinations ou entretenu des intelligences avec un ou plusieurs agents des puissances étrangères, dans le but de leur procurer les moyens de commettre des hostilités ou d'entreprendre la guerre contre la France en leur livrant des documents secrets.

La base de l'accusation portée contre le capitaine Dreyfus est une lettre-missive, écrite sur du papier-pelure, non signée et non datée, qui se trouve au dossier, établissant que des documents militaires confidentiels ont été livrés à un agent d'une puissance étrangère.

M. le général Gonse, sous-chef d'Etat-Major général de l'armée, entre les mains duquel cette lettre se trouvait, l'a remise, par voie de saisie, le 15 octobre dernier, à M. le commandant du Paty de Clam, chef de bataillon d'infanterie hors cadre, délégué le 14 octobre 1894 par M. le ministre de la guerre, comme officier de police judiciaire, à l'effet de procéder à l'instruction à suivre contre le capitaine Dreyfus. Lors de la saisie de cette lettre-missive, M. le général Gonse a affirmé à l'officier de police judiciaire, délégué et précité, qu'elle avait été adressée à une puissance étrangère et qu'elle lui était parvenue ; mais que, d'après les ordres formels de M. le ministre de la guerre, il ne pouvait indiquer par quels moyens ce document était tombé en sa possession. L'historique détaillé de l'enquête à laquelle il fut procédé dans les bureaux de l'Etat-Major de l'armée, se trouve consigné dans le rapport que le commandant du Paty de Clam, officier de police judiciaire délégué, a adressé à M. le ministre de la guerre le 31 octobre dernier, et qui fait partie des pièces du dossier. L'examen de ce rapport permet d'établir que c'est sans aucune précipitation *et surtout sans viser personne, a priori* que l'enquête a été conduite. Cette enquête se divise en deux parties : une enquête préliminaire pour arriver à découvrir le coupable, s'il était possible ; puis, l'enquête réglementaire de M. l'officier de police judiciaire, délégué. La nature même des documents adressés à l'agent d'une puissance étrangère en même temps que la lettre-missive incriminée permet d'établir que c'était un officier qui était l'auteur de la lettre-missive incriminée et de l'envoi des documents qui l'accompagnaient, de plus, que cet officier devait appartenir à l'artillerie, trois des notes ou documents envoyés concernant cette arme. De l'examen attentif de toutes les écritures de MM. les officiers employés dans les bureaux de l'Etat-Major, il ressort que l'écriture du capitaine Dreyfus présentait une remarquable similitude avec l'écriture de la lettre-missive incriminée. Le ministre de la guerre, sur le compte rendu qui lui en fut fait, prescrivit alors de faire étudier la lettre-missive incriminée en la comparant avec des spécimens d'écriture du capitaine Dreyfus.

II.

Voilà qui est clair. Au moment où Dreyfus est poursuivi, au moment où il comparaît devant le Conseil de guerre, le bordereau ou lettre-missive est contre lui la base, la seule base de l'accusation. On avait si peu de soupçons contre lui, avant la saisie de cette pièce, que l'enquête n'est pas plus dirigée *a priori* vers lui que vers tout autre ; et c'est l'écriture de tous les officiers du bureau, indifféremment, qui est soumise à l'expertise préalable de M. du Paty de Clam.

Plus tard, quand le procès menacera de tourner à l'acquittement, le ministre de la guerre enverra en toute hâte des pièces quelconques pour raffermir la décision des juges ou pour la forcer.

Plus tard encore, deux ans après, quand l'Etat-Major comprendra que l'opinion réveillée va lui demander des comptes sévères, une nouvelle agence de papiers Norton fabriquera, deux ans après le procès, un faux grotesque.

Mais du 15 octobre 1894, où commence l'instruction, au 20 décembre 1894, où finissent les débats du procès, c'est le bordereau seul qui est opposé à Dreyfus. Bien mieux, après la condamnation, deux ou trois jours avant la dégradation, le commandant du Paty de Clam va voir Dreyfus pour le décider à des aveux que celui-ci refuse énergiquement.

Et le commandant, résumant une fois de plus les charges qui pèsent sur lui, lui dit : « On nous avait dit qu'un officier livrait des documents : c'était le fil. Le bordereau a mis un point sur ce fil. »

En vérité, le fil dont parle là M. du Paty n'était pas bien solide, puisque personne au ministère de la guerre ne s'était avisé d'ouvrir une enquête et de soumettre à une surveillance quelconque les officiers des bureaux.

Mais ce qui est à retenir, ici encore, de ce propos suprême de M. du Paty comme de l'acte d'accusation, ce qui éclate et domine, c'est que, avant, pendant et après le procès, c'est le bordereau seul qui chargeait Dreyfus.

En voici le texte :

Sans nouvelles m'indiquant que vous désirez me voir, je vous adresse cependant, monsieur, quelques renseignements intéressants :

1° Une note sur le frein hydraulique du 120 et la manière dont s'est conduite cette pièce ;

2° Une note sur les troupes de couverture (quelques modifications seront apportées par le nouveau plan) ;

3° Une note sur une modification aux formations de l'artillerie ;

4° Une note relative à Madagascar ;

5° Le projet de manuel de tir de l'artillerie de campagne (14 mars 1894).

Ce dernier document est extrêmement difficile à se procurer et je ne puis l'avoir à ma disposition que très peu de jours. Le ministre de la guerre en a envoyé un nombre fixe dans les corps et ces corps sont responsables ; chaque officier détenteur doit remettre le sien après les manœuvres. Si donc vous voulez y prendre ce qui vous intéresse et le tenir à ma disposition après, je le prendrai, à moins que vous ne vouliez que je le fasse copier *in extenso* et ne vous en adresse la copie. Je vais partir en manœuvres.

Cette pièce est sérieuse. Elle a été en effet saisie chez l'attaché militaire allemand, et l'homme qui l'a écrite est un misérable.

Mais cet homme, ce n'est pas Dreyfus : c'est Esterhazy.

III

Maintenant qu'un document nouveau a mis sur la trace d'Esterhazy, maintenant que les relations de celui-ci avec l'attaché militaire allemand, M. de Schwarzkoppen, sont démontrées, maintenant que l'identité de l'écriture d'Esterhazy et de l'écriture du bordereau apparaît absolue, foudroyante, le doute n'est pas permis. Il est certain que le bordereau étant d'Esterhazy n'est point de Dreyfus.

Mais même avant que le véritable traître fut connu, comment, par quelle incroyable légèreté, a-t-on pu attribuer le bordereau à Dreyfus ?

Rien dans sa conduite antérieure ne désignait celui-ci. Rien ne le rendait suspect. Il n'avait pas besoin d'argent : il n'était ni viveur, ni joueur ; ses revenus lui suffisaient et au delà. Une belle carrière s'ouvrait devant lui.

Nul n'a expliqué encore comment il pouvait être conduit à la trahison ; et les journaux antisémites, mêlant toujours la querelle religieuse à la querelle de race, étaient réduits à dire qu'il était en effet de la race qui ayant trahi « Dieu » doit, nécessairement et sans autre cause, trahir la Patrie.

Je me trompe : le commandant Besson d'Ormescheville, dans son acte d'accusation, a esquissé une explication psychologique où éclatent l'ignorance et la sottise de nos chefs.

Lisez ceci, presque à la fin de l'acte d'accusation : c'est le résumé décisif des **charges morales** :

En dehors de ce qui précède, nous pouvons dire que le capitaine Dreyfus possède, avec des connaissances très étendues, une mémoire remarquable, qu'il parle plusieurs langues, notamment l'allemand, qu'il sait à fond, et l'italien dont il prétend n'avoir que de vagues notions; qu'il est de plus doué d'un caractère très souple, voire même obséquieux, qui convient beaucoup dans les relations d'espionnage avec les agents étrangers. Le capitaine Dreyfus était donc tout indiqué pour la misérable et honteuse mission qu'il avait provoquée ou acceptée.

Ainsi Dreyfus avait le caractère souple : c'est déjà grave, quoique nous sachions maintenant, par Esterhazy, que la violence du caractère et du style ne préserve pas de la trahison. Mais surtout Dreyfus n'était pas un ignorant et un sot; **et il savait les langues étrangères!** Il était donc tout indiqué pour la trahison, et désormais, les officiers qui ne veulent point être suspects, aux bureaux de la guerre, n'ont plus qu'à fermer leurs livres et à oublier ce qu'ils savent.

LE BORDEREAU ET SON CONTENU

I

Mais y avait-il du moins, dans certains détails du bordereau, des indices, même légers, contre Dreyfus? Au contraire, la première phrase : « Sans nouvelles m'indiquant que vous désirez me voir », montre qu'entre l'attaché militaire et son correspondant il y avait des relations habituelles, qu'ils se voyaient.

Or, aucune enquête, aucune recherche de police n'a pu établir qu'entre Dreyfus et M. de Schwarzkoppen il y ait eu jamais la moindre relation, directe ou indirecte. Et la dernière phrase du bordereau : « **Je vais partir en manœuvres** », témoigne bien encore qu'il ne peut être de Dreyfus. Car il a été établi d'une manière absolue qu'il **n'avait jamais été en manœuvres en 1894, et qu'il n'avait jamais dû y aller.**

Il a été démontré au contraire qu'à la date présumée du bordereau **en avril ou mai 1894, Esterhazy avait été en manœuvres.**

Il l'avait nié d'abord, sentant la gravité de cette charge qui s'ajoutait à beaucoup d'autres ; mais il a dû ensuite l'avouer et la preuve d'ailleurs en a été faite.

Comment a-t-on pu négliger, quand on a attribué le bordereau à Dreyfus, une difficulté aussi grave? Pour persister à le croire de lui, il fallait supposer que, n'allant pas en manœuvres, il avait écrit : « Je vais partir en manœuvres », afin de dérouter les recherches au cas où le bordereau serait surpris. Mais c'est une hypothèse bien compliquée et bien improbable : il n'est guère vraisemblable que, pour tromper plus tard les juges qui examineraient le bordereau, il ait commencé par tromper son correspondant. Et une pareille méthode d'interprétation est singulièrement dangereuse.

Quand on trouve dans un document une phrase qui ne peut convenir à tel prévenu, il est toujours possible, si on le veut, de dire qu'elle y a été introduite précisément pour égarer la justice ; cette méthode aboutit presque sûrement à condamner des innocents, car elle supprime, *a priori* et de parti pris, tous les faits, tous les indices qui établissent leur innocence.

Et pourtant, si on ne recourt pas à cette hypothèse si compliquée et à cette méthode si périlleuse, cette simple phrase : « Je vais partir en manœuvres », est une pierre d'achoppement où aurait dû se briser la prévention. Il est impossible de comprendre comment Dreyfus, n'étant pas allé aux manœuvres, aurait terminé ainsi le bordereau. Il n'y a pas, dans l'acte d'accusation, la moindre allusion à cette difficulté. Il ne semble pas qu'elle ait même effleuré un moment l'esprit de ceux qui menaient l'enquête. Quelle inconscience et quelle frivolité!

II

Mais voici une erreur de méthode plus grave encore et plus redoutable. C'est d'après la nature des documents mentionnés au bordereau que l'accusation prétend déterminer la qualité de l'officier coupable. Comme le dit une phrase déjà citée de l'acte d'accusation, « la nature même des documents permet d'établir que... cet officier devait appartenir à l'artillerie, trois des notes ou documents envoyés concernant cette arme ».

Je ne m'arrête pas à ce qu'il y a de puéril dans la forme du raisonnement. Déterminer la qualité de l'officier, son arme, d'après *la majorité* des documents livrés, est enfantin.

Sur cinq documents livrés, il y en a trois qui se rapportent à l'artillerie : donc l'officier est un artilleur. Et s'il n'y en avait eu que deux? Et s'il y en avait eu deux pour l'artillerie, deux pour l'infanterie, qu'aurait-on décidé? C'est, encore une fois, de l'enfantillage.

Mais ne triomphons pas de ces naïvetés, et examinons en elle-même la méthode générale qui a été suivie. En principe, il semble assez raisonnable de supposer que si les documents livrés se rapportent à l'artillerie, c'est sans doute un officier d'artillerie, plus en état de se les procurer, qui les a fournis. Mais ce ne peut être là une certitude, ce n'est même pas une forte probabilité.

Il est toujours possible en effet qu'un officier d'une autre arme, par ses relations avec des officiers d'artillerie, se soit procuré des documents d'artillerie. Si on prétend donc, par cette méthode, déterminer rigoureusement la qualité de l'officier coupable, on s'expose aux plus pitoyables erreurs.

Mais encore, pour que cette méthode si incertaine, si téméraire, puisse être appliquée même avec réserve, deux conditions sont nécessaires. Il faut d'abord que dans le service des documents confidentiels il y ait beaucoup d'ordre et d'exactitude.

Si, dans les bureaux où les secrets militaires sont gardés il y a légèreté et désordre, si des pièces importantes peuvent aisément être aperçues de n'importe qui, comment dire que telle catégorie de pièces n'a pu être connue que de telle catégorie d'officiers?

Or, le cas de Triponé, celui de la baronne de Kaulla ont montré à combien d'intrigants les bureaux de la guerre étaient ouverts; mais dans l'acte d'accusation même contre Dreyfus, voici ce qu'on peut lire :

> Pour ce qui est de la note sur Madagascar, qui présentait un grand intérêt pour une puissance étrangère, si, comme tout le faisait déjà prévoir, une expédition y avait été envoyée au commencement de 1895, le capitaine Dreyfus a pu facilement se la procurer. En effet, au mois de février dernier, le caporal Bernolin, alors secrétaire de M. le colonel de Sancy, chef du 2ᵉ bureau de l'Etat-Major de l'armée, fit une copie d'un travail d'environ vingt-deux pages sur Madagascar, dans l'antichambre contiguë au cabinet de cet officier supérieur.
>
> L'exécution de cette copie dura environ cinq jours, et pendant ce laps de temps, minute et copie furent laissées dans un carton placé sur la table-bureau du caporal précité à la fin de ses séances de travail. En outre, quand pendant les heures de travail ce gradé s'absentait momentanément, le travail qu'il faisait restait ouvert, et pouvait par conséquent être lu, s'il ne se trouvait pas d'officiers étrangers au 2ᵉ bureau ou inconnus de lui dans l'antichambre qu'il occupait.

Ainsi, on laisse traîner dans des antichambres, à la merci de toutes les curiosités, un document confidentiel, et on a la prétention, dans ce désordre, de dire ensuite que telle pièce n'a pu être connue que de telle catégorie de personnes ! Pour prouver que Dreyfus *a pu* connaître une note sur Madagascar, on est obligé d'avouer qu'elle pouvait être connue de tous !

Comment dès lors déterminer, par la nature des pièces, la qualité de ceux qui les livrent ?

Enfin, pour le bordereau même, pour la pièce essentielle et secrète, on donne cinq photographies aux experts. Quand ils les rendent, on ne s'aperçoit pas qu'il n'y en a que quatre : où est la cinquième ? Personne n'en a cure, et on est stupéfait, deux ans après, de voir dans *le Matin* un fac-similé du bordereau.

Que dis-je ? *Le Temps*, dans son numéro du 14 juin dernier, publiait la note suivante qui prouve combien il y a de **fuites** au ministère de la guerre :

La composition de la batterie d'artillerie. — C'est là une question qui, depuis quelques jours, fait bien du bruit dans le monde militaire ; en voici l'origine : **une instruction confidentielle**, sorte de règlement provisoire pour la manœuvre et le tir du nouveau canon de campagne à tir rapide, prévoit la composition de la batterie à quatre pièces, au lieu de six pièces que comporte l'organisation actuelle, etc.

Voilà donc des documents « confidentiels » sur des objets très importants, qui s'échappent tous les jours des bureaux de la guerre et qui, toujours à l'état confidentiel, passent à la publicité des journaux.

Vraiment, quand une administration a à ce degré le génie de la négligence, de l'indiscrétion ou de l'incapacité, quand c'est elle-même qui ouvre, inconsciemment, les fuites par où s'échappent les documents secrets, elle n'a pas le droit de dire, sans la plus ridicule outrecuidance : *Seuls, des officiers de telle arme peuvent connaître des pièces de telle nature.* Elle n'a pas même le droit de dire que seuls les officiers des bureaux de la guerre peuvent connaître les documents qui y sont si mal gardés.

III

Mais il y a mieux : pour que la méthode de l'accusation ait quelque valeur, il faut qu'on sache au juste ce que sont les documents communiqués.

Il est clair que plus la communication faite à l'étranger sera importante, plus il sera facile de circonscrire le champ des soupçons et des recherches.

S'il s'agit, par exemple, du texte même d'un rapport important, soigneusement tenu sous clef, il est clair que seuls ceux qui auront rédigé le document ou qui en ont la garde auront pu le livrer. Mais si on ne communique à l'étranger, relativement à la même affaire, que des renseignements vagues qui ont pu être recueillis au hasard des conversations, le nombre des hommes qui ont pu assister à des conversations superficielles sur des sujets plus ou moins confidentiels est indéterminé.

Il devient alors absolument téméraire et puéril de conclure de la nature des renseignements à la qualité de la personne : car n'importe qui peut transmettre des racontars sur n'importe quoi.

Or, d'après le texte du bordereau, il est tout à fait impossible de savoir quelle est la valeur, quelle est la précision, quel est le sérieux des renseignements communiqués. Il est même inexact ou tout au moins risqué de parler de documents.

Tout ce que nous savons, c'est que le traître a envoyé à l'attaché allemand « des notes ».

Ces notes étaient-elles faites sur des documents sérieux? ou au contraire sur de simples conversations sans portée comme celles qui s'échangent au cercle ou en manœuvres sur les questions militaires ? Nul ne le sait : Ni M. du Paty de Clam, ni M. Besson d'Ormescheville, ni les juges qui ont condamné ne le savent.

A priori, et avant même d'être assuré, comme on l'est maintenant, que l'auteur du bordereau est le rastaquouère

Esterhazy, on peut conjecturer que ces notes n'ont pas une grande valeur.

« Sans nouvelles m'indiquant que vous désirez me voir », dit le bordereau. Ce ne sont pas là les relations d'un attaché militaire et d'un traître de haute marque qui disposerait des plus graves secrets de l'armée française. En tout cas, rien ne permet de savoir si les notes énumérées au bordereau étaient faites sur des documents de valeur ou si elles n'étaient que la fabrique médiocre d'un viveur aux abois, pressé de faire de l'argent et passant à l'étranger les informations telles que ses conversations et ses relations dans le monde militaire lui permettaient de les recueillir.

Cette ignorance, d'ailleurs forcée, des bureaux de la guerre sur la nature et la valeur de ces notes a éclaté, au procès Zola, d'une façon comique.

J'ai cité tout à l'heure l'acte d'accusation qui parle d'une note sur Madagascar **rédigée en février 1894**, et le rapporteur disait : « Dreyfus a pu la connaître, puisque pendant cinq jours la copie en a traîné dans une antichambre. »

C'est donc bien, remarquez-le, la note de février 1894 que Dreyfus est accusé d'avoir livrée.

Mais, au procès Zola, nos deux grands foudres de guerre et de réaction, le général Gonse et le général de Pellieux, ont oublié ce détail. Ils ont oublié aussi que, selon l'opinion unanime des bureaux de la guerre, le bordereau est d'avril ou mai 1894. Ils oublient encore que puisque le bordereau parle du nouveau projet de manuel de tir et qu'il en donne la date (14 mars 1894), c'est assurément dans les manœuvres qui ont immédiatement suivi, en avril et mai, que le ministère de la guerre en a donné des exemplaires aux officiers.

Or, comme le bordereau dit précisément que les officiers ont en main pour peu de jours ces exemplaires, il est à peu près certain que c'est en avril ou mai que le bordereau a été rédigé. Cela ne gêne pas nos grands guerriers.

Ils veulent avant tout charger Dreyfus : ils se rappellent qu'une autre note, plus importante, sur Madagascar a été rédigée au mois d'août, au ministère, et ils affirment aussitôt que c'est cette note qu'a surprise et communiquée Dreyfus.

Ils ne craignent pas, pour rendre le fait possible, de *reculer le bordereau jusqu'en* **septembre** *alors que selon l'acte d'accusation il est d'***avril** *ou* **mai**.

IV

Ecoutez, je vous prie. C'est le général Gonse qui parle *(Dixième audience, tome II, page 110)* : « Troisième point : « Note sur Madagascar. »

Il est bien certain que tout le monde peut faire des notes sur Madagascar ; mais, en 1894, on a fait une note sur Madagascar, une note qui était destinée au ministre, une note secrète qui indiquait les mesures à prendre, mesures qui concernaient tout particulièrement l'expédition, enfin toute une série de renseignements extrêmement secrets et confidentiels.

Quand nous avons vu le bordereau annonçant cette note, nous avons été extrêmement surpris ; il n'est venu à l'idée de personne que cela pouvait être une note prise dans un journal ou dans une revue.

Mᵉ Labori. — Mais à quelle date y avait-il une note très importante sur Madagascar rédigée au ministère de la guerre?

M. le général Gonse. — Je ne sais pas la date exacte, mais **c'est dans le courant du mois d'août.**

Aussitôt Mᵉ Labori lui oppose **l'acte d'accusation qui parle de la note de février.**

Ainsi, au moment où l'on condamne Dreyfus *d'après la nature* des envois mentionnés au bordereau, on ignore si bien la nature de ces envois que, par la note de Madagascar, l'acte d'accusation entend une note rédigée en février, et les généraux Gonse et Pellieux une note beaucoup plus importante rédigée en août et, d'ailleurs, postérieure au bordereau.

La vérité, c'est que ni les premiers enquêteurs, ni les généraux ne pouvaient avoir la moindre idée de ce que signifie, dans le bordereau, la note sur Madagascar. Et quand il suffit au général Gonse de lire dans le bordereau *Note sur Madagascar* pour admettre d'emblée qu'il s'agit du mémoire secret rédigé en août, il nous donne une idée de la légèreté incroyable, de l'illogisme et de la sottise qui ont faussé toute cette affaire.

En fait, les cinq mentions contenues au bordereau ne sont que des étiquettes, et sous ces étiquettes nul n'a pu conjecturer ce qui se trouvait.

Or, dans un pareil état d'ignorance, ceux qui ont osé conclure de la nature de documents inconnus à la qualité du coupable inconnu se sont livrés à la fantaisie de raisonnement la plus extravagante.

Et notez, je vous prie, que pas un moment, si on lit l'acte d'accusation, cette difficulté n'a effleuré l'esprit des enquêteurs et accusateurs. De même qu'ils n'ont pas pris garde à cette phrase si gênante pour eux et qui mettait Dreyfus hors de cause : « *Je vais partir en manœuvres* », de même ils n'ont pas songé une minute que, puisqu'ils ignoraient la nature des envois faits par le traître, ils ne pouvaient, avec des données aussi indéterminées, déterminer le coupable.

Non : ils n'y ont pas songé un instant, et je ne crois pas qu'on puisse pousser plus loin l'irréflexion et l'inconscience.

Je me trompe : ils se sont dépassés eux-mêmes, et pour démontrer que Dreyfus a pu se procurer certains documents, ils indiquent des moyens qui ont pu, tout aussi bien, être employés par n'importe qui.

Voici ce que dit l'acte d'accusation :

Si nous examinons ces notes ou documents, nous trouvons d'abord la note sur le frein hydraulique du 120. L'allégation produite par le capitaine Dreyfus au sujet de cet engin tombe, si l'on considère qu'il lui a suffi de se procurer, soit à la direction de l'artillerie, **soit dans des conversations avec des officiers de son arme,** les éléments nécessaires pour être en mesure de produire la note en question.

A merveille, mais s'il a suffi à Dreyfus, pour être en état de faire la note sur le frein du 120, de causer avec des officiers d'artillerie, n'importe qui pourra faire également la même note pourvu qu'il puisse causer avec des officiers d'artillerie.

Or, comme rien n'interdit à qui que ce soit, comme rien n'interdit surtout à un officier d'infanterie comme Esterhazy d'avoir des **conversations** avec des officiers d'artillerie, le premier Français venu est, de l'aveu même de l'acte d'accusation, aussi capable que Dreyfus d'avoir rédigé cette note.

Mais pourquoi alors l'acte d'accusation ne se borne-t-il pas à dire que Dreyfus *a pu* connaître ces documents? Pourquoi déclare-t-il que ces envois, ayant rapport (au moins trois sur cinq) à des questions d'artillerie, démontrent que l'auteur du bordereau est nécessairement un officier d'artillerie?

Quoi! il suffit, pour faire cette note, de causer avec des artilleurs, et vous prétendez qu'il est nécessaire, pour causer avec des artilleurs, d'être artilleur!

Et c'est avec ces niaiseries, c'est avec ces raisonnements d'imbécillité que vous resserrez autour de Dreyfus le cercle de l'accusation!

En vérité, qu'un homme ait pu être livré ainsi à des hommes dont l'esprit est si évidemment au-dessous du niveau humain, cela fait trembler.

Et ce n'est pas seulement à propos du frein du 120 que les accusateurs affirment leur débilité mentale.

Au sujet des troupes de couverture, comparez ce que dit le général Gonse et ce que dit l'acte d'accusation. Le général Gonse déclare (*10ᵉ audience, tome II, page 110*):

Lorsque, à l'indication du bordereau : « Note sur les troupes de couverture », on ajoutait : « Il y a quelques modifications au plan », c'était absolument exact. Un officier de l'Etat-Major général de l'armée seul pouvait connaître ces modifications, donner une note sur ce sujet. Il est absolument impossible qu'un officier de troupe, quel qu'il soit, *même un officier d'Etat-Major dans une division, ait pu donner des renseignements importants* sur un sujet de cette nature.

Toujours le même sophisme! Mais comment le général Gonse peut-il savoir si les renseignements transmis par l'auteur du bordereau étaient *importants* ou non! Et puisqu'il l'ignore, comment peut-il raisonner à vide?

Quant au profond mystère qui, selon lui, enveloppait ces travaux, voici ce que dit l'acte d'accusation :

« Ensuite vient une note sur les troupes de couverture, avec la restriction que quelques modifications seront apportées par le nouveau plan. Il nous paraît impossible que le capitaine Dreyfus n'ait pas eu connaissance des modifications apportées au fonctionnement du commandement des troupes de couverture, le fait ayant eu un caractère confidentiel, **mais non absolument secret**, *et les officiers employés à l'Etat-Major de l'armée ayant, par suite, pu* **s'en entretenir entre eux et en sa présence.** »

Ainsi, selon le général Gonse, c'est tellement secret que seul un officier de l'Etat-Major a pu en connaître.

Au contraire, l'accusation, pour expliquer que Dreyfus a pu être informé d'un travail exécuté dans un autre bureau que le sien, déclare que ce n'était pas absolument secret. Les officiers en parlaient entre eux, devant des officiers d'autres bureaux.

Mais la conversation est infiniment élastique et extensible : qui peut dire qu'un renseignement livré à la conversation, s'arrête aux limites d'un bureau ou d'un ministère? Et comment un officier de troupe, causant lui aussi avec des officiers d'Etat-Major, n'aurait-il pu

recueillir quelques échos d'un secret qui n'est pas
« absolument secret » ?

Voyez encore le vague et l'inconsistance de ce qui suit :

En ce qui concerne la note sur une modification aux formations de l'artillerie, *il doit s'agir* de la suppression des pontonniers et des modifications en résultant.

Ainsi, on ne sait même pas avec certitude de quoi il s'agit, et on ose conclure que seul un officier des bureaux de la guerre a pu en être informé ! Et on oublie **qu'à la même date, le projet de suppression des pontonniers était soumis aux Chambres,** que la Commission de l'armée en délibérait et qu'il suffisait de connaître un député ou un sénateur pour être renseigné là-dessus !

VI

Mais voici qui est plus singulier encore. A propos du projet du manuel de tir de l'artillerie, c'est-à-dire à propos de la seule indication précise que contienne le bordereau, voici ce que dit le bordereau :

Ce dernier document est extrêmement difficile à se procurer, et je ne puis l'avoir à ma disposition que très peu de jours. Le ministère de la guerre en a envoyé un nombre fixe dans les corps et ces corps sont responsables ; chaque officier détenteur doit remettre le sien après les manœuvres.

Ainsi il est bien clair que l'auteur du bordereau emprunte le manuel de tir à un des officiers qui participent aux manœuvres. Il doit le lui rendre à la fin des manœuvres pour que celui-ci à son tour puisse le restituer : et c'est pourquoi il n'en peut disposer que quelques jours.

Je le demande à tout homme de bon sens. Est-ce que pour emprunter un manuel de tir à un officier d'artillerie, qui va en manœuvres, il est nécessaire d'appartenir aux bureaux de la guerre, ou même d'être artilleur ?

Il semble qu'un officier d'Etat-Major comme Dreyfus, attaché aux bureaux de la guerre, aurait d'autres moyens de se procurer ce manuel de tir. Il risquait en le demandant à un officier de corps d'éveiller la méfiance. Au contraire, si un officier d'infanterie comme Esterhazy affecte une grande curiosité pour les exercices de tir, s'il demande à assister aux manœuvres de brigade de 1894 et s'il y assiste en effet, il est tout naturel qu'il dise à un officier d'artillerie : « Pour m'aider à suivre utilement les manœuvres, prêtez-moi donc votre manuel de tir ; je vous le rendrai les manœuvres finies. »

Pressé par la défense, le général Gonse lui-même a été obligé d'en convenir devant la cour d'assises (*Tome II, page 116*) :

M⁰ CLÉMENCEAU. — Est-ce que le général Gonse pense qu'un officier d'infanterie allant aux écoles à feu a pu avoir pendant quelque temps le manuel d'artillerie ? Autrement dit, est-ce qu'un officier d'artillerie aux écoles à feu aurait refusé de prêter à un chef de bataillon d'infanterie, se trouvant à ces écoles à feu, son manuel d'artillerie ?

LE GÉNÉRAL GONSE. — Il est certain qu'on aurait pu le lui prêter, parce qu'on n'est pas en défiance avec les officiers d'infanterie ?

A merveille, mais que reste-t-il donc, dans cet ordre d'idées, de l'acte d'accusation ?

C'est parce que trois notes sur cinq se rapportent à l'artillerie que l'on conclut : Ce doit être un artilleur, et l'analyse la plus simple, les aveux mêmes des généraux, bien mieux l'acte d'accusation lui-même établissent que n'importe quel officier a pu, soit par conversation, soit par emprunt, se procurer ces renseignements ou ces documents.

VII

Donc, au point où nous sommes, voici qui est certain. D'abord, dans les antécédents de Dreyfus, il n'y a rien, absolument rien qui puisse le désigner au soupçon, et ensuite, dans le contenu même du bordereau, non seulement il n'y a rien qui désigne particulièrement Dreyfus, mais rien ne permet même de conclure que le coupable est un officier d'Etat-Major et un officier d'artillerie. Au contraire, le paragraphe relatif au manuel d'artillerie semble indiquer plutôt un officier de corps. Enfin (car il y faut insister), tandis que rien dans le bordereau ne conclut contre Dreyfus, ou ne fournit aucun indice contre lui, il y a une phrase, ou plutôt un fait : « Je vais partir en manœuvres », qui met Dreyfus hors de cause ; car s'il est certain qu'Esterhazy est allé aux manœuvres contemporaines du bordereau, il est certain aussi que Dreyfus n'y est pas allé.

DREYFUS ET BERTILLON

LE BORDEREAU ET LES PREMIERS EXPERTS

Que reste-t-il donc pour attribuer le bordereau à Dreyfus ? Uniquement les expertises d'écriture.

Or il est à peine besoin de faire observer combien « la science des experts » est conjecturale et incertaine.

Il est inutile de rappeler les erreurs effroyables commises par eux. Condamner un homme sur de simples rapports d'écriture a toujours été une témérité coupable.

En tout cas, pour que les expertises d'écriture puissent avoir quelque force probante, il faut que les experts soient unanimes ; il faut qu'entre l'écriture de la pièce criminelle et l'écriture de l'accusé la ressemblance soit si complète, si évidente, si irrésistible que tous, ignorants et savants, à première vue et à l'examen le plus approfondi, d'ensemble et à l'analyse la plus minutieuse, reconnaissent unanimement l'identité.

Nous verrons bientôt qu'il en est ainsi de l'écriture d'Esterhazy comparée à celle du bordereau.

Mais pour Dreyfus c'était tout le contraire. Les experts n'ont pas été d'accord. Sur les cinq qui ont été consultés, deux, MM. Pelletier et Gobert, ont conclu que le bordereau ne pouvait pas être attribué à Dreyfus.

Trois, MM. Teyssonnières, Charavay et Bertillon concluent que le bordereau doit être attribué à Dreyfus. Même si la conclusion de ces derniers était ferme, absolue, ces sortes de questions ne se tranchent pas à la majorité.

Quand on n'a pour condamner un homme qu'un morceau d'écriture non signé, quand cet homme nie en être l'auteur, et quand deux spécialistes sont d'un avis, trois d'un autre, il y a au moins un doute grave, et il est effrayant que dans l'acte d'accusation il n'y ait pas trace de ce doute.

Mais, ce qui aggrave la responsabilité de l'accusation et des juges, c'est que les trois experts défavorables à Dreyfus n'ont pu affirmer la ressemblance complète de l'écriture du bordereau à celle de Dreyfus.

Il faut écarter d'abord M. Bertillon, l'anthropométreur, qu'il ne faut pas confondre avec le savant statisticien ; sa déposition a frappé de stupeur les juges mêmes du Conseil de guerre.

A la cour d'assises, quand il commença à ébaucher son système, il donna à tous une telle impression d'étrangeté que le lendemain il reçut du ministère de la guerre l'ordre de se taire. On craignait de montrer au public l'état d'esprit de l'expert qui avait fait la majorité.

Mais le schéma que nous possédons de lui, qu'il a soumis aux juges du Conseil de guerre et qu'au procès Zola il a reconnu exact suffit à démontrer, pour parler son langage, l'étrangeté de son « rythme » mental.

L'Etat-Major, pour se défendre, a commis bien des indiscrétions ; il a maintes fois violé lui-même le huis clos. Il a communiqué à *l'Eclair* le texte du bordereau ; il a divulgué la pièce secrète : « cette canaille de D... » Il a laissé aux mains d'un expert la photographie du bordereau. Il a publié la prétendue lettre de 1896 écrite par un attaché à un autre.

Nous le mettons au défi de publier *in extenso* le rapport Bertillon et sa déposition devant le Conseil de guerre ; il n'y aurait qu'un cri d'épouvante dans tout le monde civilisé.

Quoi ! ce sont ces visions qui ont décidé de la vie et de l'honneur d'un homme !

II

Ce qui caractérise l'état mental de M. Bertillon, c'est qu'aux hypothèses les plus incertaines, les plus contestables, il donne d'emblée une forme mathématique, une figuration matérielle qui supprime désormais pour lui le doute et la discussion.

Par exemple, il croit qu'Alfred Dreyfus a utilisé, au moins en partie, pour écrire le bordereau, l'écriture de son frère Mathieu Dreyfus. L'hypothèse, comme on le verra, est absurde et fausse; en tout cas, elle est controversable et elle est si étrange que M. Bertillon lui-même ne devrait la risquer qu'avec prudence.

Pas du tout; et comme dans le bureau d'Alfred Dreyfus on a trouvé deux lettres de Mathieu Dreyfus dont Alfred aurait, selon M. Bertillon, décalqué quelques mots, il dit devant la cour d'assises, avec une certitude à la fois mathématique et sibylline : « Le bordereau, quoi qu'on en dise, n'est pas d'une écriture courante; il obéit à un rythme géométrique dont l'équation se trouve dans le buvard du premier condamné. »

Et M. Bertillon s'éblouit lui-même de ces formules pseudo-scientifiques qui, pour les géomètres, n'ont aucun sens.

De même, M. Bertillon émet l'hypothèse que si l'écriture du bordereau n'est pas semblable entièrement à celle de Dreyfus, s'il y a même, pour bien des traits caractéristiques, des différences notables, c'est parce que Dreyfus avait à dessein altéré son écriture afin de répondre plus tard, s'il était pris, à toute une catégorie d'accusations.

Soit : c'est une hypothèse à discuter, et nous la discuterons. Ce qui est effrayant, c'est de la convertir en un tracé géométrique et militaire. Il n'est pas de pire désordre mental et de pire cause d'erreur que de donner à des suppositions de l'esprit, en les matérialisant, une fausse précision et une certitude illusoire.

Je voudrais pouvoir mettre sous les yeux de tous les lecteurs ce dessin de M. Bertillon avec ses flèches et ses tranchées, avec « *son arsenal de l'espion habituel élevé spécialement en vue de desservir les ouvrages de droite, mais pouvant néanmoins prêter aux ouvrages de gauche une aide souvent plus nuisible qu'utile!* »; avec « *sa batterie des doubles SS, tir à longue portée et en tous sens!* », avec « *sa forgerie!* », avec sa « *dernière tranchée souterraine et plus dissimulée!* »; avec les prévisions tactiques qu'il prête à l'accusé :

Plan de la défense en cas d'attaque venant de la droite : 1º Se tenir coi dans l'espérance que l'assaillant, intimidé à première vue par les maculatures et les signes de l'écriture rapide, reculera devant les initiales et la tour des doubles SS; 2º se réfugier dans l'arsenal de l'espion habituel; 3º invoquer le coup ténébreusement monté.

Enfin, pour abréger, voici sur ce beau plan militaire « *la citadelle des rébus graphiques* », voici « *la voie tortueuse et souterraine reliant les différents trucs entre eux et permettant au dernier moment de la citadelle* ».

Je le répète, M. Bertillon, devant la cour d'assises, a reconnu l'exactitude de ce schéma.

Voilà donc un homme qui est chargé sur quelques lignes d'écriture non signées de reconnaître la main d'un autre homme; et cet expert se livre à l'exécution du plan que je viens de décrire; et c'est lui qui, parmi les cinq experts consultés, fait pencher la majorité contre Dreyfus.

Oui, cela est terrible.

Mais il ne faut pas, quelque évident que soit ici le désordre d'esprit, s'arrêter à ces apparences : puisqu'aussi bien Bertillon a été dans l'affaire un personnage quasi décisif, il faut aller au fond de son œuvre et saisir le sophisme essentiel de ce délire logique.

M. Bertillon, il l'a dit lui-même devant la cour d'assises, n'a pas voulu simplement comparer l'écriture du bordereau et l'écriture de Dreyfus. C'était besogne trop modeste pour lui et trop vulgaire.

Comme il l'a dit orgueilleusement, il n'est pas un graphologue, et il ne croit pas beaucoup à la graphologie. Lui, il est un psychologue, et c'est en psychologue qu'il a étudié les écritures.

LE SYSTÈME BERTILLON

I

Il s'est dit : Dans l'hypothèse où Dreyfus serait le traître, il a dû se préoccuper avant tout du cas où il serait pris.

Or, il pouvait être pris de deux façons. Ou bien le bordereau serait trouvé sur lui, ou bien, au contraire, le bordereau serait saisi par le ministère sans qu'on pût en conjecturer l'auteur.

Et pour les deux cas Dreyfus devait avoir des réponses prêtes.

Dans le premier cas, si le bordereau était saisi ou chez Dreyfus, à son domicile, avant qu'il l'eût expédié, ou sur lui, dans sa poche, comment, étant ainsi porteur du document criminel, pouvait-il se défendre? Il n'avait qu'une ressource : c'est de dire que c'était un coup monté et que des ennemis pour le perdre, avaient glissé, dans son tiroir ou dans sa poche, le bordereau compromettant. Mais pour qu'il pût dire cela, pour que la manœuvre des ennemis fût vraisemblable, il fallait qu'entre l'écriture du bordereau et celle de Dreyfus, il y eût des ressemblances marquées.

Il fallait aussi que certains mots fussent décalqués sur l'écriture même de Dreyfus pour que celui-ci pût dire : Vous voyez bien que c'est un calque, et une infâme manœuvre de mes ennemis.

Et voilà comment, selon M. Bertillon, Dreyfus, pour se défendre au cas où le bordereau serait saisi sur lui, avait laissé subsister une ressemblance sensible entre son écriture et celle du bordereau.

« L'identité d'écriture, dit textuellement M. Bertillon (*fragment de son rapport, procès Zola, tome II, page 398*), a été conservée volontairement par notre criminel qui compte s'en servir comme d'une sauvegarde justement à cause de son absurdité même. »

Voilà aussi comment, selon M. Bertillon, il avait pris la peine pour confectionner le bordereau, de décalquer des mots de sa propre écriture pris dans un travail technique déjà fait par lui. Et ce sont ces premières dispositions de défense qui figurent dans la partie gauche du plan militaire de M. Bertillon.

Mais ici, que ce grand tacticien nous permette de l'arrêter tout de suite. Pour que Dreyfus redoutât qu'on saisît sur lui ou dans son tiroir, le bordereau, il fallait qu'il se crût soupçonné ou surveillé. Et dans ce cas le plus simple était encore d'adresser les documents sans aucune note d'envoi.

L'envoi du bordereau suppose chez le coupable, quel qu'il soit, une sécurité à peu près complète.

De plus, puisque Dreyfus a tout calculé, selon Bertillon, avec une rigueur polytechnicienne, le danger d'être pris avec le bordereau sur soi est extrêmement court. Ecrire le bordereau à la dernière heure, quand toutes les notes sont déjà rassemblées, et envoyer le tout immédiatement, cela réduit le danger au minimum.

Au contraire, il y a un danger extrême à laisser entre son écriture ordinaire et celle du bordereau une ressemblance marquée. C'est là un danger durable, qui se prolonge tant que le bordereau n'est pas détruit.

Et en outre, comme la surveillance constante de la police française s'exerce sur les attachés étrangers, et non sur la totalité des officiers français, il y a beaucoup plus de chances que le bordereau soit pris à la légation militaire étrangère, ou à la poste, que dans la poche de l'officier français.

Si donc l'auteur du bordereau avait fait tous les calculs que lui prête M. Bertillon, il se serait exposé à un très grand danger pour en éviter un tout petit. Mais comment M. Bertillon n'a-t-il pas vu que le coupable, en compliquant à ce point la fabrication du bordereau, aggravait et multipliait pour lui le péril? Quoi! il redoute qu'on prenne le bordereau sur lui, et au lieu de le faire vite, il s'amuse à décalquer péniblement, lentement, *sa propre écriture*. Il prolonge ainsi l'opération pendant laquelle le risque pour lui est au maximum : car il lui sera vraiment difficile de faire croire que c'est un ennemi qui lui a glissé dans la poche le document criminel, et pendant qu'il se livre à ces lentes manipulations d'écriture, à ces minutieux travaux de décalcage qu'il ne pourra aucunement expliquer s'il est surpris, il est, je le répète, au maximum du danger.

Et c'est lui qui, par prudence, aurait ainsi prolongé la période la plus critique! C'est de la pure folie. D'ailleurs, comment aurait-il pu employer, avec un succès certain ou même probable, ce moyen présumé de défense? Il n'est vraiment pas commode, si graphologue qu'on soit, de distinguer toujours un mot écrit par un homme directement du même mot écrit par cet homme et décalqué par lui.

Il eût donc été extrêmement difficile au coupable, si le bordereau eût été pris sur lui, de le rejeter sur un autre, en alléguant un décalque très difficile à établir.

C'est donc pour un moyen de défense tout à fait incertain et même nul que Dreyfus se fût exposé aux dangers résultant pour lui de la longueur de l'opération.

II

D'ailleurs, M. Bertillon, en supposant que le traître recourait à une facture aussi compliquée, aussi laborieuse, oublie qu'il n'était pas un traître d'occasion, n'opérant qu'une fois.

La première phrase du bordereau démontre qu'il s'agit d'un traître d'habitude : c'est donc souvent qu'il devait renouveler les envois. C'est donc souvent qu'il devait se livrer à la fabrication si étrangement compliquée et si manifestement dangereuse que lui prête le chimérique Bertillon.

Ce serait d'une déraison absolue, et d'une impossibilité complète.

Enfin, M. Bertillon, ayant en main le bordereau, a cédé à une illusion assez naturelle. Comme, pour lui, le bordereau était tout, il a supposé que pour le traître aussi le bordereau était tout, et que sur celui-ci devait se concentrer tout l'effort de précaution, toute l'ingéniosité de défense préventive du coupable.

C'est une erreur : le bordereau n'était pour le traître qu'une minime part du danger. Sans doute, la pièce pouvait être surprise. Mais c'est surtout en recueillant des renseignements, en empruntant des documents comme le manuel de tir, en faisant copier ces documents, en expédiant des notes plus ou moins volumineuses, en ayant des entrevues personnelles, comme il était inévitable, avec l'attaché étranger qu'il courait des risques : et c'est bien plutôt à l'ensemble de sa conduite qu'il devait appliquer son système de précaution et de dissimulation qu'aux quelques lignes du bordereau, hâtivement griffonnées et expédiées sans signature à la légation militaire.

En fait, Esterhazy était beaucoup plus près de la raison quand il écrivait tout simplement le bordereau, comme nous le verrons bientôt, de son écriture naturelle et courante.

En tout cas, M. Bertillon touche aux limites de l'absurde quand il suppose qu'en prévision d'un danger infiniment improbable et extrêmement réduit, le traître allait se condamner, pour la fabrication du bordereau, à des opérations complexes, longues, difficiles qui créaient pour lui un péril très grave.

C'est pourtant à cette imagination puérile et absurde que M. Bertillon n'a pas craint de donner, dans son graphique, une sorte de certitude matérielle et de précision linéaire. Ce sont ces suppositions inconsistantes et niaises qui ont été comme réalisées par lui en arsenal, en tranchées souterraines, en forgerie, en batterie, en cheminements obscurs d'espions ténébreusement conseillés.

Qu'une pareille aberration cérébrale ait pu se produire, cela est de l'humanité ; mais qu'elle ait pu, dans la stupide enquête menée contre Dreyfus, agir sur les décisions suprêmes des accusateurs et du ministre c'est ce qui sera la honte éternelle des coteries militaires, et un scandale de la pensée.

Mais par cette série de calculs enfantins et tortueux, Bertillon substituant sa pensée déréglée à celle du traître, n'avait paré qu'à une des deux hypothèses. Restait l'autre.

Restait le cas où le bordereau ne serait pas pris dans le tiroir ou dans la poche de Dreyfus, mais ailleurs. Dans ce cas, il devenait très dangereux qu'entre l'écriture du bordereau et sa propre écriture il y eût des ressemblances trop marquées.

Il ne lui était plus possible alors de dire : « C'est pour me perdre que mes ennemis ont fabriqué ces ressemblances », puisque le document, n'étant pas trouvé sur lui, ne pouvait le compromettre immédiatement.

Et, au contraire, ces ressemblances d'écritures mettaient sur la trace du coupable et le désignaient.

Ainsi les ressemblances qui, dans la pensée de l'ingénieux Bertillon, devaient servir la défense de Dreyfus au cas où le bordereau eût été pris sur lui devenaient au contraire accusatrices au cas où le bordereau serait pris ailleurs.

Que faire alors, et comment résoudre la difficuté? C'est bien simple et notre psychologue ne s'embarrassera pas pour si peu. Dreyfus, conseillé après coup par son subtil interprète, mettra dans le bordereau des ressemblances d'écriture pour le cas ou le bordereau serait pris sur lui, et il y mettra des différences notables pour pouvoir s'écrier au cas où le bordereau serait pris ailleurs : « Ce n'est pas de moi. »

Et comme il y a en effet entre l'écriture du bordereau et celle de Dreyfus, quelques ressemblances superficielles avec des différences caractérisées, notre Bertillon triomphe, et, en substance, il conclut à la trahison par le syllogisme suivant qui donne la clef de sa méthode, le secret de son schéma et la mesure de son génie :

« Dans l'hypothèse où Dreyfus serait un traître, il aurait mis dans le bordereau des ressemblances avec son écriture propre et des différences. Or il y a en effet des ressemblances et des différences : donc Dreyfus est un traître. »

Il n'y a qu'un malheur : c'est que, pareillement dans l'hypothèse où Dreyfus ne serait pas un traître, il se pourrait aussi fort bien qu'entre son écriture et celle du bordereau, il y eut, avec quelques ressemblances, des différences.

Mais c'est la seule hypothèse à laquelle n'ait point songé M. Bertillon ; il a, sans y prendre garde, considéré d'emblée la trahison comme acquise et avec cette clef, forgée par lui, il s'est mis magistralement à expliquer le bordereau. Il n'a pas songé une minute que le bordereau pouvait être d'un autre, et que, s'il était d'un autre, il était tout naturel que, malgré certaines rencontres d'écriture, il n'y eut pas ressemblance complète de l'écriture de Dreyfus et du bordereau.

C'est pourtant cet incroyable sophisme qui fait tout le fond du système Bertillon : c'est par cette imbécillité raisonneuse et cette logique folle qu'a été soudain, au cours de l'enquête, aggravé le cas de Dreyfus, et décidé son destin.

Pour que cette affaire fût complète, il y fallait la déraison suprême : elle y est.

L'ILLUSION TENACE

I

Et voici l'illusion tenace qui caractérise l'état spécial de M. Bertillon.

Deux ans après, quand on lui eut fourni la preuve que l'écriture du bordereau était identique à celle d'Esterhazy, quand il l'eut reconnu lui-même, il persista à soutenir que le bordereau n'avait pu être fabriqué que selon son système à lui.

Le colonel Picquart dépose qu'après avoir eu en main des lettres d'Esterhazy, il les a soumises à M. Bertillon :

M. Bertillon, dès que je lui eus présenté la photographie, me dit : C'est l'écriture du bordereau. — Je lui dis : Ne vous pressez pas ; voulez-vous reprendre cet échantillon et l'examiner à loisir? — Il me répliqua : Non, c'est l'écriture du bordereau; d'où tenez-vous cela?

Ainsi, pour M. Bertillon, dès qu'on lui soumet, sans lui dire quelles sont ces pièces, des lettres d'Esterhazy, l'identité entre l'écriture du bordereau et l'écriture de ces lettres a éclaté. Il ne le nie pas devant la cour d'assises.

Voici ses paroles, confirmant celles du colonel Picquart :

En déposant le papier sur la table, je lui ai dit : C'est encore l'affaire Dreyfus? — Il m'a dit : Oui... enfin, je voudrais savoir votre opinion. — J'ai regardé cette écriture et je lui ai dit : Cela ressemble singulièrement à l'écriture du bordereau...

Le colonel Picquart lui laissa la lettre d'Esterhazy pour l'étudier à loisir, et M. Bertillon ajoute :

Je fis ce que me demandait le colonel Picquart : je fis photographier le document, et, *ma foi, je vous dirai que je ne m'en suis pas occupé plus longuement. J'avais une écriture qui ressemblait à celle du bordereau. Or, j'ai fait la démonstration absolue que le bordereau ne peut pas être d'une autre personne que le condamné.* **Qu'est-ce que cela me fait qu'il y ait d'autres écritures semblables à celle-là ?** *Il y aurait cent officiers au ministère de la guerre qui auraient cette écriture, cela me serait absolument égal, car pour moi la démonstration est faite.*

Ainsi, voilà un homme auquel il y a deux ans on a soumis un bordereau non signé. Ce bordereau offrait avec l'écriture de Dreyfus quelques ressemblances, mais aussi, bien des différences. Néanmoins, en vertu d'un système tout *psychologique*, c'est-à-dire arbitraire et incertain, sinon absurde, il conclut que le bordereau doit être attribué à Dreyfus.

Deux ans après, on lui présente un autre morceau d'écriture, une lettre d'Esterhazy. Cette fois, ce ne sont plus des ressemblances incomplètes, partielles, incertaines : c'est l'identité absolue, c'est la ressemblance foudroyante dans le détail comme dans l'ensemble, trait pour trait.

Cette identité, M. Bertillon lui-même en est saisi, mais il dit : « **Qu'est-ce que cela me fait, puisqu'il y a deux ans j'ai fait ma démonstration ?** »

Comme un inventeur maniaque qui n'accepte pas le démenti brutal de l'expérience, M. Bertillon maintient contre l'évidence le système incohérent sous lequel il a accablé Dreyfus. Et il ne lui vient pas une minute la pensée de se demander :

« Mais si le bordereau, comme je l'ai cru il y a deux

ans, est le produit d'une fabrication tout à fait compliquée, s'il est fait de l'écriture naturelle et directe d'Alfred Dreyfus, de l'écriture de Dreyfus décalquée par lui-même, d'altérations volontaires introduites par Dreyfus et, en outre, comme je l'ai dit aussi, de certains mots de l'écriture du frère, Mathieu Dreyfus, décalquée par Alfred, si le bordereau est vraiment, comme je l'ai affirmé aux juges, une macédoine d'écritures aussi extraordinairement composée, par quelle rencontre merveilleuse, *par quel miracle sans précédent sous les cieux, l'écriture spontanée, naturelle, d'un autre officier ressemble-t-elle, trait pour trait, lettre pour lettre, point par point, au produit artificiel, à l'étonnante mixture que j'avais cru démêler ?* »

Non! pas une minute, cette question n'effleure l'esprit de M. Bertillon. Il a son système, cela le dispense de toute raison. Et contre ce système la vérité, l'évidence se brisent.

II

J'ai assisté à la déposition de M. Bertillon devant la cour d'assises : comme ces spirites qui vous parlent avec assurance de leurs révélations, mais qui ne sont pas pressés de vous faire assiste raux expériences décisives, M. Bertillon affirmait devant la cour et devant la postérité, l'excellence de son système, mais il hésitait à l'analyser devant nous ; il ne laissait échapper que des bribes.

Et pendant qu'il parlait, pendant que la défense lui arrachait, lambeau par lambeau, l'aveu de son rêve extravagant, la défense triomphait.

Et chose curieuse : les officiers des bureaux de la guerre, qui étaient là, coommandants et généraux, par leurs ricanements, par leurs haussements d'épaules, affectaient de se désintéresser de Bertillon. Qu'y avait-il de commun entre ce délire et eux?

Trop tard, messieurs!

Ce n'est pas après le procès, ce n'est pas après la condamnation qu'il fallait reconnaître et désavouer l'aberration de cet homme. Vous le raillez maintenant, mais vous vous êtes servis de sa déraison pour condamner l'innocent.

Etrange justice qui en est réduite à rejeter, avec mépris, le lendemain, les instruments d'accusation dont elle a usé.

A les rejeter et à les cacher. Car le lendemain, le ministère de la guerre signifiait à Bertillon qu'il eût à se taire. Et il se refusa, **par ordre**, à expliquer publiquement sa méthode.

Pauvre outil faussé que l'on jette au loin ou qu'on enfouit sous terre quand une fois l'attentat est consommé!

Mais quoi que fassent les officiers, mêlés comme enquêteurs ou comme juges au procès Dreyfus, ils ne peuvent plus se séparer de Bertillon; ils restent éternellement solidaires de lui. S'ils ont pris son système au sérieux, sa déraison est leur déraison, et s'ils ne l'ont pas pris au sérieux, s'ils s'en sont servis, sans y croire, ce qui est déraison chez lui est crime chez eux.

III

Mais admirez l'inconscience des accusateurs. Quelque jugement que l'on porte sur la méthode de M. Bertillon, elle est tout à fait particulière. Il ne s'agit plus avec lui d'une expertise d'écritures ordinaire; il le déclare lui-même devant la cour d'assises *(page 406)* :

« J'ai des preuves qui ne sont pas précisément des preuves graphiques. Je n'ai pas confiance dans l'expertise en écritures; je crois que c'est une chose qui est bonne pour une élimination, mais qu'ensuite il faut faire table rase! »

Ainsi, il n'y a rien de commun entre le travail fait par M. Bertillon et le travail fait par les quatre autres experts. MM. Charavay, Teyssonnières, Gobert, Pelletier, ont procédé, eux, à une expertise d'écritures; c'est comme graphologues qu'ils ont étudié le bordereau.

MM. Charavay et Teyssonnières ont conclu qu'il devait être attribué à Dreyfus. MM. Gobert et Pelletier ont conclu qu'il ne pouvait pas être attribué à Dreyfus : deux contre deux.

Mais quoique leurs conclusions fussent opposées, leur travail était du même ordre. C'était une expertise d'écriture et rien que cela.

La méthode de M. Bertillon, quelle qu'en soit la valeur, était donc d'une tout autre nature et son travail était hors cadre.

Or, de ce fait si important, il n'y a pas trace dans l'acte d'accusation. Voici le passage qui concerne M. Bertillon

M. Bertillon, chef du service de l'identité judiciaire, chargé aussi d'un premier examen, avait formulé le 13 octobre 1894 ses conclusions comme suit : « Si l'on écarte l'hypothèse d'un document forgé avec soin, il appert maintenant que c'est la même personne qui a écrit la lettre et les pièces incriminées. »

Dans son rapport du 23 du même mois, établi après un examen plus approfondi et portant sur un plus grand nombre de pièces, M. Bertillon a formulé les conclusions suivantes qui sont beaucoup plus affirmatives : « La preuve est faite, péremptoire; vous savez quelle était mon opinion du premier jour, elle est maintenant absolue, complète, sans réserve aucune. »

Je défie qu'on puisse démêler dans ces lignes qu'il y a un abîme entre la méthode de M. Bertillon et une expertise d'écritures.

Évidemment si les enquêteurs y avaient pris garde, s'ils s'en étaient rendu compte, il y aurait un mot là-dessus dans l'acte d'accusation. Mais non : le rapport Bertillon est traité comme un simple rapport d'expertise: il vient s'ajouter aux autres rapports d'expert ; il est clair que les enquêteurs demandaient simplement aux experts: « Concluez-vous contre Dreyfus? — Oui. — C'est bien ; »

et n'examinaient de près ni par quels procédés ni par quels principes ils avaient conclu.

Mais nous, maintenant, qui savons par le schéma de Bertillon et par sa déposition en cour d'assises à quelle aventureuse et extravagante méthode il a demandé ses conclusions, nous avons le droit de dénoncer l'inconscience avec laquelle les accusateurs présentent son rapport comme tout pareil aux autres.

IV

Pourtant dans les quelques lignes de lui qu'on cite, si courtes soient-elles, quelque chose d'étrange encore se devine. Dans son premier rapport, il conclut que Dreyfus est bien l'auteur du bordereau, « *si l'on écarte l'hypothèse d'une pièce forgée avec soin* ». Donc, tout de suite, avec son goût du compliqué, M. Bertillon a pensé à une pièce forgée ; mais au début, il lui apparaissait que cette pièce, si elle avait été forgée, avait dû l'être par un autre que Dreyfus. Aussi, au début, M. Bertillon ne pouvait concilier la culpabilité de Dreyfus et son penchant pour l'hypothèse compliquée d'une pièce forgée. Dans l'intervalle entre ses deux rapports, un éclair de génie a lui, et la conciliation lui a apparu. Oui, le bordereau était une pièce forgée ; mais elle l'avait été par l'auteur du bordereau lui-même. Le roman était plus mystérieux encore et plus étrange : dès lors il était plus vrai, et la certitude était absolue. Ainsi travaillait l'imagination de M. Bertillon, et le bordereau n'était pour lui qu'une de ces nuées inconsistantes où l'esprit croit voir les formes qu'il veut.

Tout cela a échappé aux enquêteurs ; tout cela, pour les accusateurs, est nul et non avenu. Ils ne paraissent même pas avoir soupçonné le chaos de suppositions, de fantaisies et d'extravagances, qui s'agite dans la pensée et le rapport de M. Bertillon, c'est-à-dire dans l'accusation elle-même dont M. Bertillon a été, au moment décisif, la caution et le répondant.

LE CHAOS DE L'ENQUÊTE

I

Et ce qui ajoute encore au chaos de l'enquête, à son incohérence et à son étrangeté, c'est que quelques-uns des enquêteurs ont mêlé à la confection du bordereau le frère de l'accusé, Mathieu Dreyfus.

C'est d'abord l'enquêteur préalable, celui qui a tout mené, M. du Paty de Clam. Voici ce que dit le colonel Picquart (*tome 1, page 288*):

La seconde personne à qui je montrai cet échantillon de l'écriture du commandant Esterhazy, fut le colonel du Paty, alors commandant. Je ne le lui confiai que quelques minutes, cinq minutes, je crois, et il me dit: « C'est l'écriture de Mathieu Dreyfus ». Il faut vous dire, pour expliquer cela, que le colonel du Paty prétendait que pour écrire le bordereau, Alfred Dreyfus avait fait un mélange de son écriture avec celle de son frère.

M. du Paty de Clam n'a point démenti cela, et, au contraire, dans la conversation suprême qu'il a eue avec Dreyfus, après la condamnation de celui-ci, il lui a parlé encore de la « complicité » de sa famille.

Je suppose, pour le dire en passant, que, lorsque le général Mercier, dans l'interview qu'il accorda le 28 novembre 1894 à M. Leser du *Figaro*, lui disait: « Tout ce que l'on peut affirmer, c'est que la culpabilité de cet officier est certaine *et qu'il a eu des complices civils* », il faisait allusion au concours que Mathieu Dreyfus aurait prêté à son frère pour la confection du bordereau.

Cette suggestion ne lui venait pas seulement de M. du Paty, elle lui venait de M. Bertillon. L'opinion de celui-ci n'est pas douteuse. Quand le colonel Picquart lui montra les lettres d'Esterhazy, il s'écria : « C'est l'écriture du bordereau... ou celle de MathieuDreyfus. »

Il assimilait donc l'une à l'autre.

D'ailleurs, il résulte de sa déposition même qu'il s'est servi, pour démontrer la culpabilité d'Alfred Dreyfus, de deux ou trois lettres de Mathieu Dreyfus saisies dans le buvard d'Alfred à son domicile.

Ces lettres, par leur contenu, n'avaient aucun rapport, même lointain, avec une affaire de trahison ou avec la défense nationale. Elles étaient sur des sujets indifférents, une entre autres sur un fusil de chasse.

Immédiatement, M. Bertillon ramène ces lettres au bordereau : il les fait entrer dans le plan de fabrication extrêmement complexe qu'il prête à l'accusé, et il affirme que celui-ci a utilisé, par décalque, certains mots, certaines lettres de Mathieu Dreyfus pour déguiser en partie sa propre écriture.

Ainsi il ne suffit pas à Alfred Dreyfus, selon M. Bertillon, d'avoir laissé subsister exprès entre son écriture et celle du bordereau, certaines ressemblances ; il ne lui suffit pas d'avoir juxtaposé aux mots courants de sa propre écriture des mots de sa propre écriture décalqués par lui-même ; il ne lui suffit pas d'avoir glissé dans cette mixture certaines lettres, certaines formes graphiques, comme les doubles SS, qui ne sont ni dans sa propre écriture, ni dans celle de son frère : il faut encore qu'il utilise certains éléments de l'écriture de son frère et qu'il jette ce suprême ingrédient dans le bordereau, véritable chaudière de Macbeth où l'imagination de M. Bertillon, sorcière incomparable, mêle, broie, dénature les éléments.

II

C'est donc entendu. Selon M. du Paty de Clam et selon M. Bertillon, il y a dans le bordereau des parties de l'écriture de Mathieu Dreyfus.

Combien cette hypothèse est intenable et absurde, deux mots suffisent à le montrer. D'abord, comment concilier cette imprudence d'Alfred Dreyfus gardant dans son buvard, six mois encore après la confection du bordereau, des pièces qui peuvent le compromettre, avec ce que dit l'acte d'accusation ?

On y lit ceci :

Au moment de son arrestation, le 15 octobre dernier, lorsqu'on le fouilla, il dit : « Prenez mes clefs, ouvrez tout chez moi ; vous ne trouverez rien. » La perquisition qui a été pratiquée à son domicile a amené à peu près le résultat indiqué par lui. Mais il est permis de penser que si aucune lettre même de famille, sauf celles des fiançailles adressées à madame Dreyfus, aucune note, même des fournisseurs, n'ont été trouvées dans cette perquisition, c'est que tout ce qui aurait pu être en quelque façon compromettant avait été caché ou détruit de tout temps.

C'est admirable, et il est clair que ce système d'interprétation fera toujours un coupable d'un innocent.

De même qu'on dit : « Si l'écriture du bordereau ne ressemble pas tout à fait à la sienne, c'est qu'il l'a déguisée volontairement ; » on dit : « Si après une arrestation soudaine, on n'a trouvé chez lui aucun papier compromettant, c'est que de tout temps il faisait tout disparaître. »

Oui, quelle est l'innocence qui résistera à ces partis pris de raisonnement ?

Mais en tout cas, que M. Bertillon explique comment cet homme, qui détruit si soigneusement tout ce qui peut, même à un faible degré, le compromettre, conserve justement, six mois encore après la confection du bordereau, les lettres de son frère qu'il aurait utilisées pour ce bordereau.

C'est le document qui va le perdre, qui va perdre son frère ! et c'est justement ce document qu'il garde dans son buvard, quand l'opération est depuis longtemps finie!

Et l'homme qui commet cette folie est le polytechnicien calculateur et retors qui selon M. Bertillon a prévu tous les cas, toutes les formes possibles du danger, et qui a paré à tout !

Oui, l'homme qui, selon M. Bertillon, a craint que le bordereau fût saisi sur lui, à son domicile ou dans sa poche, et à qui ce danger de quelques minutes a paru si grand qu'il y a presque tout subordonné, ce même homme garde à son domicile, sur sa table de travail, d'avril en octobre, les lettres de son frère qui sont entrées comme éléments dans le bordereau ?

Qu'on réponde, ou qu'on essaie même de répondre. Mais M. Bertillon n'a pas même entrevu la contradiction misérable où il se heurtait. Si Dreyfus est un étourdi, un imprévoyant, tout le système de démonstration psychologique de M. Bertillon tombe, puisqu'il suppose avant tout le profond esprit de calcul, de prévoyance et de dissimulation de Dreyfus.

Et si celui-ci est au contraire subtil, soupçonneux et minutieusement prudent comme l'exige le système, comment est-il possible qu'il laisse traîner ainsi, et qu'il réserve exprès pour le regard perçant du grand homme le document le plus dangereux pour lui ?

Incohérence de plus qui s'ajoute à toutes les incohérences de cette instruction fantastique, qui déconcerte toute pensée.

III

Mais encore, quel intérêt avait donc Dreyfus à utiliser ainsi pour le bordereau l'écriture de son frère ?

Ou bien l'écriture de Mathieu Dreyfus ressemblait à

celle d'Alfred : et vraiment Dreyfus n'avait point besoin de copier son frère pour introduire dans le bordereau des ressemblances à sa propre écriture ; il n'avait qu'à écrire lui-même.

Ou bien, au contraire, l'écriture de Mathieu Dreyfus différait de celle d'Alfred ; et si celui-ci voulait introduire dans le bordereau des traits d'une écriture différente, il n'avait qu'à copier l'écriture de n'importe qui.

Tout valait mieux pour lui que de copier celle de son frère.

Car ceci était dangereux à tous égards. C'était dangereux d'abord pour son frère, qui pouvait ainsi être impliqué dans l'affaire. On pouvait, en effet, supposer, comme l'a insinué M. Bertillon, comme l'a insinué M. du Paty, qu'il savait l'usage auquel Alfred Dreyfus destinait ces lettres et qu'il y avait même introduit à dessein quelques mots utilisables pour le bordereau.

C'était aussi très dangereux pour Dreyfus lui-même, car l'écriture de son frère, si on la retrouvait dans le bordereau, le dénonçait lui-même.

Copier l'écriture de son frère était donc pour Dreyfus la manœuvre la plus inutile et la plus redoutable à la fois, c'est-à-dire la plus absurde.

Et il a fallu, pour la lui prêter, l'imagination égarée de M. Bertillon uniquement occupé à corser son feuilleton scientifique, romanesque et ténébreux.

Il y a fallu aussi le cerveau de faussaire de du Paty de Clam, de l'homme connu aujourd'hui comme l'esprit le plus trouble et l'intrigant le plus misérable.

On sait à présent, malgré la complaisance des juges, que du Paty de Clam emploie de préférence, dans le crime, les moyens compliqués et tortueux, et il était tout naturel qu'il supposât que le bordereau avait été fabriqué de même.

Dans ce bordereau où Bertillon et du Paty de Clam avaient cru voir comme en un miroir magique tant de scènes étranges, Dreyfus décalquant sa propre écriture,

Dreyfus mêlant son écriture spontanée à son écriture décalquée, Dreyfus saupoudrant de différences caractéristiques, la ressemblance générale d'écriture, et poussant la rouerie jusqu'à « combiner dans le style la concision et la prolixité », Dreyfus enfin décalquant l'écriture de son frère, oui, dans ce miroir magique, Bertillon et du Paty de Clam n'avaient vu, sans y prendre garde, que leur propre image, le reflet trouble de leur prétentieuse sottise ou de leur ténébreuse perversité.

Mais enfin, puisque ce prétendu emprunt d'écriture à Mathieu Dreyfus, si absurde qu'il soit, était affirmé par Bertillon et du Paty de Clam, puisqu'ils expliquaient par là une partie au moins des différences qui séparent l'écriture du bordereau de l'écriture propre de Dreyfus, pourquoi n'y a-t-il pas eu là-dessus une enquête ? Pourquoi Mathieu Dreyfus n'a-t-il même pas été interrogé ?

La question pourtant en valait la peine. On n'a contre un homme que quelques lignes d'écritures non signées, et qu'il affirme n'être point de lui. Entre ce morceau incriminé et l'écriture habituelle de cet homme, il y a des différences notables. Grande difficulté, à coup sûr, pour des informateurs sérieux !

Or, voici que deux enquêteurs suggèrent une hypothèse qui expliquerait au moins en partie ces différences et qui fournirait un élément de conviction. Pourquoi n'a-t-on pas soumis à un examen en forme cette hypothèse ? Pourquoi les experts n'ont-ils pas été chargés, officiellement, de comparer l'écriture de Mathieu Dreyfus à celle du bordereau ?

Si l'accusation ne prenait pas au sérieux cette hypothèse précise de M. Bertillon, partie essentielle de son système et application notable de sa méthode, pourquoi a-t-elle pris au sérieux, en bloc, le système de M. Bertillon et ses conclusions ?

Si, au contraire, elle prenait au sérieux cette hypothèse précise et si grave pour Dreyfus, pourquoi ne l'a-t-elle pas soumise à une vérification exacte et à un contrôle régulier?

Mais non! il fallait aboutir, et aboutir vite. Les bureaux de la guerre s'étaient engagés à fond contre le juif Dreyfus, dont la seule présence à l'Etat-Major menaçait le monopole militaire de la rue des Postes : l'Etat-Major avait forcé la main au ministre hésitant, en communiquant, malgré lui, aux journaux antisémites, le nom et la religion de l'officier prévenu : la bonne presse de démagogie cléricale hurlait ou grondait, attendant sa proie. On avait bien le temps de raffiner et d'étudier! Mettre en cause Mathieu Dreyfus avec Alfred, pour le même bordereau, c'eût été avouer au public qu'il y avait, dans l'écriture du bordereau, des éléments déconcertants, que l'affaire n'était point simple, que la culpabilité n'était point certaine! En avant donc! et ne nous arrêtons pas à ces vétilles!

Et c'est ainsi que l'enquête, conduite par l'extravagant Bertillon, de concert avec le louche du Paty, a abouti à accabler Dreyfus sans autre charge qu'un morceau d'écriture qui, de l'aveu même de Bertillon, de l'acte d'accusation, ne ressemble qu'imparfaitement à l'écriture de Dreyfus. Et l'acte d'accusation, adoptant la méthode insensée de Bertillon, déclare que si la ressemblance n'est pas complète, c'est parce que Dreyfus a déguisé son écriture.

Une fois encore quel est l'innocent qui, avec un pareil système, pourra échapper?

Mais en regard de toute cette déraison et de tout ce parti pris qu'on me permette une bien simple supposition. En octobre et novembre 1894, quand les bureaux de la guerre s'acharnaient sur Dreyfus sans autre indice que le bordereau, si tout à coup un officier du bureau des renseignements avait appris ce qu'était Esterhazy, s'il avait connu les lettres à Mme de Boulancy, s'il avait apporté aux enquêteurs des spécimens de son écriture, immédiatement, quelle que fut la passion de l'État-

Major contre le juif, on aurait dû abandonner la poursuite commencée contre Dreyfus, et poursuivre Esterhazy.

La vérité a été connue trop tard, et les bureaux de la guerre ont pu s'abandonner sans frein au génie de M. Bertillon. Leur responsabilité est devenue terrible depuis que sachant la vérité ils l'étouffent systématiquement par le faux et par la violence : mais elle était grande déjà en 1894 lorsque pour condamner Dreyfus sans autre indice, ils torturaient par les suppositions les plus absurdes l'écriture du bordereau; c'est une sorte d'inquisition mentale qui arrache de force, à une pièce d'écriture, par les hypothèses les plus violentes et la logique la plus frauduleuse, un aveu de culpabilité qui n'y est pas.

LE VÉRITABLE TRAITRE

LE DOCUMENT RÉVÉLATEUR

I

Le véritable auteur du bordereau pour lequel a été condamné Dreyfus, c'est Esterhazy.

Le véritable traître, appointé par l'Allemagne pour livrer les secrets de la défense, c'est Esterhazy.

Ce traître, protégé par les généraux, par les ministres, par les juges, par les professionnels du patriotisme, il faut que devant le peuple il soit démasqué.

Depuis dix-huit mois Dreyfus était condamné; depuis dix-huit mois, l'innocent, frappé sans preuve et sans raison, subissait son terrible supplice, quand le bureau des renseignements du ministère de la guerre fut mis en éveil par un document très inquiétant.

Ce n'était plus le colonel Sandherr qui dirigeait le service des renseignements. Il avait dû se retirer à la suite d'une maladie cérébrale et il avait été remplacé par le lieutenant-colonel Picquart.

Or, en mai 1896, celui-ci recevait une lettre, ou plus exactement une carte-télégramme, adressée par l'attaché militaire allemand ou un de ses agents au commandant Esterhazy. *Cette lettre, qu'on veuille bien le remarquer, était apportée au ministère de la guerre dans les mêmes conditions que le bordereau, sur lequel fut condamné Dreyfus.*

Elle offrait donc les mêmes garanties d'authenticité que le bordereau.

Comme le bordereau, elle avait été saisie à la légation militaire allemande. Elle était apportée par le même agent, par le même serviteur de la légation, qui avait apporté le bordereau.

Et comme le bordereau, elle était apportée coupée en menus morceaux.

C'était là une précaution toute naturelle pour couvrir l'agent qui servait la police française. S'il avait remis au service des renseignements les documents entiers, non déchirés, ces documents, passant sous les yeux de plusieurs personnes dans les bureaux, auraient été aisément reconnus : leur provenance eût été ainsi connue et la moindre indication, la moindre imprudence pouvait perdre l'agent qui la livrait.

Au contraire, quand ils arrivaient en petits morceaux, ils ne prenaient de sens qu'une fois reconstitués ; et seul, le chef du service des renseignements et les deux officiers qui l'assistaient dans le travail de reconstitution étaient au courant.

Voilà comment le bordereau était parvenu au ministère en octobre 1894, coupé en morceaux ; voilà comment la lettre de l'attaché militaire à Esterhazy parvint en mai 1896, coupée en morceaux, et par les mêmes voies que le bordereau.

II

Nous connaissons officiellement le texte de ce document qu'on a appelé le *petit bleu*, parce que, au procès d'Esterhazy, le général de Luxer, président du Conseil de guerre, en a donné connaissance dans la partie publique du procès.

Le voici :

J'attends avant tout une explication plus détaillée que celle que vous m'avez donnée, l'autre jour, sur la question en suspens. En conséquence, je vous prie de me la donner par écrit, pour pouvoir juger si je puis continuer mes relations avec la maison R..., ou non.

Monsieur le commandant Esterhazy, 27, rue de la Bienfaisance, à Paris.

Cette lettre était signée C... Son authenticité n'était pas douteuse ; car, je le répète, elle était apportée directement de la légation militaire allemande, de la même façon que le bordereau.

III

En soi, par son contenu, cette carte-lettre était bien loin d'être décisive, et certes, elle ne suffirait pas à démontrer la trahison d'un homme. Cependant, il sera bien permis de dire que les adversaires de Dreyfus triompheraient bruyamment s'ils pouvaient produire contre lui une pièce de cette gravité, un indice de cette valeur. En tout cas, elle démontre au moins qu'entre l'attaché militaire allemand, M. de Schwarzkoppen, et le commandant Esterhazy, il y avait des relations louches.

Ce n'était pas assez pour conclure contre le commandant Esterhazy : c'était assez pour ouvrir une enquête sur lui.

C'est ce que fit tout de suite le lieutenant-colonel Picquart. Là est le crime qu'on ne lui a pas encore pardonné.

Aujourd'hui, l'Etat-Major protecteur d'Esterhazy et les journaux à sa dévotion, pour affaiblir l'effet de cette première pièce, insinuent qu'elle est un faux.

Ils insinuent qu'elle pourrait bien avoir été fabriquée par le lieutenant-colonel Picquart lui-même. Et ils invoquent pour cela deux arguments misérables.

Ils disent que le colonel Picquart, en priant son subordonné le capitaine Lauth de photographier cette pièce, lui a recommandé de faire disparaître sur la photographie les traces de déchirure.

C'est puéril, car c'est ce qui se pratique toujours quand on fait la photographie d'un document déchiré. Et cela ne pouvait tromper personne, *puisque c'est l'original seul qui fait foi, et que l'original portait forcément toujours les traces de déchirure.*

Le colonel Picquart prenait là simplement une précaution très sage. Comme il y avait eu, à propos du procès Dreyfus des indiscrétions et des bavardages sur le bordereau, comme on savait dans les bureaux de la guerre qu'il était parvenu déchiré, si la photographie de la carte-télégramme avait, elle aussi, révélé des déchirures, son origine aurait été aisément devinée et le secret nécessaire à l'enquête eut été compromis.

Bien mieux, le colonel Picquart n'avait aucun intérêt, pour établir l'authenticité de la pièce, à faire disparaître les traces de déchirure : car ces déchirures au contraire, pareilles à celles du bordereau et s'expliquant par l'identité de provenance, ajoutaient à l'authenticité de la carte-lettre.

Et qu'on n'oublie pas que, pour les fac-similés du bordereau, l'Etat-Major avait fait disparaître la trace des déchirures ; le colonel Picquart ne faisait que se conformer à l'usage même des bureaux de la guerre.

Il faut à ceux-ci une singulière mauvaise foi et un désir bien violent de sauver à tout prix Esterhazy, pour oser le lui reprocher.

Le second grief est aussi puéril, et le colonel Picquart s'en est expliqué dans sa déposition avec une simplicité d'accent, une clarté et une sincérité décisive :

(Procès Zola, tome I, page 298) : On m'a reproché ensuite d'avoir voulu faire dire que la carte-télégramme était d'une personne déterminée. Le fait s'est passé d'une façon bien simple : j'examinais ce document avec le capitaine Lauth, et le capitaine me dit : « Mais ce document n'a aucun signe d'authenticité ; il faudrait qu'il eût une date, un cachet de poste. »

Là-dessus, je lui dis : « Mais vous pourriez bien témoigner

vous, d'où il vient, vous savez bien de quelle écriture il est. »
Il me répondit : « Ah ! non, jamais. Je ne connais pas cette écriture. »

Remarquez que la chose s'est passée exactement comme cela, qu'il n'y a pas eu un mot de plus ou de moins, et je crois que la déposition du commandant Lauth n'a pas dû être différente de la mienne à cet égard. Cet officier n'a attaché au moment même aucun caractère douteux à ma question. La preuve, c'est que nous sommes restés dans les meilleurs termes ; la preuve, c'est qu'il m'a reçu ensuite à sa table, chose qui ne se fait pas d'habitude entre un inférieur et un supérieur ; en un mot, nous étions restés dans les meilleurs termes.

Or, si j'avais voulu le suborner, lui imposer une opinion qui n'était pas la sienne, j'aurais commis une action qui ne m'eut pas permis de rester en relations de camaraderie avec lui.

Plus tard, lorsque cette carte-télégramme m'a conduit au bordereau Dreyfus, les choses se sont gâtées ; on a ramassé tous ces petits faits, et on s'en est servi contre moi en les dénaturant.

Du reste, il y a une chose qui montre très bien comment on peut se servir des faits les plus petits, les plus simples, quand on veut perdre quelqu'un : ... il y a une autre chose qui m'a été reprochée, bien qu'elle ne soit pas mentionnée au rapport Ravary, c'est d'avoir voulu faire mettre le cachet de la poste sur le *petit bleu*.

Jamais de la vie, je n'ai eu une intention pareille ; d'ailleurs, je crois que la chose est encore de la même espèce que cette affaire de subornation.

Dans la déposition écrite du commandant Lauth, qui m'est assez présente à la mémoire, cet officier affirme m'avoir dit en parlant du *petit bleu* : « Cette pièce n'a aucun caractère d'authenticité, il faudrait une date ou le cachet de la poste ». Il est probable que ce mot a été répété, dénaturé, et qu'on est parti de là pour dire que j'avais voulu faire apposer le cachet de la poste.

IV

On peut ajouter que le cachet de la poste n'aurait en rien garanti l'authenticité. Il est toujours facile à l'autorité militaire, si elle fabrique un document, de le jeter à la poste et de l'y faire saisir. Le colonel Picquart, dans l'hypothèse où il aurait voulu donner à une pièce fausse un caractère authentique, n'avait donc aucun intérêt à la faire timbrer.

Ce qui faisait l'authenticité du *petit bleu* c'est au contraire qu'il vint directement, comme le bordereau, et par les mêmes voies que lui, de la légation militaire allemande.

D'ailleurs, quel intérêt pouvait avoir, en mai 1896, le chef du service des renseignements, à fabriquer un faux contre Esterhazy?

Bien mieux, quel intérêt pouvait avoir, à ce moment, n'importe quelle personne au monde, à user contre Esterhazy d'une pièce fausse?

Les adversaires de la revision du procès Dreyfus ont indiqué que la famille Dreyfus et ses amis voulaient substituer au condamné un autre coupable et qu'ils avaient choisi à cet effet Esterhazy.

Nous verrons que cette hypothèse désespérée ne résiste pas à l'examen.

Mais, même dans ce cas, quel intérêt aurait-on eu, en mai 1896, à fabriquer cette carte-lettre contre Esterhazy?

Ou bien, à ce moment-là, on ignorait que toute la conduite d'Esterhazy était abominable et suspecte, qu'il avait écrit à Mme de Boulancy des lettres odieuses et qu'*entre son écriture et celle du bordereau il y avait une ressemblance « effrayante »*, comme il le dit plus tard lui-même.

Si on ignorait tout cela, il était bien inutile de créer contre Esterhazy un faux qui ne mènerait à rien.

Et si au contraire, on pouvait savoir, dès ce moment-là, que des charges réelles, sérieuses, terribles, pesaient sur Esterhazy, à quoi bon, au lieu de produire directement ces charges, compromettre une cause solide par la fabrication d'un faux?

La carte-lettre ne pouvait pas constituer une preuve : elle pouvait simplement mettre sur la piste. A quoi bon ouvrir cette piste par un faux, si l'on avait déjà des soupçons graves contre Esterhazy? Et si on n'avait pas à cette époque la moindre connaissance d'Esterhazy, par quel miracle la piste ouverte par un faux conduira-t-elle précisément à un homme dont l'écriture ressemble « effroyablement » à celle du bordereau?

La vérité, c'est qu'à cette date, personne aux bureaux de la guerre, personne non plus parmi ceux qui croyaient à l'innocence de Dreyfus, n'avaient la moindre connaissance d'Esterhazy.

Personne ne pouvait donc songer à fabriquer un faux destiné à le perdre. Ce faux était inutile dans tous les cas. Il était inutile s'il n'y avait pas d'autres charges contre Esterhazy; il était inutile aussi s'il y avait d'autres charges.

V

Enfin, voici qui coupe court à toute controverse. Depuis deux ans, depuis l'automne de 1896, depuis que le colonel Picquart, en enquêtant sur Esterhazy, a découvert qu'il était l'auteur véritable du bordereau, le traître véritable, des haines effroyables se sont abattues sur le colonel Picquart.

Les bureaux de la guerre, responsables de l'enquête contre Dreyfus et de la condamnation d'un innocent, ont juré une haine sans merci à l'homme qui, en découvrant leur erreur, humiliait leur amour-propre et compromettait leur avenir.

La haute armée, exaspérée par le rude coup qu'un officier portait à l'infaillibilité militaire, est acharnée à le perdre.

La réaction cléricale et antisémite, qui, il y a quatre ans, a saisi le juif Dreyfus comme une proie et qui ne veut pas le rendre, dénonce le colonel Picquart comme un malfaiteur public.

Les gouvernants, incapables de résister à l'opinion

aveugle, affolés d'ambition et de peur, se prêtent contre l'officier, coupable d'avoir vu la vérité et de l'avoir dite, aux plus répugnantes besognes.

Il n'a pas suffi de lui arracher son grade. Le voilà maintenant jeté en prison, en attendant sans doute qu'on le livre au huis clos des Conseils de guerre, pour avoir dit à M. Cavaignac qu'il se trompait sur la valeur d'un document.

Parce que tout le système d'orgueil, d'arbitraire et de mensonge de la haute armée s'est heurté à la conscience de cet homme, il est maudit et livré aux bêtes : tous les jours il est accusé de trahison parce qu'il a trouvé le véritable traître.

Et pourtant, si l'on insinue qu'il a fabriqué la carte-lettre, on n'ose pas l'affirmer. On n'ose pas le poursuivre pour cela (1). On sait que cette accusation serait si monstrueuse et si ridicule qu'on hésite, et c'est la meilleure preuve de l'authenticité de la carte-télégramme qui a jeté une première lueur sur les relations suspectes d'Esterhazy avec M. de Schwarzkoppen.

VI

Cette carte-lettre subsiste donc, avec toute sa gravité, et ce n'est pas le piètre argument d'Esterhazy qui la détruira. Il a dit à son procès devant le Conseil de guerre : « Il n'est pas admissible que si j'avais des relations louches avec la personne visée par M. Picquart, elle soit assez bête pour m'écrire à moi qui serais un espion, d'une telle façon, en mettant mon nom, mon grade, mon adresse, sur une carte ainsi jetée à la poste, une carte qu'on laisse traîner, qui peut être ouverte par mes

(1) On vient de s'y décider, au moment même où je relis ces épreuves. Mais la date tardive de cette décision montre bien qu'il n'y a là qu'une manœuvre désespérée de l'État-Major, et tout mon raisonnement subsiste.

domestiques, par les concierges, par ma famille. C'est invraisemblable. »

Esterhazy n'oublie qu'une chose : c'est que, signée seulement de l'initiale conventionnelle C, cette carte, d'ailleurs fermée, ne pouvait le compromettre ni auprès des concierges, ni auprès des domestiques en supposant qu'ils aient pu la lire.

Pour qu'elle devînt une charge contre lui, il fallait qu'elle fût soustraite à la légation même, comme l'avait été le bordereau, et portée directement au ministère.

Et cela, à coup sûr, le correspondant d'Esterhazy ne l'avait pas prévu, de même qu'il ne pouvait savoir encore, à cette date, que le bordereau lui avait été dérobé.

Il est donc établi, ou, si l'on veut, infiniment vraisemblable que c'était bien une lettre de la légation allemande à M. Esterhazy qui, en mai 1896, parvenait au bureau des renseignements, et mettait en éveil le lieutenant-colonel Picquart.

CE QU'EST ESTERHAZY

I

C'était un premier indice, et le colonel Picquart ouvrit une enquête. Il reçut tout d'abord sur la vie privée du commandant les renseignements les plus déplorables.

Au contraire de Dreyfus, Esterhazy menait une vie de désordre et de jeu qui l'acculait sans cesse à d'extrêmes besoins d'argent et le tenait dans une violente agitation d'esprit. Vivant d'opérations de Bourses et d'expédients douteux, il était sans cesse à la veille d'une catastrophe.

Sa violence haineuse, effrénée et sans scrupule, éclate dans toutes ses lettres. Contre la France surtout, il semble toujours exaspéré. Il écrit à Mme de Boulancy : « Les Allemands mettront tous ces gens-là (il s'agit des Français) à la raison avant qu'il soit longtemps. » Il lui écrit : « Voilà la belle armée de France ! C'est honteux, et si ce n'était pas la question de position, je partirais demain. J'ai écrit à Constantinople : si on me propose un grade qui me convienne, j'irai là-bas: *mais je ne partirai pas sans avoir fait à toutes ces canailles* **une plaisanterie de ma façon.** » Il lui écrit encore : « *Mes grands chefs, poltrons et ignorants, iront une fois de plus peupler les prisons allemandes.* »

Voici de quel ton il parle d'une femme : « Je suis à l'absolue merci de cette drôlesse, si je commets vis-à-vis d'elle la moindre faute ; et c'est une situation qui est loin d'être gaie ; je la hais, tu peux m'en croire et donnerais tout au monde pour être aujourd'hui à Sfax et l'y faire venir. *Un de mes spahis, avec un fusil qui partirait comme par hasard, la guérirait à tout jamais.* »

Enfin, dans une lettre qu'il a vainement tâché de nier et dont l'authenticité est certaine, il se livre contre la France à une véritable explosion de haine sauvage.

Je suis absolument convaincu que ce peuple (c'est le peuple français) ne vaut pas la cartouche pour le tuer ; et toutes ces petites lâchetés de femmes saoûles auxquelles se livrent les hommes, me confirment à fond dans mon opinion ; il n'y a pour moi qu'une qualité humaine, et elle manque complètement aux gens de ce pays, et si, ce soir, on venait me dire que si **j'étais tué demain comme capitaine de uhlans en sabrant des Français, je serais parfaitement heureux**... Je ne ferais pas de mal à un petit chien, **mais je ferais tuer cent mille Français avec plaisir**... Aussi tous les petits potins de perruquier en goguette me mettent-ils dans une rage noire ; et si je pouvais, ce qui est plus difficile qu'on ne croit, je serais chez le mahdi dans quinze jours.

Ah ! les on dit que, avec le on anonyme et lâche, et les hommes immondes qui vont d'une femme à une autre colporter leur ragoût de lupanar, comme cela ferait triste figure

dans un rouge soleil de bataille, dans Paris pris d'assaut et **livré au pillage de cent mille soldats ivres.**
Voilà une fête que je rêve ! Ainsi soit-il.

II

Et l'homme qui écrit ces lettres appartient encore, comme officier, à l'armée française : il porte encore la croix de la Légion d'honneur qui a été arrachée à Zola !

Mais ce n'est point ce scandale que je veux relever. Il suffit de noter que l'homme qui écrit de ce style ne doit pas répugner tout à fait à une besogne de trahison.

Aussi bien, malgré les allures romantiques de ses lettres et leur violence criarde, c'est un banditisme sans grandeur.

On ne devine pas en lui, quoi qu'il en dise, l'homme capable de grandes choses, même dans le mal. C'est plutôt un aventurier médiocre et vantard, un rastaquouère de trahison qui se contentera de passer à la caisse allemande, en livrant des documents quelconques, quand les créanciers seront trop exigeants ou que l'opération de Bourse aura manqué.

On sent toujours qu'il est à la veille d'un mauvais coup, et après avoir ruiné les siens par son désordre, il s'écrie, avec une vulgarité mélodramatique, qu'il est acculé *au crime* pour les sauver.

Voici ce qu'il écrit en février 1894, c'est-à-dire vers le temps où est envoyé le fameux bordereau :

Cette perte d'un héritage, que nous étions en droit de regarder comme assuré, et qui nous aurait sauvés, nous aurait permis de vivre, causée par l'intolérance stupide de cette famille sans cœur, la conduite inouïe de mon oncle, la santé de ma malheureuse femme, la destinée qui attend mes pauvres petites filles, et *à laquelle je ne puis me soustraire que par un crime,* tout cela est au-dessus des forces humaines.

A défaut de crime, c'est aux plus tristes expédients

qu'il a recours. Ayant servi de témoin à un officier juif dans un duel, il s'en prévaut pour faire faire à son profit chez les juifs riches, à commencer par M. de Rothschild, une quête à domicile. Ce futur champion de l'antisémitisme monnayait aux dépens des juifs son rôle de témoin.

Et en ce moment même, il est sur le coup d'une plainte en escroquerie déposée par son cousin.

III

Quand le colonel Picquart, déjà mis en éveil par la carte-lettre adressée de la légation allemande à Esterhazy, eut appris par une première enquête que le commandant « *était un homme à court d'argent et ayant bien des accrocs dans son existence* » il poussa plus loin.

Et il apprit que le commandant Esterhazy, quoiqu'il eut un médiocre souci de ses devoirs militaires, manifestait une grande curiosité pour les documents militaires ayant un caractère confidentiel. Il les recherchait constamment, et **il les faisait recopier chez lui par des secrétaires.**

LES CHARGES

I

A ce moment, les charges qui pesaient sur Esterhazy commençant à devenir graves, le colonel Picquart mit ses chefs au courant de ses démarches; il leur déclara qu'un officier de l'armée pouvait être gravement soupçonné.

Ses chefs lui donnèrent plein pouvoir pour continuer ses recherches.

Notez qu'à ce moment encore aucun lien entre l'affaire Dreyfus et l'affaire Esterhazy n'apparaissait. On savait que l'attaché militaire allemand, M. de Schwarzkoppen, ou un de ses agents, avait écrit une carte-lettre à Esterhazy et avait avec lui des relations suspectes. On savait qu'Esterhazy menait une vie de désordre et d'expédients qui justifiait tous les soupçons. On savait enfin qu'il recueillait le plus possible et faisait transcrire des documents militaires qui, dans sa vie d'agitation, n'avaient certainement pas pour lui un intérêt d'étude. On pouvait supposer dès lors qu'on se trouvait en face d'un cas de trahison.

Mais rien n'indiquait encore qu'Esterhazy fut coupable des faits pour lesquels Dreyfus avait été condamné : il semblait qu'une trahison Esterhazy venait s'ajouter à la trahison Dreyfus.

Rien ne laissait encore apparaître que la trahison Esterhazy devait être substituée à la trahison Dreyfus.

Aussi l'Etat-Major approuvait-il, à cette date, et encourageait-il le colonel Picquart.

Ayant ainsi averti ses chefs, celui-ci précisa ses recherches. Et tout d'abord un rapprochement saisissant s'offre à lui.

Un agent du service des renseignements avait appris qu'un officier livrait à une légation étrangère des documents déterminés. C'était, selon l'agent, un officier supérieur, un chef de bataillon, âgé d'environ cinquante ans. (C'est l'âge d'Esterhazy.) Or, *c'étaient précisément ces documents qu'Esterhazy avait cherché à se procurer.*

II

Mais voici le coup de foudre. Le colonel Picquart, comme il est d'usage dans toutes les enquêtes, se procure des spécimens de l'écriture d'Esterhazy.

Il est naturel, en effet, quand un officier est suspect

de trahison, que l'on rapproche son écriture des nombreuses pièces anonymes saisies par la police de renseignements.

Le colonel Picquart demande donc au colonel du régiment d'Esterhazy des lettres de service de celui-ci, et, quand il les a en mains, il est frappé, on peut dire sans excès, il est foudroyé par la ressemblance complète, décisive, irrésistible de l'écriture d'Esterhazy et de l'écriture du bordereau.

Comme nous l'avons déjà vu, il soumet ces lettres, sans en montrer les signatures aux deux enquêteurs, qui menèrent le procès contre Dreyfus, à Bertillon et à du Paty de Clam.

Tous les deux, à l'instant, sans hésitation aucune, sans réserve aucune, *reconnaissent* **l'écriture du bordereau.**

Bertillon apprend avec surprise que ces lettres sont postérieures à la condamnation de Dreyfus.

Et il dit ceci au colonel Picquart : « Les juifs ont payé un officier pour qu'il se donne l'écriture du bordereau. »

En soi, le propos était absurde, mais il suffit à démontrer qu'aux yeux de l'enquêteur qui, par son rapport d'expertise, a décidé l'accusation contre Dreyfus, la ressemblance entre l'écriture du bordereau et l'écriture d'Esterhazy était complète.

Du reste, comme nous allons le voir, Esterhazy lui-même a reconnu la ressemblance « effrayante » de son écriture à celle du bordereau, comme il a reconnu, en alléguant divers prétextes, qu'il avait été plusieurs fois voir M. de Schwarzkoppen.

Il a avoué dans des interviews aux journaux amis, à *la Libre Parole*, à *l'Eclair*, à *l'Echo de Paris*.

III

Donc, à ce point de l'enquête, et l'écriture du bordereau apparaissant identique à celle d'Esterhazy, voici où nous en sommes :

Je demande aux hommes de bon sens de comparer l'acte d'accusation qui a abouti à la condamnation de Dreyfus à l'acte d'accusation qui pouvait, dès le mois de septembre 1896, être dirigé contre Esterhazy.

Dans l'acte d'accusation contre Dreyfus, rien, absolument rien, en dehors du bordereau ; une seule charge : la ressemblance *incomplète, d'après l'acte d'accusation lui-même, de l'écriture de Dreyfus à l'écriture du bordereau.*

Au contraire, un ensemble de charges précises, terribles, décisives, pèse sur Esterhazy. Pendant que la vie de Dreyfus est régulière et sobre et qu'il n'a aucun besoin d'argent, Esterhazy, toujours à court d'argent, toujours dans les affaires de Bourse, le jeu et le désordre, glisse d'expédient en expédient.

Pendant qu'aucune relation, directe ou indirecte, ne peut être établie entre M. de Schwarzkoppen et Dreyfus, Esterhazy est obligé d'avouer qu'il a vu M. de Schwarzkoppen.

Pendant qu'aucune pièce, qu'aucun document n'établit qu'il y ait eu correspondance entre M. de Schwarzkoppen et Dreyfus, une carte-télégramme saisie à la légation militaire comme le bordereau, authentique comme le bordereau, démontre que M. de Schwarzkoppen se renseignait auprès d'Esterhazy.

Pendant que rien, dans la nature des documents ou notes mentionnés au bordereau, n'indique que Dreyfus ait été, plus que n'importe qui, en état de les livrer, il se trouve que les documents qu'Esterhazy a cherché à se procurer sont exactement ceux qui, d'après la police du ministère de la guerre, ont été livrés à un attaché militaire par un officier supérieur âgé de cinquante ans.

Pendant qu'aucune pratique suspecte ne peut être relevée contre Dreyfus, Esterhazy, à qui sa vie de dissipation et de perpétuels soucis ne laisse ni le loisir ni le goût de l'étude, emploie pourtant des secrétaires, en permanence, pour copier des documents, et le bordereau offre précisément à l'attaché étranger de lui faire copier des documents.

Tandis que Dreyfus n'est pas allé en manœuvres en 1894 et qu'ainsi la dernière phrase du bordereau : « Je vais partir en manœuvres », ne peut s'appliquer à lui, Esterhazy, *quoique ce ne fût pas son tour, a demandé à aller hors rang, aux manœuvres de printemps de 1894, juste à la date du bordereau.*

A ces manœuvres, selon le témoignage même du général de Pellieux, « il passait son temps à fumer des cigarettes ». Il n'y allait donc que pour justifier, en paraissant s'intéresser aux choses militaires, les emprunts de documents qu'il faisait à Rouen et à Paris.

Enfin, pendant qu'entre l'écriture du bordereau et celle de Dreyfus, il n'y a qu'une reseemblance incomplète, pendant que les accusateurs s'épuisent en systèmes absurdes pour attribuer le bordereau à Dreyfus, malgré des différences caractéristiques, la ressemblance entre l'écriture du bordereau et l'écriture d'Esterhazy est complète, évidente, certaine.

Les moindres particularités de l'une se retrouvent dans l'autre, et les experts même qui plus tard, dans le huis clos du Conseil de guerre, ont innocenté Esterhazy, sont obligés pourtant par l'évidence de reconnaître, comme nous le verrons, *que l'écriture du bordereau est l'écriture d'Esterhazy.*

IV

Oui, je le répète : qu'on compare l'acte d'accusation si vain, si vide, si absurde, qui a fait condamner Dreyfus et l'acte d'accusation si plein, si solide, si décisif, qui pouvait en septembre 1896 être dressé contre Esterhazy. Et qu'on se demande par quelle coalition monstrueuse de toutes les forces d'iniquité et de mensonge Dreyfus innocent gémit dans le plus horrible supplice, tandis qu'Esterhazy défie, sur les boulevards, la vérité et la justice.

Et qu'on ne se méprenne pas sur notre pensée. Ceci n'est pas, et ne peut être un réquisitoire de colère et de haine.

Si dégradé, si vil que soit le traître Esterhazy, il est homme, et il n'est pas un seul individu humain qui ait le droit d'être impitoyable pour un autre.

Il nous répugnerait de l'accabler, s'il n'était nécessaire, pour sauver l'innocent injustement condamné, de faire la lumière sur le vrai coupable, s'il n'était nécessaire aussi de montrer au peuple et à la France, sur le vif, l'œuvre monstrueuse d'arbitraire, de mensonge et de trahison, à laquelle la haute armée, conduite par les du Paty et inspirée par la réaction, s'est laissé acculer.

V

Au point où le colonel Picquart avait conduit son enquête, l'affaire prenait soudain les proportions les plus vastes. Il ne s'agissait plus seulement de poursuivre Esterhazy : l'affaire Dreyfus se réveillait.

Puisqu'il était certain que le bordereau sur lequel avait été condamné Dreyfus était d'Esterhazy, la culpabilité d'Esterhazy c'était l'innocence de Dreyfus, et le procès Esterhazy, sérieusement et honnêtement conduit, menait droit à la revision du procès Dreyfus.

Du coup, c'était une affaire d'Etat qui était engagée : elle dépassait de beaucoup la compétence et la fonction du colonel Picquart, et il ne pouvait plus que remettre l'affaire en mains à ses chefs, en leur disant : « Voilà la vérité : pour le bien de l'armée, pour l'honneur de l'armée, proclamez-le! »

Le colonel Picquart n'avait aucune relation avec la famille Dreyfus. Il ne la connaissait pas, et on a vu par quelle suite d'événements, où la famille Dreyfus n'intervient à aucun degré, le colonel Picquart avait été mis sur la trace de la vérité.

Mais la famille Dreyfus, convaincue de l'innocence du capitaine, cherchait de son côté. Elle allait entreprendre une campagne de réhabilitation. La première et courageuse brochure de Bernard Lazare, qui allait paraître en novembre 1896, était en préparation.

Une sourde agitation commençait; et le colonel Picquart suppliait l'Etat-Major de ne pas se laisser devancer, de ne pas se laisser enlever la direction de l'affaire. Puisqu'une erreur judiciaire avait été commise par des officiers, il fallait que ce fût l'armée elle-même qui eût l'initiative et l'honneur de la réparation.

Seul, l'Etat-Major, ayant des éléments sérieux et des moyens décisifs d'information, pouvait mener à bonne fin l'œuvre de justice, qui s'égarerait au dehors et se perdrait. Voilà le langage que le colonel Picquart tenait à ses chefs.

Le 9 septembre 1896, il écrivait au général Gonse :

Mon Général,

J'ai lu attentivement votre lettre et je suivrai scrupuleusement vos instructions. Mais je crois devoir vous dire ceci : De nombreux indices et un fait grave dont je vous parlerai à votre retour me montrent que le moment est proche où des gens qui ont la conviction qu'on s'est trompé à leur égard vont tout tenter et faire un gros scandale.

Je crois avoir fait le nécessaire pour que l'initiative vienne de nous.

Si l'on perd trop de temps, l'initiative viendra d'ailleurs, ce qui, abstraction faite de considérations plus élevées, ne nous donnera pas le beau rôle.

Je dois ajouter que ces gens-là ne me paraissent pas informés comme nous le sommes et que leur tentative me paraît devoir aboutir à un gros gâchis, un scandale, un gros bruit qui n'amènera pourtant pas la clarté : Ce sera une crise fâcheuse, inutile et qu'on pourrait éviter en faisant justice à temps.

Veuillez, etc.   Picquart.

En termes discrets, mais forts, cette lettre si prévoyante et si belle posait devant l'Etat-Major le cas de conscience, le problème de conduite qu'il fallait résoudre.

Ou bien l'Etat-Major reconnaîtrait hardiment que le Conseil de guerre qui avait jugé Dreyfus avait pu se tromper et il allait lui-même prendre la direction d'une enquête loyale et décisive sur Esterhazy, la lumière serait faite et « l'honneur de l'armée » serait grand ; ou bien l'Etat-Major allait se troubler, et sacrifier la vérité à ses intérêts de classe : alors il n'étoufferait pas la vérité que rien ne supprime, mais celle-ci ne se ferait jour qu'à travers les plus douloureuses agitations.

VI

Le général Gonse était au-dessous de ce problème. Il répondit la lettre suivante :

Mon cher Picquart,

Je vous accuse réception de votre lettre du 8. Après y avoir réfléchi, malgré ce qu'elle contient d'inquiétant, je persiste dans mon premier sentiment. Je crois qu'il est nécessaire d'agir avec une extrême circonspection. Au point où vous en êtes de votre enquête, *il ne s'agit pas bien entendu d'éviter la lumière,* mais il faut savoir comment on doit s'y prendre pour arriver à la manifestation de la vérité.

Ceci dit, il faut éviter toute fausse manœuvre, et surtout se garder de démarches irréparables.

Le nécessaire est, il me semble, d'arriver en silence, dans l'ordre d'idées que je vous ai indiqué, *à une certitude aussi complète que possible,* avant de rien compromettre.

« Je sais bien que le problème à résoudre est difficile, et qu'il peut être plein d'imprévu, mais c'est précisément pour cette raison qu'il faut marcher avec prudence. *Cette vertu ne vous manque pas ; je suis donc tranquille.*

» Songez donc que les difficultés sont grandes et qu'une bonne tactique pesant à l'avance toutes les éventualités est indispensable. »

Gonse.

Cette lettre prouve trois choses. Elle prouve d'abord qu'à ce moment les chefs du colonel Picquart lui témoignaient une entière confiance et avaient la plus haute idée de son caractère et de son esprit.

Plus tard, quand les bureaux de la guerre auront pris décidément parti contre Dreyfus innocent, pour Esterhazy coupable, quand ils se seront engagés à fond dans le mensonge pour ne pas avouer une erreur, ils calomnieront par tous les moyens le colonel Picquart.

Maintenant, au contraire, ils proclament sa clairvoyance, sa droiture et sa prudence, et ils comptent sur lui pour mener à bien une œuvre très difficile.

Cette lettre du général Gonse prouve en second lieu qu'il n'avait rien de décisif ou même rien de sérieux à opposer à l'enquête et aux conclusions du colonel Picquart.

Celui-ci apprend à l'Etat-Major qu'Esterhazy est en correspondance avec M. de Schwarzkoppen ; il lui apprend qu'Esterhazy recueille et fait copier des documents confidentiels, et que ces documents sont précisément ceux qui, d'après les experts du ministère, ont été livrés.

Enfin et surtout le colonel Picquart apprend à l'Etat-Major que, de toute évidence et de l'aveu même de MM. Bertillon et du Paty de Clam, le bordereau sur lequel a été condamné Dreyfus est de l'écriture d'Esterhazy.

Ce n'est donc plus seulement une affaire Esterhazy à instruire, c'est l'affaire Dreyfus à reviser. Bien mieux, pour qu'il n'y ait pas de doute possible, le colonel Picquart fait allusion, dans sa lettre, aux démarches de la famille Dreyfus et il adjure ses chefs de ne pas se laisser remorquer. Le général Gonse ne pouvait donc pas ignorer que l'affaire Dreyfus était réveillée par les découvertes du colonel Picquart ; et c'est parce qu'il l'avait compris ainsi qu'il parle des difficultés du problème.

VII

Mais que répond-il? Certes, sa lettre ne prouve pas qu'il considère dès lors comme absolument certaines la culpabilité d'Esterhazy et l'innocence de Dreyfus. Mais elle démontre qu'il n'a pas d'objection péremptoire à opposer au colonel Picquart.

Si, à ce moment, le général Gonse avait cru la culpabilité de Dreyfus indiscutable, il eût dit au colonel Picquart : « Prenez garde, vous vous engagez dans une fausse voie ou dans une impasse ; vous allez vous briser contre un mur. »

S'il avait connu dans le fameux dossier secret dont nous parlerons bientôt, une pièce décisive contre Dreyfus, il aurait dit à son ami le colonel Picquart : « Vous vous méprenez sur la portée de vos découvertes : il est impossible que Dreyfus soit innocent. »

Le général Gonse se garde bien d'invoquer avec assurance le dossier secret, car il sait qu'il n'a point une valeur certaine, et le colonel Picquart affirme à ses chefs, dès ce moment-là, comme il l'a déclaré devant la cour d'assises, qu'il n'y a au dossier « secret » aucune pièce concluante contre Dreyfus et au contraire qu'une pièce du prétendu dossier Dreyfus s'applique certainement à Esterhazy.

Pas plus qu'il n'oppose au colonel Picquart le dossier secret, le général Gonse ne lui oppose les prétendus aveux de Dreyfus. Et pourtant, c'est le général Gonse lui-même, comme en témoigne la lettre lue par M. Cavaignac, qui a assisté au récit du capitaine Lebrun-Renaud devant le ministre de la guerre : si bien que M. Cavaignac fonde sa conviction personnelle sur une conversation rapportée par le général Gonse et qui ne suffisait pas à convaincre le général Gonse lui-même.

Non, quand le colonel Picquart lui soumettait la carte-télégramme envoyée par M. de Schwarzkoppen à

Esterhazy, quand il lui transmettait son enquête sur la vie privée et les déplorables habitudes de celui-ci, quand il lui signalait l'étrange atelier où Esterhazy faisait copier des documents confidentiels, enfin et surtout quand il lui mettait sous les yeux l'écriture d'Esterhazy, ressemblant trait pour trait à l'écriture du bordereau, le général Gonse n'avait rien à répondre ; il ne s'engageait pas aussi vite et aussi à fond que le colonel Picquart, mais il acceptait la haute probabilité de son enquête, et il lui demandait seulement de la pousser encore pour en faire une certitude complète : à ses yeux le colonel Picquart, affirmant l'innocence de Dreyfus et la trahison d'Esterhazy, était sur le chemin de la certitude ; et la lumière était déjà assez éclatante pour que nul ne put songer à l'éteindre. C'est là ce que prouve bien, en second lieu, la lettre du général Gonse.

VIII

Mais elle prouve aussi qu'il commençait à avoir peur. Sous ces recommandations de prudence, on devine déjà les hésitations, les terreurs naissantes. Au point où en étaient les choses, l'enquête officieuse avait donné tout ce qu'elle pouvait donner.

Il n'y avait qu'un moyen d'aboutir à la certitude absolue réclamée par le général Gonse, c'était d'ouvrir contre Esterhazy, dès ce moment, une information judiciaire.

Certes, on n'avait pas attendu, pour informer contre Dreyfus, des éléments de preuve aussi concluants ; et quand on songe qu'un an plus tard, quand Esterhazy fut publiquement dénoncé, il fallut l'intervention frauduleuse et criminelle de l'Etat-Major pour le sauver de lui-même et l'empêcher d'avouer, il est infiniment probable qu'en septembre 1896 l'information judiciaire aurait rapidement abouti.

Mais quoi ! ouvrir ainsi officiellement l'information contre Esterhazy, et sur le même bordereau qui avait fait condamner Dreyfus, c'était rouvrir officiellement l'affaire Dreyfus, c'était proclamer que la culpabilité de celui-ci n'était plus certaine, c'était avouer qu'un Conseil de guerre avait pu se tromper et que les bureaux de la guerre avaient conduit l'enquête avec un détestable parti pris ou une coupable légèreté.

Et le général Gonse hésitait. Sa conscience, l'enquête lumineuse du colonel Picquart lui faisaient un devoir de remettre en question l'affaire Dreyfus, et la peur des responsabilités lui conseillait une attitude expectante. De là ses hésitations et ses atermoiements.

Pendant qu'il hésitait et ajournait, les bureaux de la guerre avertis décidaient de marcher contre la vérité : ils préviennent les journaux antisémites, déchaînent l'opinion, terrorisent les ministres et les Chambres.

Le colonel Picquart voit tout à coup se former contre lui, rue Saint-Dominique, à l'Etat-Major, une conspiration formidable : des officiers criminels dirigés par le principal coupable, du Paty de Clam, décident de maintenir au bagne, malgré tout, Dreyfus innocent, et de perdre le colonel Picquart.

Celui-ci, isolé, se trouve pris tout à coup et broyé par une énorme machine d'oppression et de mensonge ; le militarisme, incompatible avec la conscience et la pensée, rejette Picquart et se prépare à l'écraser ; et celui-ci ne peut plus opposer au terrible mécanisme de fer, organisé pour la suppression de l'esprit, que la noble révolte de la conscience individuelle : « Je sais que Dreyfus est innocent et je n'emporterai pas ce secret au tombeau. »

En tout cas, quelles que soient les violences qu'il subit, son effort n'a pas été vain. *Car, dès maintenant, il est démontré que le bordereau sur lequel a été condamné Dreyfus est d'Esterhazy.*

LES AVEUX D'ESTERHAZY

I

Que le bordereau sur lequel a été condamné Drey-fus soit d'Esterhazy, il n'y a plus de doute aujourd'hui pour personne et même beaucoup d'adversaires de Dreyfus le reconnaissent expressément.

M. Cavaignac lui-même, dans son discours du 7 juillet, quand il a résumé pour la France les raisons, selon lui décisives, qui démontraient la culpabilité de Dreyfus, n'a pas osé parler du bordereau.

Esterhazy lui-même a été obligé, sur ce point, à des aveux à peu près complets, et dans son procès même, les experts, qui ont l'air de l'innocenter, l'accablent.

Voici d'abord son aveu, à peine dissumulé sous la plus ridicule invention. Je prie les lecteurs attentifs de méditer l'article suivant, signé **Dixi**, et qui a paru dans *la Libre Parole*, le 15 novembre 1897.

Cet article, qui contient sur Esterhazy, sur son caractère et sa vie, des détails intimes, et *qui est consacré à la défense d'Esterhazy, avant qu'il ait été publiquement accusé*, émane certainement d'Esterhazy lui-même : nul ne le conteste.

L'article a été rédigé ou par Esterhazy ou sur les données fournies par lui. C'est son système de défense.

Le 14 novembre, *le Figaro* analysait ce qu'on a appelé le dossier Scheurer-Kestner. Il disait que celui-ci avait en mains des spécimens d'écriture d'un officier et que l'écriture de cet officier, d'ailleurs dissipé et déréglé, ressemblait d'une manière absolue à celle du bordereau.

L'officier n'était pas nommé, mais Esterhazy comprit, et, pour amortir un peu le coup, il répondit dès le lendemain 15 dans *la Libre Parole*.

II

Comment avait-il su qu'il s'agissait de lui? Il n'y a que deux explications. Ou bien, se sachant en effet coupable, il n'avait pas besoin d'attendre qu'on le nommât; ou bien, il avait été averti dès longtemps par ses amis de l'État-Major, en particulier par du Paty de Clam, que c'était contre lui que le colonel Picquart avait recueilli des preuves.

Ou plutôt les deux explications sont vraies à la fois.

Quoi qu'il en soit, il n'attend pas la dénonciation publique de Mathieu Dreyfus, qui ne se produit que le 16. Et dès le 15, il se défend. Voici comment il explique le plan d'attaque de ses ennemis:

Le Complot.

Malgré l'active surveillance du ministère des colonies, Dreyfus n'a jamais cessé de correspondre occultement avec la France. Nous n'insistons pas sur ce qu'il a pu faire à l'époque où il avait pour geôlier cet étrange commandant dont parlait *l'Intransigeant*, qui passait son temps à se documenter et qui s'est si bien documenté toute sa vie, qu'on n'a pas osé le destituer malgré sa conduite extraordinaire.

Ce qui est certain, c'est que pendant cette entrevue entre Dreyfus et sa famille, qu'on eut la stupidité de tolérer, il imagina un système de correspondance occulte dont le seul défaut était d'être très lent. Néanmoins, à la fin de 1895, il avait réussi à donner tous les détails nécessaires à l'exécution de la machination dont il espérait d'être réhabilité.

Dreyfus, en effet, s'était alors décidé à révéler le procédé employé par lui, dans ses correspondances avec l'étranger, pour se protéger contre une surprise.

Voici ce procédé :

Il écrivait ses correspondances sur un papier transparent, de manière à décalquer telle ou telle écriture ressemblant à la sienne. Il se couvrait ainsi, il est facile de le comprendre, contre tous les événements.

On conçoit donc l'attitude des experts au moment du procès; les uns se sont prononcés nettement et ont reconnu la main de Dreyfus; les autres, moins habitués aux trucs des calqueurs, ont hésité.

Néanmoins, la main de Dreyfus, si habile qu'elle ait été, s'est trahie manifestement sur plusieurs points ; quelques-uns figurent dans une brochure récemment vendue sur les boulevards.

Un hasard dont on a retrouvé la trace fit découvrir à Dreyfus une écriture ayant avec la sienne des similitudes assez sensibles. Cette écriture appartenait à une personne que Dreyfus ne connaissait pas personnellement.

Il était indispensable de se procurer habilement des échantillons d'écriture assez volumineux pour pouvoir y calquer des syllabes et même des mots entiers, dans des conditions particulières. Par une manœuvre dont on connaît tous les détails, dont le gouvernement est instruit et qu'on divulguera en temps et lieu, pour la confusion des défenseurs du traître, il réussit, en février 1894, à se procurer une notice de six pages environ de cette écriture renfermant un nombre notable de termes reproduits précisément dans le bordereau.

Désormais, il pouvait opérer à son aise. Il était assuré, croyait-il, de l'impunité; il avait un répondant sur lequel il comptait bien, le cas échéant, égarer les soupçons.

L'événement ne réalisa pas ses espérances. Par suite de circonstances restées jusqu'ici incomplètement expliquées et qui tiennent sans doute à ce qu'il ne connaissait pas personnellement son répondant, Dreyfus ne réussit pas à le mettre en cause au moment du procès.

Ce n'est que plus tard qu'il se décida à donner le nom de ce répondant pour en faire la victime à lui substituer, plus tard encore qu'il y ajouta les indications nécessaires.

Et l'article raconte ensuite que, pour aider Dreyfus dans cette œuvre de réhabilitation frauduleuse, un officier des bureaux de la guerre (c'est une allusion au colonel

Picquart) fut « définitivement embauché en février 1896 ».

Celui-ci s'appliqua à transformer en trahison les désordres d'Esterhazy.

D'un prodigue il voulut faire un traître; il lui attribua le bordereau.

Pour cela il constitua un dossier dans lequel il introduisit :

1° Les spécimens d'écriture achetés à des subalternes;

2° Des pièces fausses provenant soi-disant d'une ambassade;

3° *Une pièce compromettante, émanant soi-disant de la victime, adressée à un diplomate et fabriquée avec un art merveilleux, si merveilleux que X... eut le tort sans doute d'en rêver tout haut...*

III

Voilà, je le répète, à la date du 15 novembre 1897, le système de défense d'Esterhazy.

Que cet article soit de lui ou inspiré par lui, cela est évident : car qui donc, avant que le nom d'Esterhazy eût été publiquement prononcé, pouvait s'occuper de la défense préventive d'Esterhazy, sinon Esterhazy lui-même? D'ailleurs, comme nous le verrons tout à l'heure, c'est le même système de défense qu'il a publiquement produit devant le Conseil de guerre.

J'ose dire que jamais aveu de culpabilité ne fut plus éclatant. Et j'ose dire aussi que jamais on n'offrit à la crédulité d'un pays un roman aussi absurde.

Mais Esterhazy et ses amis de l'Etat-Major qui, quelques jours après, allaient raconter sérieusement la fable ridicule de la *Dame voilée*, savaient qu'ils pouvaient tout se permettre. D'avance, les grands chefs couvraient tout ; d'avance, les journaux de l'Etat-Major acceptaient tout.

Il vient pourtant une heure où les plus crédules se réveillent et où ils regardent; que l'on veuille donc regarder le récit d'Esterhazy dans *la Libre Parole*.

Il en résulte d'abord qu'Esterhazy ne conteste pas la ressemblance, l'identité de son écriture avec celle du bordereau. Bien mieux, il ne croit pas possible que cette identité soit contestée.

Observez qu'au moment où il écrit, il n'a pas encore été officiellement dénoncé ; il ne peut même pas savoir au juste s'il passera en jugement.

En tout cas, son écriture comparée à celle du bordereau, n'a pas été soumise à une expertise d'écriture officielle. Si donc la ressemblance entre son écriture et celle du bordereau n'était pas lumineuse, éclatante, effrayante, s'il y avait la possibilité d'un doute, il attendrait que les experts se prononcent.

Mais non : Esterhazy est tellement sûr que, dès qu'on regarde le bordereau, on est obligé de dire : « C'est l'écriture d'Esterhazy », qu'il prend les devants et qu'il dit : « Oui, c'est mon écriture, mais elle a été décalquée ».

Décalquée ? Nous verrons tout à l'heure si elle l'a été, si elle a pu l'être. Mais ce que nous avons le droit de retenir tout d'abord, c'est que, de l'aveu même d'Esterhazy, le bordereau est fait avec des mots de l'écriture d'Esterhazy.

Cette première concession est dangereuse pour lui : car s'il ne parvient pas à démontrer que l'écriture du bordereau a été décalquée en effet, s'il ne fait pas accepter l'explication extraordinaire qu'il propose, il ne restera décidément qu'une chose : c'est que le bordereau est de son écriture et, par conséquent, qu'il est de lui.

IV

Ce péril avait été vu par les amis d'Esterhazy, par les hommes de l'Etat-Major, qui voulaient à tout prix sauver le traître. Et ils avaient songé d'abord à une autre explication.

Ils voulaient dire qu'après la condamnation de Dreyfus, le *Syndicat des traîtres* avait cherché, parmi toutes les écritures d'officiers, celle qui ressemblerait le plus à celle du bordereau, et qu'il avait fini par faire choix de celle d'Esterhazy, qui était la plus ressemblante. C'est cette explication, c'est ce moyen de défense que, dans la soirée du 16 novembre, le commandant Pauffin de Saint-Morel apporta chez M. Rochefort; M. Rochefort la donnait aussitôt dans *l'Intransigeant* et il précisait encore dans son interview à *la Patrie* (17 novembre) :

Dans son article de ce matin, M. Henri Rochefort parle de cinquante autographes d'un nombre égal d'officiers, qui auraient été réunis par le syndicat Dreyfus, et parmi lesquels un choix aurait été fait pour servir les desseins des amis du traître.

Nous nous sommes rendus chez le rédacteur en chef de *l'Intransigeant* pour lui demander des explications sur ce passage de son article.

Le célèbre polémiste s'est obligeamment mis à notre disposition, et voici les renseignements d'une importance capitale, ainsi qu'on va en juger, qu'il a bien voulu nous fournir :

— Ce que je dis dans mon article de ce matin, je le tiens d'un officier supérieur occupant une très haute situation au ministère de la guerre dans le service de l'Etat-Major général... Il m'a dit, presque mot pour mot, ceci :

« Nous savons, au ministère de la guerre, que le comité constitué pour travailler au sauvetage de Dreyfus a fait démarches sur démarches, depuis près de deux ans, pour réunir un certain nombre d'autographes, une cinquantaine environ, provenant d'officiers susceptibles de remplir les conditions morales et matérielles nécessaires pour être substitués, au besoin, au traître. Parmi les autographes, un, après mûr examen, fut mis à part : il était de la main du commandant Esterhazy.

» L'écriture du commandant a, en effet, une certaine analogie avec celle du traître.

» De là, le choix qui fut fait par les amis de Dreyfus. »

Ainsi parlait le commandant Pauffin de Saint-Morel au clairvoyant M. Rochefort, et le clairvoyant M. Rochefort n'a pas vu qu'il y avait contradiction grossière entre *le système de défense exposé par le commandant Pauffin de*

Saint-Morel et le système de défense exposé dans la Libre Parole, *un jour auparavant, par Esterhazy lui-même.*

D'après Esterhazy, le bordereau est fait avec des mots de sa propre écriture, traîtreusement décalqués par Dreyfus, et c'est par cette machination que Dreyfus veut perdre Esterhazy. D'après M. Pauffin de Saint-Morel, envoyé de Boisdeffre, le bordereau était bien de l'écriture de Dreyfus ; mais les amis du traître avaient trouvé, après coup, une écriture qui ressemblait à la sienne et ils essayaient ainsi de substituer Esterhazy à Dreyfus.

Evidemment, les deux inventions sont contradictoires : l'Etat-Major, pour sauver Esterhazy, était résolu à tous les mensonges, mais dans ces mensonges il n'avait pas su, d'emblée, mettre l'accord.

C'est, d'ailleurs, par la contradiction, que tout naturellement les menteurs se perdent.

V

La version du commandant Pauffin de Saint-Morel était à coup sûr moins dangereuse pour Esterhazy que celle d'Esterhazy lui-même. Déclarer, comme le fait Esterhazy, que le bordereau est fait avec l'écriture d'Esterhazy, décalquée par Dreyfus, c'est se créer bien des embarras, c'est s'obliger à bien des explications difficiles, c'est mettre la main dans l'engrenage des aveux.

Au contraire, il n'était pas compromettant pour lui de dire, avec le commandant Pauffin, que les amis de Dreyfus avaient constaté, après coup, une certaine ressemblance entre l'écriture de Dreyfus et celle d'Esterhazy, et qu'ils voulaient en abuser. Aussi l'Etat-Major avait-il songé d'abord, évidemment, à cette explication dont le commandant Pauffin se fait, auprès de M. Rochefort, l'écho attardé.

Pourquoi donc l'Etat-Major et Esterhazy lui-même ont-ils renoncé à cette explication moins dangereuse ?

Pourquoi dans l'article de *la Libre Parole* du 15, pourquoi ensuite devant le Conseil de guerre Esterhazy a-t-il déclaré que le bordereau avait été fait avec des décalques de son écriture ?

Pourquoi est-ce à cette explication imprudente et périlleuse que se sont arrêtés les experts du procès Esterhazy, conseillés par l'Etat-Major ?

Pourquoi ? C'est qu'entre l'écriture d'Esterhazy et l'écriture du bordereau, la *ressemblance est trop complète, trop évidente* pour que le système de Pauffin de Saint-Morel et de Rochefort puisse suffire. Dans ce système, en effet, on peut bien expliquer une certaine ressemblance entre l'écriture du bordereau et celle d'Esterhazy. Le hasard peut amener, entre deux hommes, une analogie d'écriture assez marquée. Mais ce qu'on ne peut expliquer ainsi, c'est la ressemblance absolue, l'identité complète.

Quand il y a rencontre fortuite entre l'écriture de deux hommes, il y a toujours quelque trait où se trahit la différence de main.

Or, **entre l'écriture du bordereau et celle d'Esterhazy, la ressemblance est entière, trait pour trait, point pour point; il n'y a pas un détail, si léger soit-il, qui diffère.**

Voilà pourquoi Esterhazy et l'Etat-Major ont dû renoncer au système moins dangereux, mais trop insuffisant dont parle encore, le 16 novembre, M. Pauffin.

Et, pour Esterhazy lui-même, la ressemblance de son écriture à celle du bordereau est si absolue que, pour se défendre, il est obligé d'imaginer qu'il y a eu décalque.

J'ai donc le droit de dire qu'en ce qui concerne l'identité d'écriture, l'aveu est complet. Et s'il n'y a pas eu décalque, Esterhazy est convaincu d'être l'auteur du bordereau.

HYPOTHÈSE ABSURDE

I

Que vaut donc cette hypothèse du décalque ?

J'observe tout d'abord que, quelle que soit la réponse, le procès de 1894, tel qu'il a été institué contre Dreyfus, s'écroule misérablement. S'il n'y a pas eu décalque, s'il est faux qu'on puisse expliquer par un décalque l'identité d'écriture du bordereau et d'Esterhazy, c'est donc qu'Esterhazy est l'auteur du bordereau.

Et s'il y a eu décalque, si le bordereau a été fait avec des mots d'Esterhazy décalqués par un autre homme, comment peut-on savoir que cet autre homme est Dreyfus et que deviennent les conclusions des premiers experts ?

Parmi ceux-ci, les uns, comme MM. Charavay et Teyssonnières, ont reconnu dans le bordereau l'écriture et la main de Dreyfus. Ils se sont évidemment trompés, puisque dans le système d'Esterhazy, c'est avec l'écriture décalquée d'Esterhazy qu'a été fait le bordereau.

Quant à M. Bertillon, il a bien parlé, lui, d'un décalquage ; mais il a affirmé que Dreyfus avait décalqué sa propre écriture et celle de son frère Mathieu Dreyfus. Pas un mot, et pour cause, d'Esterhazy.

Donc, dans l'hypothèse où le bordereau serait fait avec de l'écriture d'Esterhazy décalquée, toutes les expertises du procès Dreyfus tombent et il ne reste plus aucune raison d'attribuer le bordereau à Dreyfus.

Se trouvera-t-il, en effet, un seul expert qui osera dire que dans la manière dont a été décalquée l'écriture d'Esterhazy il reconnaît la main de Dreyfus ? Non : depuis que l'écriture d'Esterhazy est connue, depuis que l'identité de cette écriture à celle du bordereau a apparu, il ne reste rien, il ne peut rien rester des expertises du procès de 1894, car il a manqué aux experts, pour se guider, la connaissance du fait décisif. Et comme la seule cause légale et définie de l'accusation est le bordereau, toute l'accusation s'écroule. Encore une fois Esterhazy déclare lui-même que le bordereau est de son écriture. S'il n'y a pas eu décalque, le bordereau est de la main même d'Esterhazy ; et c'est Esterhazy qui est le coupable. S'il y a eu décalque de l'écriture d'Esterhazy, de quel droit attribuer le décalquage à Dreyfus ? Toute l'expertise, tout le procès sont à refaire.

II

Mais il n'y a pas eu décalque : c'est bien Esterhazy qui a écrit de sa main le bordereau, *car il est impossible, absolument impossible que Dreyfus ait décalqué l'écriture d'Esterhazy.*

Il y en a deux raisons décisives. D'abord, pourquoi Dreyfus aurait-il décalqué l'écriture d'un autre homme ? Evidemment pour dérouter la justice.

Dès lors, il est bien certain *qu'il choisira une écriture ressemblant le moins possible à la sienne.*

S'il fait en effet métier de trahison et s'il ne veut pas que le bordereau puisse être un jour utilisé contre lui, s'il s'applique à le composer d'une autre écriture que la sienne, il tâchera que le soupçon ne puisse, même un instant, se porter sur lui. *Pour cela, il choisira, pour son décalquage, une écriture qui ne puisse, même un moment, faire songer à la sienne.*

Il est impossible qu'on échappe à ce dilemme : ou le traître écrira le bordereau de sa propre écriture naturelle, pour ne pas compliquer sa besogne ; ou s'il la complique et se livre à un travail de décalquage, il n'ira pas choisir de parti pris une écriture qui ressemble même superficiellement à la sienne, car il perd ainsi tout le fruit de son opération.

Aussi, lorsque Esterhazy, dans l'article de *la Libre*

Parole que j'ai cité, dit : « Un hasard fit découvrir à Dreyfus une écriture ayant avec la sienne des similitudes assez sensibles », il fait un raisonnement absurde, car c'est cette écriture qu'entre toutes Dreyfus se serait abstenu de décalquer.

III

Mais voici qui est plus décisif encore. Quand Pierre, écrivant un document compromettant, se sert de l'écriture de Paul et la décalque, c'est pour pouvoir dire, si le document est découvert : « Il n'est pas de moi ; il est de Paul. »

Si Dreyfus avait, pour confectionner le bordereau, décalqué l'écriture d'Esterhazy, c'eût été pour pouvoir dire aux juges : « Vous avez tort de me soupçonner, c'est l'écriture d'un autre, c'est l'écriture d'Esterhazy. »

Cela est si clair, que c'est par ce calcul-là qu'Esterhazy explique le prétendu décalquage fait par Dreyfus. « Il voulait, dit-il, avoir ainsi *un répondant, c'est-à-dire un homme sur lequel il pût, au jour du péril, faire retomber la responsabilité du bordereau.* »

Mais alors, je le demande à tous les hommes de bon sens, à tous ceux qui sont capables d'une minute de réflexion : *Comment se fait-il que Dreyfus se soit laissé condamner sans mettre en cause Esterhazy?*

Quoi, c'est afin de pouvoir rejeter sur un autre, au jour du danger, la charge du bordereau qu'il aurait, selon vous, décalqué l'écriture du bordereau, et quand il est accusé, quand, avec la seule charge légale du bordereau, il est condamné, *il ne dit pas un mot qui puisse mettre les juges sur la trace d'Esterhazy!*

Il a préparé laborieusement ce moyen de défense, et quand l'heure décisive est venue, il ne s'en sert pas !

Il se laisse traîner en prison, condamner à huis clos, il subit le supplice terrible de la dégradation : *il n'aurait qu'un mot à dire pour se sauver et il se tait!*

Il se pourvoit en cassation et il se tait!

Il laisse la France entière s'ameuter contre lui! Il laisse se former contre lui une force terrible de mépris et de haine; il se laisse emmener à l'île de Ré, puis à l'île du Diable; il subit les pires tortures, et lui qui, d'après vous, aurait tout calculé pour rejeter le bordereau sur Esterhazy, *il n'a pas essayé une minute le système de défense et de diversion qu'à tout hasard il avait minutieusement préparé!*

C'est seulement quelques années après, du fond lointain de l'île du Diable qu'il fait jouer le prétendu ressort qu'il avait si ingénieusement monté!

Pourquoi donc a-t-il attendu? Pourquoi ne s'est-il pas défendu tout de suite? Pourquoi? pourquoi?

Il est impossible de répondre, et pour qu'Esterhazy, écrasé par l'identité de son écriture à celle du bordereau, osât imputer à Dreyfus un décalquage dont celui-ci, au moment décisif, n'a point tiré parti pour se défendre, il a fallu qu'Esterhazy comptât sans mesure, sans limite, sur l'imbécillité de notre pays et sur la complicité de l'Etat-Major, domestiquant pour lui l'opinion jusqu'à la plus basse et la plus niaise crédulité.

UN MENSONGE

I

Pourtant Esterhazy comprend qu'il doit tenter une explication : et voici l'ineptie qu'il nous propose.

Il nous dit dans l'article de *la Libre Parole* : « L'événement ne réalisa pas les espérances de Dreyfus. Par suite de circonstances restées jusqu'ici incomplètement expliquées, et qui tiennent sans doute à ce qu'il ne connaissait pas personnellement son répondant, Dreyfus ne réussit pas à le mettre en cause au moment du procès. »

Oserai-je dire que c'est le comble de l'absurdité? Il est clair que si Dreyfus se procurait l'écriture d'un autre officier, afin de la décalquer dans le bordereau et de rejeter au besoin sur lui ledit bordereau, *son premier soin était de connaître le nom de l'homme dont il se procurait ainsi l'écriture.*

A quoi vraiment lui aurait servi de décalquer l'écriture d'un autre homme s'il avait ignoré le nom de celui-ci et s'il n'avait pu le signaler aux juges?

J'ai presque honte d'insister sur l'absurdité de ce raisonnement d'Esterhazy tant elle est évidente. Et il est incroyable que *la Libre Parole* ait pu prendre au sérieux, une minute, l'explication fantastique qu'elle insérait.

Il est évident que si Dreyfus s'était procuré, pour la décalquer, l'écriture d'un autre officier, *il aurait su le nom de l'officier et au procès il l'aurait dit.*

S'il ne l'a pas dit, c'est qu'il ne l'a pas su; s'il ne l'a pas su, c'est qu'il n'avait pas décalqué son écriture, et si l'écriture d'Esterhazy n'a pas été décalquée par Dreyfus, c'est que le bordereau était de l'écriture d'Esterhazy et aussi de la main d'Esterhazy; c'est qu'Esterhazy est le véritable auteur du bordereau, le véritable traître.

II

Mais Esterhazy se heurte à une autre difficulté : il n'est pas obligé seulement d'expliquer comment Dreyfus, au moment du procès, ignorait le nom de l'homme dont il n'avait décalqué l'écriture que pour pouvoir le nommer. Il est obligé encore d'expliquer, comment Dreyfus, deux ans après sa condamnation, avait appris, à l'île du Diable, le nom d'Esterhazy.

Oui, il faut qu'Esterhazy et ses amis nous expliquent cela.

Esterhazy s'y est essayé et son explication est lamentable. Il nous dit que Dreyfus avait trouvé moyen de combiner une correspondance occulte avec sa famille et que c'est ainsi, à distance, par des communications secrètes entre l'île du Diable et Paris, qu'a été machinée la conspiration contre Esterhazy.

Je vous en supplie : regardons cela de près. D'abord, avec la surveillance étroite, exceptionnelle à laquelle Dreyfus a été soumis, toute correspondance secrète entre sa famille et lui est impossible.

Quand on songe que depuis plusieurs années les lettres de Dreyfus ne sont pas directement transmises à sa femme, mais qu'on les recopie d'abord au ministère des colonies, de peur que la distribution et la disposition des virgules, des accents aigus et des accents graves ne constituent un langage de convention; quand les précautions sont poussées à ce degré de manie et de folie, on se demande comment une correspondance occulte aurait pu être établie entre le déporté et sa femme. C'est vraiment une invention fantastique.

Et comment Dreyfus et sa femme, dans les rares et courtes entrevues si surveillées qu'on leur permit avant le départ, et *où il leur fut défendu de s'embrasser*, comment auraient-ils pu convenir d'un langage conventionnel? Et ce langage conventionnel, comment ensuite auraient-ils pu l'employer? Cela révolte la raison.

Mais, de plus, qu'auraient-ils pu se dire? D'après Esterhazy, *si Dreyfus, après avoir décalqué son écriture, n'a pas révélé son nom, c'est qu'il l'ignorait*.

Cela fait crier l'esprit, tant cela est absurde. Mais, en tout cas, ce n'est donc pas Dreyfus *qui a pu apprendre à sa femme, de l'île du Diable, le nom d'Esterhazy, puisqu'il ne le connaissait pas à son départ de France*.

Il a donc fallu que, dans la correspondance occulte et impossible dont parle Esterhazy, Dreyfus eût écrit à sa femme pour lui expliquer qu'il avait décalqué l'écriture d'un officier inconnu et qu'il s'agissait de retrouver le nom de cet officier.

Mais si Dreyfus et sa femme pouvaient, avant le départ du condamné, convenir d'un langage mystérieux et compliqué, à plus forte raison Dreyfus pouvait-il, dès ce moment-là, expliquer à sa femme son moyen de défense.

Dès lors, la famille de Dreyfus aurait immédiatement cherché le nom de l'officier dont Dreyfus avait décalqué l'écriture ; et comme il ne peut être bien difficile de retrouver le nom et la qualité d'un homme dont on s'est, de parti pris, procuré l'écriture, c'est avant de quitter la France que Dreyfus aurait connu le nom d'Esterhazy et l'aurait livré.

Mais, je le répète, j'ai honte de discuter ces inventions du misérable Esterhazy tant elles sont violentes d'absurdité.

Supposer que Dreyfus a pris la précaution de décalquer l'écriture d'un autre homme afin de rejeter sur lui le crime du bordereau, et qu'il a négligé de s'enquérir du nom de cet homme; supposer ensuite que du fond de sa prison, à l'île du Diable, il a réparé cet oubli par des signes cabalistiques envoyés à ses amis de France, c'est outrager si audacieusement le bon sens, que cela ressemble à une gageure.

Pour que *la Libre Parole*, journal officiel d'Esterhazy, ait inséré ce plaidoyer du traître et ait affecté de le prendre au sérieux, il faut vraiment que la presse cléricale et antisémite croie qu'en France toute pensée est morte.

Non, certes, et contre ceux qui ont essayé ainsi de mystifier la nation de vigoureuses colères s'accumulent.

Dira-t-on que Dreyfus n'a pas signalé Esterhazy de peur de découvrir sa propre machination ! Ça, encore, est absurde, car Dreyfus, s'il a décalqué l'écriture d'Estherazy, a dû imaginer un procédé pour le mettre en cause au jour du péril.

III

Mais que penser de l'autorité militaire qui, au procès Esterhazy, ne l'a pas une minute *interrogé sur ce scandaleux roman?*

Le premier devoir du Conseil de guerre était de dire à Esterhazy : « Vous avouez que l'écriture du bordereau est identique à la vôtre; vous avouez en tout cas que l'identité, pour certains mots, est si évidente qu'elle ne peut s'expliquer que par un décalque. Comment expliquez-vous alors que Dreyfus, au moment du procès, ne vous ait pas mis en cause? »

Cette question n'est pas venue aux juges. Ils ont paru trouver tout simple, comme Esterhazy lui-même, que Dreyfus ait forgé ce moyen de défense afin de ne pas s'en servir. Et ils ont pensé sans doute qu'éblouie par les galons et les chamarrures des généraux, trompée et abêtie par la presse de mensonges, la pensée française ne serait pas choquée de cette absurdité.

Et, en effet, elle n'a pas été révoltée. Vraiment, il faut pleurer de honte sur notre pays, pleurer de douleur et de colère. Voilà ce que les « nationalistes », complices du traître Esterhazy, ont fait du bon sens, notre vertu nationale. Ils ont réussi un moment à faire accepter à ce peuple des mensonges grossiers qui, en d'autres temps, auraient soulevé sa raison comme un vomitif soulève le cœur.

Pourtant, non! cela ne passera pas. Le peuple rejettera cette mixture de mensonges imbéciles. Il est clair que si Esterhazy, affolé, est obligé d'avouer, dès le 15 novembre 1897, avant même d'être dénoncé, que le bordereau est de son écriture, c'est qu'il est de sa main.

Il est clair que la supposition d'un décalque d'Esterhazy, fait par Dreyfus, ne se soutient pas; et que le premier soin de Dreyfus eût été de nommer Esterhazy au procès s'il l'avait en effet décalqué.

Il est clair qu'on ne peut se procurer l'écriture d'un homme pour la décalquer et se décharger sur lui d'un crime, sans savoir en même temps le nom de cet homme, et sans être en état de le désigner.

Tout cela est clair, certain ; il suffit d'ouvrir les yeux pour le voir et le peuple maintenant ouvre les yeux. Il ne voit donc dans le récit de *la Libre Parole* que l'aveu d'Esterhazy aux abois.

IV

Ce système insoutenable, Esterhazy l'a reproduit officiellement devant le Conseil de guerre qui a fait semblant de le juger. Là aussi, et si indulgente que soit pour lui l'accusation, qui le glorifie, il est obligé d'avouer qu'on ne peut expliquer que par un décalque de son écriture au moins certains mots du bordereau.

Voici ce que dit le rapport Ravary : « Il admet que dans l'écriture de cette pièce se rencontrent des mots ayant une ressemblance si frappante avec son écriture qu'on les dirait calqués. Mais l'ensemble diffère essentiellement. »

A l'audience, il ne se borne plus à dire qu'on *les dirait calqués*, suivant l'expression adoucie du rapport ; il explique comment on les a calqués.

En voyant, dit-il, le bordereau publié par *le Matin* rapproché des spécimens de mon écriture, j'ai été frappé de la ressemblance de certains mots qui paraissent décalqués. Cette idée de décalquage m'a frappé. Je me suis demandé comment l'auteur de la publication du bordereau avait pu avoir de mon écriture. Mon écriture a malheureusement traîné chez bien des gens dont le métier est de prêter de l'argent ; de plus, j'ai été témoin dans un duel (Crémieux-Foa). A ce sujet j'ai reçu beaucoup de lettres d'officiers auxquels j'ai répondu. J'ai pensé que M. Mathieu Dreyfus aurait pu en avoir quelques-unes. Mais cela n'était pas suffisant.

Et il explique alors comment des morceaux plus étendus de son écriture avaient pu être utilisés par Dreyfus.

Je vais discuter à l'instant cette explication. Mais je m'arrête une minute pour souligner, une fois de plus, les aveux grandissants d'Esterhazy.

Non seulement il avoue que le bordereau suppose un décalquage de son écriture, non seulement il reconnaît ainsi que son écriture est identique à celle du bordereau, mais il avoue que cette identité ne se marque pas seulement dans un petit nombre de mots, mais qu'elle s'étend à l'ensemble du bordereau.

Si le décalquage, en effet, n'avait été que partiel, s'il n'avait porté que sur quelques mots, il suffirait pour l'expliquer que Dreyfus eût eu en sa possession de courts morceaux d'écriture d'Esterhazy.

Mais Esterhazy a bien vu le péril. Il a bien vu que le bordereau était de son écriture, du premier mot au dernier. Il a pensé qu'un jour peut-être un juge moins complaisant pourrait lui en demander compte, et alors il a eu recours à une invention nouvelle, à un mensonge nouveau pour expliquer que Dreyfus ait pu avoir en main un fragment étendu de son écriture.

Ce nouveau mensonge nous allons l'analyser et le percer à jour, afin de forcer le traître, comme dirait Bertillon, dans ses derniers retranchements.

V

Donc, devant le Conseil de guerre auquel il a eu l'audace de débiter l'histoire de la *femme voilée*, voici le roman graphologique qu'il a conté. Je cite en entier, si impudent que cela soit. *(Compte rendu du procès Esterhazy.)*

Je me suis souvenu qu'au mois de février 1893 j'ai reçu à Rouen, où j'étais alors, une lettre d'un officier attaché à l'Etat-Major du ministère de la guerre, me disant qu'il était chargé de faire une étude sur le rôle de la cavalerie légère dans la campagne de Crimée, qu'il savait que mon père avait commandé une brigade à Eupatoria, et il me demandait de lui envoyer les documents que je pouvais posséder sur cette époque. Je fis un petit travail de sept à huit pages in-folio, que j'ai envoyé à ce monsieur : le capitaine Brault, rue de Châteaudun.

D. Quel numéro ?

R. *Je ne me le rappelle pas.* Après avoir envoyé ce travail, j'ai été surpris de n'en pas recevoir de nouvelles. J'ai cherché au ministère de la guerre ; le capitaine Brault n'y était plus; il était parti sans laisser d'adresse, mais j'ai su qu'il était en garnison à Toulouse. Je lui ai écrit, et il m'a répondu en me disant qu'il ne savait pas ce que je voulais dire. J'ai envoyé une lettre au chef d'Etat-Major général de l'armée en lui demandant de faire une enquête et de me confronter avec le capitaine Brault. Je n'ai pas eu de nouvelles de cette démarche.

D. *Vous n'avez jamais retrouvé le capitaine Brault ?*

R. *Non, mon général.*

D. Vous lui avez écrit une lettre et il vous a dit qu'il n'avait pas reçu les renseignements ?

R. Il m'a écrit qu'il ne les avait pas demandés.

D. *C'est-à-dire que vous avez fini par retrouver le capitaine Brault,* qui vous a déclaré ne vous avoir jamais rien demandé.

R. Parfaitement.

D. D'après les recherches faites on n'a pas trouvé, rue de Châteaudun, l'adresse du capitaine Brault, mais l'adresse qui s'en rapprochait le plus est celle de M. Hadamard, beau-père de M. Dreyfus.

Tout cela est invraisemblable jusqu'à l'absurde. Tout cela est criant de mensonge.

Voici ce que veut dire Esterhazy. Il suppose que Dreyfus a voulu, pour décalquer son écriture, se procurer un fragment de lui assez étendu. Il suppose que pour cela Dreyfus lui a tendu un piège. Il lui a écrit ou il lui a fait écrire une lettre faussement signée du nom du capitaine Brault, avec une adresse fausse.

Esterhazy a donné dans le piège et ainsi Dreyfus a reçu un assez long mémoire militaire qu'il a pu décalquer. Pour donner au roman un peu de couleur et une manière de vraisemblance, on ajoute que la fausse adresse où l'on a reçu la réponse au capitaine Brault était voisine du domicile du beau-père de Dreyfus.

VI

Dans ce récit, les impossibilités fourmillent. D'abord, il faut rappeler sans cesse que Dreyfus n'a décalqué l'écriture de personne, puisqu'il s'est laissé condamner sans désigner personne. Tout ce qui heurte cette vérité de bon sens ne peut être que **mensonge**.

Mais de plus, si Dreyfus avait voulu décalquer l'écriture d'une autre personne, il aurait évité tout ce qui peut exciter la défiance de cette personne et lui fournir plus tard un moyen de défense. Il aurait évité surtout ce faux inutile et imbécile qui ne pouvait que le compromettre.

Admettons un instant que Dreyfus ait décalqué l'écriture d'Esterhazy. Arrive le procès : il dénonce Esterhazy. Mais tout de suite Esterhazy répond : « On s'est procuré de mon écriture en me tendant un piège. »

Remarquez en effet qu'il y avait bien des chances pour qu'Esterhazy s'aperçût bien vite du tour qui lui aurait été joué. Il suffisait qu'il s'étonnât de n'avoir pas la moindre réponse du capitaine Brault. Il s'informait aussitôt ; il apprenait que celui-ci ne lui avait jamais écrit. Il savait donc qu'une manœuvre étrange et suspecte avait été pratiquée contre lui, et aussitôt qu'éclatait l'accusation de Dreyfus il était armé pour répondre.

Donc, de la part de Dreyfus, se procurer ainsi l'écriture qu'il voulait décalquer, eut été le comble de la folie. Il pouvait aussi bien, pour son objet, décalquer l'écriture de n'importe qui. Obtenir celle d'Esterhazy, par un moyen frauduleux qui pouvait être immédiatement découvert, était la pire imprudence. Et il serait prodigieux que, par prudence, il eût ajouté les risques du faux au risque de la trahison.

Mais ce n'est pas tout. Comment admettre qu'Esterhazy ne s'est pas étonné plus tôt de n'avoir pas de réponse?

Il prétend avoir adressé au capitaine Brault son mémoire sur Eupatoria en février 1893.

Il faut bien qu'il place cet envoi prétendu à cette date, avant le bordereau, pour pouvoir dire que Dreyfus l'a décalqué. Et c'est seulement **quatre ans après, le 29 octobre 1897**, qu'il écrit au capitaine Brault pour lui demander s'il a reçu son mémoire!

Il prétend que sa défiance n'a été éveillée que lorsque *le Matin* a publié le fac-similé du bordereau et qu'il a pu ainsi constater les ressemblances effrayantes de ce bordereau avec sa propre écriture.

Mais *le Matin* a publié ce fac-similé le 10 novembre 1896. Tout de suite Esterhazy a été troublé; tout de suite il a manœuvré avec du Paty de Clam et ses amis de l'État-Major pour perdre le colonel Picquart.

Comment n'a-t-il pas songé dès ce moment-là à s'inquiéter et à écrire au capitaine Brault? Comment a-t-il attendu presque une année, du 10 novembre 1896 au 29 octobre 1897?

Tout cela ne tient pas debout. Et voici enfin à quoi Esterhazy n'a point songé. Il n'a point vu que lui-même se mettait en contradiction grossière avec son récit de *la Libre Parole* du 15 novembre 1897.

Là, il a dit que si Dreyfus ne l'a pas dénoncé au moment du procès, en 1894, c'est parce que, tout en décalquant son écriture, **il ignorait son nom**.

Cela n'a pas le sens commun, mais il faut bien qu'Esterhazy tente d'expliquer l'inexplicable.

Mais, maintenant, si ce que raconte Esterhazy de l'affaire du capitaine Brault est vrai, Dreyfus savait très bien que *l'écriture décalquée par lui était d'Esterhazy puisqu'il n'avait pu se la procurer qu'en écrivant ou en faisant écrire frauduleusement à* **Esterhazy lui-même.**

Cette fois, le menteur est pris et bien pris au piège de son propre mensonge.

VII

De même qu'il a mystifié les juges avec leur consentement, par l'histoire de la dame voilée, il les a mystifiés aussi, par l'histoire du manuscrit envoyé au capitaine Brault, ou plutôt sous son nom, à Dreyfus lui-même.

Toutes ces inventions sont aussi grossières les unes que les autres, et sans la complicité des juges, elles n'auraient même pas osé affronter l'audience.

En tout cas, à l'analyse, il n'en reste rien.

Esterhazy a donc menti quand il a prétendu que son écriture avait été décalquée. Si le bordereau est de son écriture, c'est qu'il est de sa main. Et son récit de *la Libre Parole* se tourne contre lui comme un aveu écrasant.

Détail curieux et par où il se trahit encore! Il répond d'avance par une accusation de faux à un document qu'on n'avait pas et qui n'a pas été produit contre lui.

Dans l'article du 15 novembre, il annonce que ses ennemis ont inséré contre lui, dans le dossier qu'ils vont publier, « *une pièce compromettante émanant soi-disant de la victime et fabriquée avec un art merveilleux...* »

Esterhazy s'est trop pressé; il a pris peur trop vite, et en essayant d'avance de disqualifier une pièce *compromettante qu'on n'avait pas*, il a **avoué l'existence de cette pièce.**

Mais qui donc a songé, dans la comédie d'enquête instituée contre lui, à l'interroger là-dessus? En tout cas, devant le Conseil de guerre, aucune question ne lui a été posée sur cette lettre si suggestive de *la Libre Parole*, qui est, quand on l'examine avec soin, l'aveu décisif.

EXPERTISES CONTRADICTOIRES

I

« Mais, nous objectent les défenseurs d'Esterhazy, les trois experts commis, dans le procès d'Esterhazy, aux comparaisons d'écriture, ont conclu en faveur d'Esterhazy. Ils ont conclu, comme le dit le rapporteur Ravary : « Le bordereau incriminé n'est pas l'œuvre du comman-» dant Valsin Esterhazy. Nous affirmons en honneur et » conscience la présente déclaration. »

Qu'on ne se hâte pas de conclure, car, à l'examen, ce rapport, qui paraît innocenter Esterhazy, est accablant pour lui.

Dans quelle condition ont travaillé les trois experts, Couard, Belhomme et Varinard ? Zola a dit que s'ils n'ont pas reconnu l'identité de l'écriture du bordereau à celle d'Esterhazy, ils ont une maladie de la vue ou du jugement.

Zola s'est trop hâté ! Non, MM. Couard, Belhomme et Varinard ne sont pas nécessairement des incapables, mais ils opéraient dans des conditions tout à fait difficiles. D'un côté, ils étaient certainement frappés, comme tout le monde, comme Esterhazy lui-même, de la ressemblance effrayante du bordereau et de l'écriture d'Esterhazy.

Selon Esterhazy, cette ressemblance était telle que certainement il y avait eu décalque de son écriture. Les experts ne pouvaient être plus esterhaziens qu'Esterhazy : ils ne pouvaient pas nier, entre le bordereau et l'écriture d'Esterhazy, une ressemblance qui éclatait aux yeux et que lui-même avouait.

Mais, d'un autre côté, pouvaient-ils dire nettement, librement, que le bordereau était l'œuvre d'Esterhazy ? C'eût été rouvrir le procès Dreyfus, et les trois experts savaient que la haute armée, la magistrature, le gouvernement, presque toute la presse, toutes les grandes forces sociales étaient contre Dreyfus. Ils savaient que le général de Pellieux, chargé d'une première enquête contre Esterhazy, avait refusé longtemps de se saisir du bordereau, sous prétexte que « c'était rouvrir l'affaire Dreyfus : Si le bordereau avait été attribué à un autre, la revision s'imposait. » Or, comme le général de Pellieux et ceux qui l'avaient chargé d'une simili-enquête ne voulaient à aucun prix de la revision, le général de Pellieux s'abstenait de faire examiner le bordereau de peur « qu'il ne fût attribué à un autre ».

Cela, MM. Couard, Belhomme et Varinard le savaient; tous les experts-jurés, tous les fonctionnaires d'écriture le savaient. Aller contre cette résolution ferme de la haute armée et du pouvoir eût été presque de l'héroïsme.

Aussi, quand sur les instances de M. Scheurer-Kestner le bordereau fut versé à l'enquête, quand le général de Pellieux fut obligé enfin de le faire expertiser, il lui fut très difficile, comme il l'a raconté lui-même dans sa déposition, de trouver des experts, car le péril était grand.

Aussi il n'en faut pas vouloir à MM. Couard, Belhomme et Varinard de s'être arrêtés à une conclusion prudente et transactionnelle. D'un côté, ils ont sauvé leur renom d'experts en reconnaissant dans le bordereau de l'écriture d'Esterhazy. Et d'un autre côté, ils ont sauvé la Patrie en assurant que ce pouvait bien être là le résultat d'un décalque.

Le bordereau était *de l'écriture d'Esterhazy* : mais il n'était pas *de sa main*. Cette conclusion tempérée permettait de sauver, au moins pour quelque temps, Esterhazy. Et après tout, c'était l'essentiel.

II

Comment MM. Couard, Belhomme et Varinard ont-ils établi qu'il y avait décalque ? Peut-être l'ont-ils expliqué à Esterhazy lui-même, avec lequel, selon la déposition de Christian Esterhazy, M. Belhomme s'entretenait pendant la période même de l'expertise. Mais ils n'ont pas mis beaucoup d'empressement à le révéler au public.

Devant la cour d'assises, ils se sont retranchés obstinément dans le secret professionnel. En vain le général de Pellieux disait-il que sur la question des écritures il ne voyait pas la nécessité du huis clos. En vain le président lui-même, se relâchant un peu de sa rigueur, paraissait-il les autoriser à quelques explications. Farouchement ils défendaient le huis clos, et M. Belhomme ajoutait qu'il était résolu au silence le plus complet, *sur le conseil de ses avocats*.

Mais après tout, ce que nous savons nous suffit. M. Belhomme, si muet devant la cour d'assises, a été moins réservé avec un journal ami, *l'Echo de Paris*.

Voici ce qu'il dit dans une interview :

Nous avons fait photographier non seulement le bordereau, mais des pages entières du commandant Esterhazy. Sur ces épreuves-là, les similitudes, les ressemblances obtenues dans *le Figaro*, et depuis, dans *le Siècle*, qui a employé les mêmes procédés, disparaissent, et on voit que le bordereau n'est pas d'une écriture spontanée. Il y a des surcharges nombreuses, des reprises, des mots décalqués même, car si on les juxtapose, ils s'identifient parfaitement. Or, je défie n'importe qui de tracer deux lettres, et à plus forte raison deux mots entiers avec des caractères absolument identiques.

Celui qui a écrit *le bordereau a imité, calqué, c'est manifeste, l'écriture du commandant* (Esterhazy). Ce dernier emploie quelquefois, mais assez rarement en somme, des *S* allemandes; et dans le bordereau sur six *S*, il y en a cinq de cette forme et toutes sont calquées.

De plus, les mots essentiels par leur sens sont calligraphiés. L'écriture est inégale, incertaine. Aucune des lettres du commandant mises sous nos yeux n'a ce caractère, mais cette différence n'est sensible que pour nous qui avons vu les originaux. Avec des clichés habilement faits, on a pu espérer tromper le public et on y a réussi.

Nous discuterons cela tout à l'heure, mais pour qu'on ne dise pas que ce n'est là qu'une interview, qui d'ailleurs n'a pas été démentie, rappelons que M. Belhomme a daigné, devant la cour d'assises, laisser tomber une phrase qui se rapporte à son interview : « Le bordereau est en grande partie à main courante et en partie calqué. »

III

Voilà donc qui est acquis. D'après M. Belhomme et, puisque les trois experts ont déclaré être d'accord, d'après MM. Belhomme, Varinard et Couard, l'écriture d'Esterhazy se retrouve au moins en partie dans le bordereau, mais elle a été décalquée.

Qu'on veuille bien le retenir : c'est dans une enquête destinée à innocenter Esterhazy, dans un procès où Esterhazy avait avec lui les accusateurs que les experts officiels sont conduits, malgré tout, par la force de la vérité, à proclamer officiellement que l'écriture d'Esterhazy se retrouve dans le bordereau.

Oui, quoi qu'on fasse, « la vérité est en marche ». Quel que soit l'expédient imaginé ensuite par les experts pour sauver Esterhazy, client et protégé de l'Etat-Major, cette constatation officielle subsiste : *Ce n'est plus Esterhazy tout seul qui reconnaît sa propre écriture dans le bordereau, ce sont les experts commis au procès.*

IV

Et après cette constatation officielle, légale, que reste-t-il des expertises par lesquelles a été condamné Dreyfus ?

Trois sur cinq des experts du procès Dreyfus reconnaissent dans le bordereau l'écriture de Dreyfus. L'un d'eux (Bertillon) ajoute que, s'il y a des différences, c'est que Dreyfus a décalqué l'écriture de son frère. Et il affirme encore que pour dérouter la justice et pouvoir alléguer que le bordereau est un faux, Dreyfus a décalqué sa propre écriture.

Mais voici maintenant que d'autres experts, examinant officiellement le bordereau, reconnaissent, au moins en partie, l'écriture d'Esterhazy. C'est là un fait nouveau, et, qu'il y ait eu décalque ou non, les conclusions des seconds experts infirment celles des premiers.

Les experts du premier procès ont expliqué le bordereau tout entier **sans tenir compte de l'écriture d'Esterhazy ;** *les experts du second procès introduisent dans le bordereau* **l'écriture d'Esterhazy :** il y a contradiction directe, et l'expertise de 1894, qui a condamné Dreyfus, ne tient plus.

C'est bien pour cela que dans la comédie du procès Esterhazy, le 10 janvier 1898, *le huis clos a été prononcé sur les expertises d'écriture.*

C'est vraiment prodigieux. Il y a eu une partie du procès, qui a été publique. Pourquoi ne pas comprendre les rapports et les dépositions des experts dans cette partie publique? La sécurité de la France n'exigeait pas qu'on cachât au monde les conceptions graphologiques de MM. Couard, Belhomme et Varinard.

Non, si on les a cachées, c'est pour ne pas faire éclater aux yeux de tous la contradiction officielle entre les expertises du procès Dreyfus et celles du procès Esterhazy.

On n'a même pas voulu que le public pût savoir que les trois bons experts avaient reconnu dans le bordereau, au moins en partie, l'écriture d'Esterhazy. Et le cauteleux Ravary se borne à donner la conclusion brute : Le bordereau n'est pas l'œuvre d'Esterhazy.

Il n'ajoute aucun détail. Il se garde bien de dire que les experts, malgré leur bon vouloir à l'égard de l'autorité militaire, ont été contraints de retrouver dans le bordereau l'écriture d'Esterhazy, et qu'ils ont dû recourir, pour le sauver, à l'hypothèse du décalque.

Non ! autant qu'on le peut, on cache la vérité au pays, parce que même le peu de vérité que laissent échapper les experts ébranle et ruine le procès de 1894.

V

Bien mieux, même si on accorde un moment aux experts qu'il y a décalque, pourquoi ne pas appliquer à Esterhazy le système que Bertillon a appliqué à Dreyfus ?

Bertillon prétendait que Dreyfus avait décalqué lui-même des mots de sa propre écriture afin de pouvoir dire : *Le bordereau a été décalqué ; il n'est pas de moi.*

Mais alors il est possible aussi qu'*Esterhazy ait lui-même décalqué sa propre écriture afin de se servir du même moyen de défense.*

Donc, même dans l'hypothèse du décalque, Esterhazy n'est pas hors de cause, car le décalque peut être de lui.

Deux choses seulement sont certaines. **La première, c'est que l'expertise légale qui a condamné Dreyfus est ruinée par l'expertise légale du procès Esterhazy.**

La seconde, c'est que, s'il y a eu décalque pour la confection du bordereau, Dreyfus n'en peut même pas être soupçonné, car, une fois encore, s'il avait décalqué l'écriture d'Esterhazy, c'eût été pour pouvoir l'accuser en cas de péril : or, il s'est laissé condamner et supplicier sans même essayer ce moyen de défense.

VI

Mais, par le huis clos sur les contre-expertises, l'Etat-Major n'a pas voulu seulement cacher au pays la contradiction décisive entre les expertises légales du procès

Esterhazy et celles du procès Dreyfus. Il a voulu aussi soustraire à la discussion les raisonnements par lesquels les experts ont conclu à l'idée du décalque pour innocenter Esterhazy.

A vrai dire, les raisons données par M. Belhomme à l'*Echo de Paris* sont extraordinairement faibles et vagues. La seule qui ait quelque précision est fausse. M. Belhomme prétend qu'il y a, dans le bordereau, des mots qui peuvent se superposer rigoureusement l'un à l'autre. Et comme cette superposition absolue n'est possible que si ces mots proviennent d'un même type, ou, comme on dit, d'une même matrice, il conclut qu'il y a eu calque, au moins pour ces mots.

Mais au procès Zola, les experts les plus autorisés, les plus considérables ont démontré publiquement et en citant des exemples précis, qu'au contraire tous les mots du bordereau offraient la variété de la vie et de l'écriture courante, qu'aucun d'eux n'était superposable. Sans être graphologue, je soumets à M. Belhomme ce scrupule. Il a dit à la cour d'assises (c'est peu, mais c'est encore trop) que le bordereau était en grande partie d'une écriture courante, en partie calqué.

Mais alors de deux choses l'une : ou bien les mots de l'écriture courante offrent les mêmes caractères que les mots calqués : et alors, comme les mots calqués sont empruntés à Esterhazy, c'est Esterhazy lui-même qui a, de son écriture courante, écrit une partie du bordereau et qui, pour le reste, s'est calqué lui-même.

C'est donc Esterhazy qui est l'auteur du bordereau.

Ou bien les mots de l'écriture courante ne sont pas de l'écriture d'Esterhazy, et M. Belhomme doit indiquer par quelles différences caractéristiques, par quels traits précis l'écriture de ces mots-là se distingue de l'écriture des mots calqués.

Or, *nous mettons au défi M. Belhomme, assisté de MM. Couard et Varinard, d'indiquer les différences.* Dans tous les mots du bordereau, dans tous sans exception aucune, se retrouvent les mêmes particularités d'écriture, les mêmes traits caractéristiques, la même forme des lettres, les mêmes détails.

Et en disant qu'une partie du bordereau est d'une écriture courante, M. Belhomme a définitivement perdu Esterhazy.

S'il avait dit que tout le bordereau est le résultat d'un décalque, on pourrait supposer à la rigueur qu'un autre qu'Esterhazy a fait ce décalque. Mais s'il y a une partie d'écriture naturelle et courante, comme elle ressemble manifestement à la partie dite calquée qu'on avoue être d'Esterhazy, c'est que le tout est d'Esterhazy.

Et si M. Belhomme daigne sortir un moment de la graphologie, je me permets de lui soumettre encore une objection d'un autre ordre, finement indiquée par M. Louis Havet dans sa déposition en cour d'assises.

L'homme qui envoyait le bordereau ne signait pas : quelle était donc sa signature ? A quoi le reconnaissait-on ? A son écriture.

Des documents ou des offres de documents arrivaient sans doute de plusieurs côtés à la légation allemande. Comment un traître déterminé aurait-il pu indiquer que c'était lui qui faisait l'envoi si, *supprimant sa signature, il avait en outre déguisé son écriture ?*

Ni Esterhazy, ni les experts qui ont adopté le système d'Esterhazy, c'est-à-dire le système de décalque, n'ont répondu à cette difficulté. Il était impossible de faire plusieurs lettres d'envoi avec les mêmes morceaux d'écriture, car ils ne contiennent pas toutes les combinaisons nécessaires.

Or, Esterhazy explique à grand'peine, par son roman du capitaine Brault, qu'on se soit procuré de son écriture pour l'envoi **d'un bordereau** ; il est donc impossible qu'on en ait envoyé plusieurs.

Dès lors, il aurait fallu que le traître changeât, à chaque envoi nouveau d'un bordereau, l'écriture calquée par lui, et il aurait ainsi complètement dérouté son correspondant étranger.

Encore une fois, toutes ces inventions sont absurdes, et on en revient toujours à cette conclusion : Le bordereau étant de l'écriture d'Esterhazy est de sa main.

Mais à quoi bon argumenter plus longtemps contre ces experts du huis clos qui, pris entre la force de la vérité et des forces d'un autre ordre, ont abouti à une expertise incohérente, indéfendable et qu'il faut cacher ? Il faut leur savoir gré, malgré tout, d'avoir osé dire, même avec toutes les précautions du décalque, que l'écriture d'Esterhazy se retrouvait dans le bordereau. C'est un commencement de vérité, et la vérité entière va apparaître.

SAVANTS CONTRE EXPERTS

I

Elle apparaît par les témoignages de nouveaux experts, au procès Zola. Ces témoignages, produits sous la foi du serment devant la cour d'assises, ont un caractère tout à fait nouveau et décisif.

D'abord **ils sont publics ;** en second lieu, ils émanent d'hommes d'une compétence hors pair, d'une autorité scientifique indiscutable, et enfin ces hommes sont d'une indépendance absolue.

Si l'esprit chauvin l'exige, je laisse de côté M. Franck, avocat et docteur en droit, parce qu'il est Belge. Je laisse de côté aussi M. Paul Moriaud, professeur à la Faculté de droit de Genève, parce qu'il est Suisse.

Il paraît que M. Zola a manqué de patriotisme en

consultant sur l'écriture du bordereau comparée à celle d'Esterhazy des hommes compétents de tous les pays !

Pour nos bons nationalistes, l'expertise en écriture ne compte que si elle est de ce côté de la frontière et en faveur d'Esterhazy. Seuls, les noms bien français de Couard, de Belhomme et de Varinard leur inspirent confiance. Hélas ! hélas !

J'écarte donc les experts étrangers, quoique leur démonstration ait été d'une valeur scientifique tout à fait remarquable. Mais quand des hommes comme M. Paul Meyer, membre de l'Institut, professeur au Collège de France et directeur de l'Ecole des Chartes, comme M. Auguste Molinier, professeur à l'Ecole des Chartes, comme M. Louis Havet, membre de l'Institut, professeur au Collège de France et à la Sorbonne, comme M. Giry, membre de l'Institut, professeur à l'Ecole des Chartes et à l'Ecole des Hautes Etudes, comme M. Emile Molinier, conservateur au musée du Louvre, archiviste paléographe..., quand tous ces hommes, après une consciencieuse étude, viennent affirmer devant le pays que le bordereau est d'Esterhazy, il y a là à coup sûr un grand fait, que j'ose dire décisif.

D'abord entre tous ces hommes, il y a unanimité. Et qu'on ne dise pas qu'ils devaient tous déposer dans le même sens, étant tous témoins de la défense. Saisis de la question par M. Zola, ils n'ont accepté de l'examiner qu'à la condition de porter devant la cour d'assises le résultat de leurs recherches, *quel qu'il fût.*

Et tous, dans leur liberté, ils ont conclu de la même façon ; *ils ont affirmé sans réserve que* le **bordereau était d'Esterhazy.**

II

Bien mieux, quand la question sera de nouveau étudiée, quand on n'essaiera plus d'étrangler le débat, voici ce que Zola propose : *Tous les hommes de France et d'Europe connus par leur travaux scientifiques dans l'étude des manuscrits et des archives peuvent être consultés, il est certain d'avance, tant l'identité est complète entre l'écriture d'Esterhazy et celle du bordereau, que la réponse de tous sera la même.*

Et il n'y aura pas seulement unanimité des savants, on peut dire, s'il était possible de soumettre au peuple même, par de bonnes photographies, le bordereau et les lettres d'Esterhazy, *qu'il y aurait unanimité du peuple.*

Car avec la ressemblance ou mieux avec l'identité qui existe entre l'écriture du bordereau et celle d'Esterhazy, le premier venu peut se prononcer avec certitude. A ce degré d'évidence, il n'est plus nécessaire qu'on soit graphologue, comme il n'est pas nécessaire d'être physionomiste pour trouver un air de famille à deux jumeaux.

L'Etat-Major a été si épouvanté de cette unanimité des savants et de la force d'évidence de leur démonstration, qu'il a tenté d'en affaiblir l'effet en disant : « Ces messieurs n'ont pas vu l'original du bordereau, ils n'ont vu que le fac-similé du *Matin.* »

Et dans son zèle d'avocat d'Esterhazy, le général de Pellieux allait jusqu'à dire : « Toutes les reproductions qui ont été publiées ressemblent à des faux. »

Pitoyable diversion! Car d'abord la défense, au procès Zola, a insisté violemment pour que l'original même du bordereau fût versé au procès et placé sous les yeux du jury. *Le président et l'Etat-Major s'y sont opposés.*

Il est certain que le bordereau aurait été montré si l'on avait pu ainsi confondre Zola.

III

Mais M. Paul Meyer, par son aimable et incisive dialectique, a obligé M. le général de Pellieux à la retraite. Il a démontré que la photographie d'un document, si elle pouvait parfois empâter ou écraser certains traits, n'altérait en rien les caractéristiques de l'écriture, la forme spéciale et distincte des lettres et leur liaison.

Il a demandé à M. le général de Pellieux avec une ironie souriante qui a eu raison de la grosse voix du général :

Si le fac-similé du *Matin* ne ressemble pas au bordereau, par quel prodige *cette reproduction ressemble-t-elle à l'écriture de M. Esterhazy?* Ou bien on a publié, sous le nom de bordereau, et avec le même texte, une pièce qui n'est pas le bordereau, et c'est un faux qu'il faut poursuivre : *on ne le fait pas.*

Ou bien, si la reproduction photographique est loyale, mais maladroite, comment expliquer que cette dénaturation involontaire du bordereau aboutisse précisément à reproduire l'écriture d'Esterhazy?

Comment se fait-il qu'Esterhazy lui-même *ait d'emblée reconnu sa propre écriture, avec effroi, dans le fac-similé du Matin?*

Et le général de Pellieux, ainsi pressé, sent bien qu'il s'est aventuré au delà du vrai. Il rectifie devant le jury (*Procès Zola, tome II, page 50*), par ces paroles qui coupent court au débat :

M. LE GÉNÉRAL DE PELLIEUX : Pardon, pardon, je n'abandonne rien; je dis que j'ai reconnu que le fac-similé du *Matin* avait une grande similitude avec le bordereau, mais qu'il y avait d'autres pièces publiées par les journaux qui, pour moi, ressemblaient à des faux, et je le maintiens.

Mais il ne s'agit pas des *autres pièces*. Il s'agit du fac-similé du *Matin*, sur lequel tous les hommes que je viens de citer ont travaillé et, puisque M. le général de Pellieux, serré de près par M. Paul Meyer, a dû convenir qu'il était exact, la question est close.

Mais qu'en pense M. Alphonse Humbert qui, dans les couloirs de la Chambre, décriait les expertises des savants en disant qu'ils avaient travaillé sur des docu-

9.

ments faux? S'obstinera-t-il à être plus militariste que le général de Pellieux lui-même?

Qu'en pensent aussi MM. Belhomme et Couard qui prétendaient que les travaux faits sur le fac-similé étaient sans valeur?

Non! C'est bien sur des données sérieuses qu'ont travaillé tous ces archivistes, tous ces paléographes, tous ces chercheurs arrivés par l'étude à la renommée, et leur unanimité, fondée sur la plus solide enquête, est décisive. *Ils ne sont pas divisés, comme l'ont été les experts du procès Dreyfus, et ils n'opèrent pas à huis clos comme ceux du procès Esterhazy.*

Avant de formuler leurs conclusions, ils définissent leurs méthodes, leurs procédés de recherches; ils ne s'enferment pas comme Bertillon dans une nuée biblique. Ils ne s'enferment pas, comme Belhomme, Varinard et Couard, dans un brouillard de procédure.

C'est au plein jour de l'audience publique, c'est sous le contrôle de la raison générale qu'ils définissent leurs moyens de recherches, leurs preuves, leurs résultats. Et nul ne peut suspecter leur indépendance, puisqu'ils se dressent contre le pouvoir et qu'au risque de blesser les dirigeants, les ministres, les généraux, ils vont où la vérité les appelle et témoignent selon leur conscience.

IV

Je ne puis, bien entendu, entrer ici dans le détail de leurs preuves; elles sont tout au long dans le compte rendu du procès. De ces détails, je n'en relèverai qu'un ici, parce que je le trouve à la fois caractéristique et tragique.

Qu'on ne s'étonne pas de ce mot. Lorsque Dreyfus fut livré aux enquêteurs et aux experts, à des enquêteurs comme du Paty de Clam, à des experts comme Bertillon, il y eut une difficulté : *les doubles S.*

D'habitude, quand pour écrire les doubles S, on emploie un grand S et un petit, c'est le grand S qui est devant et le petit S derrière.

Les spécialistes ont compulsé des centaines et des centaines d'écritures, sans trouver l'ordre contraire.

Or, par une singularité extraordinaire, **dans le bordereau, c'est le petit S qui vient le premier.** C'était donc là un trait tout à fait caractéristique.

Vite, on regarde à l'écriture de Dreyfus. Lui, il écrit les doubles S selon la méthode commune, le *grand S devant*.

Voilà donc une particularité tout à fait curieuse, tout à fait rare de l'écriture du bordereau *qui ne se retrouve pas dans l'écriture de Dreyfus*.

Croyez-vous que nos enquêteurs et experts se troublent pour si peu? Le génie de Bertillon veillait sur eux. Immédiatement ils disent : « Si Dreyfus a renversé dans le bordereau l'ordre des S, c'est pour dérouter la justice et pour opposer à tout assaut ce moyen de défense. »

Et si l'on s'en souvient, ce double S renversé devient dans le plan militaire du délirant Bertillon *une tour*, la tour des deux S, du haut de laquelle le traître attend orgueilleusement l'assaillant.

O folie meurtrière!

Mais plus tard, quand on compare l'écriture d'Esterhazy à celle du bordereau, *non seulement on retrouve dans l'écriture d'Esterhazy toutes les particularités du bordereau, mais on y trouve encore le même ordre renversé des S*.

Oui, dans l'écriture d'Esterhazy, comme dans le bordereau, c'est le petit S qui vient le premier.

Hélas! pendant ce temps, Dreyfus est au bagne, et de la tour du double S il est passé sans autre cérémonie dans une enceinte fortifiée.

TÉMOIGNAGES DES SAVANTS

I

Si j'ai relevé ce détail en apparence minime, c'est que toute la démence homicide du procès de 1894 y est contenue en raccourci.

Au demeurant, c'est pour toutes les lettres et pour tous les détails de toutes les lettres et pour les points sur les i, et pour les accents que MM. Frank, Moriaud, Giry, Auguste Molinier, Emile Molinier, Paul Meyer, Louis Havet démontrent l'identité de l'écriture d'Esterhazy et de l'écriture du bordereau.

Je ne puis que résumer leurs conclusions :

M. Paul Meyer affirme que le bordereau est de l'écriture d'Esterhazy. Il affirme en outre que toutes les hypothèses qu'il a pu imaginer pour expliquer, après M. Belhomme, que le bordereau pouvait être de l'écriture d'Esterhazy sans être de sa main lui ont paru absurdes. Mais il ajoute avec son habituelle ironie que pour conclure définitivement sur ce second point, il attend que MM. Belhomme, Varinard et Couard aient bien voulu expliquer leur système. (*Procès Zola, tome I, page 512.*)

Me LABORI. — Monsieur le président, est-ce que M. Paul Meyer nous a fait connaître ses conclusions d'une manière complète en ce qui concerne M. le commandant Esterhazy?

M. PAUL MEYER. — J'ai dit que le fac-similé du bordereau reproduisait absolument l'écriture du commandant Esterhazy, que je ne voyais pas de raison pour faire une distinction entre *l'écriture* et la *main*. Cependant je fais cette réserve prudente et parfaitement scientifique, parce que je ne sais pas ce qu'il y a dans le rapport où on explique que cette écriture n'a pas été tracée par le commandant Esterhazy. Je ne crois pas que même avec une hypothèse compliquée on puisse arriver à le démontrer : mais enfin je ne puis pas discuter ce que je ne connais pas...

Je dis que la question de l'identité de l'écriture du bordereau et de celle d'Esterhazy se présente dans des conditions d'une telle simplicité, d'une telle évidence, qu'il suffit d'avoir l'habitude de l'observation, l'habitude de la critique, pour arriver à la conclusion que j'ai formulée, sauf réserve.

Mᵉ LABORI. — M. Paul Meyer nous a bien dit, si j'ai compris, que toutes les hypothèses auxquelles il s'était livré pour arriver à comprendre que tout en étant de l'écriture d'Esterhazy, le bordereau ne fût pas de *sa main*, lui avaient paru impossibles ? Ai-je bien compris ?

M. P. MEYER. — Parfaitement.

Mᵉ LABORI. — Alors, il n'en voit aucune qui puisse être une certitude et qui puisse expliquer cette contradiction.

M. P. MEYER. — Je n'en vois aucune ; mais les experts du second procès ont peut-être trouvé quelque chose qui m'a échappé.

Malheureusement, les experts du second procès se gardent bien de répondre au défi ironique de M. Meyer en faisant connaître leur système.

II

Voici maintenant, dans ses grands traits, la déposition de M. Molinier :

Messieurs les jurés, il y a déjà vingt-cinq ans que je vis au milieu des manuscrits : il m'est passé entre les mains des milliers de Chartes, pièces de toute époque, depuis les temps les plus anciens jusqu'à nos jours.

A la suite de cette étude très prolongée, qui a porté sur des milliers de manuscrits, je le répète, j'ai fini par contracter une méthode toute particulière d'observation ; j'ai pour ainsi dire contracté un tact spécial, si bien que par des signes presque imperceptibles pour d'autres, j'arrive à reconnaître l'identité des écritures ou à dater exactement des manuscrits.

— 158 —

J'ai appliqué cette méthode personnelle, méthode que je qualifie d'absolument scientifique, à l'examen du bordereau en question et à l'examen des pièces de comparaison.

De ce bordereau j'ai eu, comme tout le monde, entre les mains un fac-similé. Sur ce fac-similé les opinions les plus diverses ont été exprimées devant vous; mais étant donné que ce bordereau a été publié pour prouver la culpabilité d'une personne que je ne nommerai pas ici, je crois que le fac-similé doit être exact.

Alors, me méfiant des reproductions d'écriture, puisque je n'ai pu comparer ces reproductions avec des originaux, je me suis attaché à relever, dans le bordereau, que j'avais en fac-similé, uniquement ce que j'appelle les signes physiologiques de l'écriture, c'est-à-dire non point l'épaisseur des lettres qui peut être altérée, renforcée par un fac-similé si bien fait qu'il soit, mais je me suis attaché aux liaisons des lettres, à l'aspect général de l'écriture, si elle est courante ou non courante...

On voit avec quelle prudence et quelle rigueur de méthode procède M. Molinier, et après avoir donné des détails, il affirme : « Tout d'abord, dans cette écriture, nous trouvons une main extrêmement courante, aucune hésitation à mon sens. »

Et enfin :

En un mot, pour conclure, en mon âme et conscience, après avoir étudié non seulement le bordereau, mais tout ce que j'ai pu me procurer de fac-similés d'écritures du commandant Esterhazy, après avoir notamment examiné les formes de l'écriture des lettres et l'écriture du bordereau, je crois pouvoir affirmer en mon âme et conscience, que dans ces lettres *j'ai retrouvé toutes les formes principales physiologiques que j'avais retrouvées dans le bordereau, dans l'écriture du commandant Esterhazy.*

III

Voici un autre témoignage aussi catégorique. M. Emile Molinier démontre d'abord que pour les constatations qu'il a faites sur le bordereau, le fac-similé du *Matin* a la valeur d'un original. Et après avoir résumé ces constatations, il conclut en ces termes si décisifs :

« Pour moi, *la similitude est absolument complète entre l'écriture du bordereau et l'écriture du commandant Esterhazy*. Je dirai même que si un savant, un érudit, trouvant dans un volume de la Bibliothèque nationale, dans un de ces volumes que nous consultons si souvent, accolé à des lettres du commandant Esterhazy, l'original du bordereau, *il serait pour ainsi dire disqualifié, s'il ne disait pas que le bordereau et la lettre sont de la même écriture, sont de la même main, ont été écrits par le même personnage.* »

L'étude de M. Frank, très poussée dans le détail, est d'une précision admirable et je renvoie à sa déposition (*tome I, page 519*), ceux qui pourraient avoir le moindre doute.

IV

M. Louis Havet, professeur au Collège de France, dit ceci :

Dans l'écriture, je suis arrivé tout de suite et sans faire de recherches dignes de ce nom, simplement par l'évidence, par le saisissement des yeux, à une conviction pour moi tout à fait certaine. C'est là l'écriture du commandant Esterhazy ; ce n'est pas l'écriture du capitaine Dreyfus ; cela me paraît sauter aux yeux avant même qu'on ait commencé à analyser l'écriture.

Et M. Havet démontre ensuite par les considérations les plus variées et les plus précises, qu'il n'y a pas eu décalque. C'est de la main d'Esterhazy comme de son écriture.

Comment est-il possible d'imaginer un homme qui, pour dissimuler sa personnalité, emprunte l'écriture d'autrui et qui se donne le mal prodigieux qu'il faudrait se donner pour calquer, non pas des mots, mais des lettres, en prenant à chaque instant des modèles différents et en transportant son calque d'un mot sur un autre?

Il y a, dans le bordereau, des mots qu'on n'a pas tous les jours sous la main pour les calquer, par exemple le mot : « Madagascar », le mot « hydraulique ». On peut bien avoir sous la main un mot comme *je*, comme *vous*, mais on n'a pas sous la main à point pour savoir où le trouver le mot *Madagascar* ou le mot *hydraulique* juste au moment où on en a besoin.

Pour cela il faudrait avoir toute une collection de documents énormes, avec un répertoire pour trouver le mot dont on a besoin. Il faudrait donc, pour exécuter par calque le bordereau, composer le mot *Madagascar* à l'aide du mot *ma*, puis avec le commencement du mot *dame*, le commencement d'un troisième mot.

Cela aurait coûté cinq ou six opérations différentes pour un mot unique.

Ce travail est absolument hors de proportion avec les besoins d'un faussaire qui travaille ainsi. Il serait beaucoup plus court de prendre tout autre moyen de falsification : une écriture dissimulée, des caractères d'impression découpés, qu'on applique, qu'on colle, ou même, si on emprunte l'écriture d'autrui, le procédé plus simple de découper des portions d'écritures et de les coller au lieu de les décalquer.

C'est là une hypothèse qui n'est défendable que si on avait des raisons particulières de trouver qu'il y a un calque.

J'ajoute que je ne crois pas, pour ma part, à l'argument que j'ai vu traîner dans des journaux qui soutenaient que le bordereau était de Dreyfus et d'Esterhazy; ils prétendaient qu'il y a des portions de mots qui se répètent, parce qu'ils ont été calqués sur la même matrice, qu'il y a deux fois la même syllabe.

Quand nous retrouvons plusieurs fois la même syllabe, il n'y a jamais superposition absolue. Il y a des syllabes qui se répètent un grand nombre de fois; par exemple, dans le mot *quelque*, il y a deux fois la syllabe *que*, et cette syllabe revient plusieurs fois; le mot *note* revient également plusieurs fois. Eh bien, j'ai étudié avec soin toutes ces syllabes et je n'ai jamais vu que deux portions de mot fussent rigoureusement pareilles et qu'on pût se vanter de les superposer. Je crois donc que toutes les hypothèses tirées d'un calque se heurtent à des difficultés matérielles et absolues.

Je ne parle pas ici des arguments qui ne sont pas ceux d'un témoin, qui seraient plutôt ceux d'un avocat: par exemple si Dreyfus avait composé le bordereau à l'aide d'un calque, sachant sur qui il avait calqué, il aurait probablement dénoncé l'auteur de l'écriture, afin de se décharger sur quelqu'un dont il aurait ainsi fac-similé l'écriture. C'est un argument que je donne pour mémoire et qui ne rentre pas dans l'ordre d'une déposition.

Au point de vue du calque, je n'arrive pas à comprendre du tout comment il l'aurait exécuté. Il avait mille moyens beaucoup plus simples de dissimuler son écriture.

Je termine par un autre argument: le bordereau n'est pas signé: comment le destinataire pouvait-il savoir d'où venait le bordereau? Pour le destinataire, la signature, c'est l'écriture; cela voulait donc dire, pour le destinataire: c'est Esterhazy qui m'envoie le document. Voilà, messieurs, ce que j'avais à dire.

V

Que reste-t-il après cela de l'expédient désespéré des experts officiels du procès Esterhazy, imaginant qu'il y a eu décalque pour sauver Esterhazy, tout en avouant que le bordereau est de son écriture?

On ne m'en voudra pas, si aride que puisse paraître cette discussion, de multiplier les citations. Aux procédés louches et de huis clos par lesquels Esterhazy a été sauvé, malgré l'évidence, il faut opposer la vérité lumineuse, les affirmations mesurées, motivées, fortes et publiques que, sous leur responsabilité, des hommes de science sont venus apporter devant le pays, pour éviter à la France, autant qu'il dépendait d'eux, la prolongation d'un crime.

Je tiens à soumettre encore au lecteur attentif et de bonne foi, qui cherche sérieusement la vérité, le témoignage de M. Giry, membre de l'Institut, professeur à l'Ecole des Chartes et à l'Ecole des Hautes Etudes.

Cette déposition est un modèle de conscience scientifique, de probité intellectuelle et morale:

M. Giry. — Messieurs, *la ressemblance qui existe entre l'écriture de la pièce qu'on appelle le bordereau et l'écriture du commandant Esterhazy a frappé, dès le premier aspect, tous ceux qui ont eu l'occasion de voir ces deux écritures...*

M. le Président. — Les fac-similés seulement ?

M. Giry. — Je dirai sur quels documents je me suis appuyé. Mais, ce que je puis ajouter, c'est que cette ressemblance n'est pas une de ces ressemblances superficielles, banales, qui s'évanouissent après un moment d'examen attentif, comme l'a été, par exemple, la ressemblance de l'écriture de l'ex-capitaine Dreyfus et de l'écriture du bordereau. C'est une ressemblance qui est confirmée par l'analyse et les comparaisons les plus minutieuses... A l'école des Chartes je suis plus spécialement chargé d'enseigner la diplomatique, c'est-à-dire l'application de la critique aux documents d'archives.

L'étude et la comparaison des écritures ont naturellement un rôle important dans cette branche de l'érudition. Nous apprenons à nos élèves à déterminer l'âge, l'attribution des documents, leur provenance, à discerner les documents authentiques, à discerner les documents falsifiés, interpolés, des documents sincères...

Il n'y a pas — M. Couard l'a dit et c'est encore une des grandes vérités qu'il a exprimées — à l'Ecole des Chartes de cours pour l'expertise en écritures, cela est bien entendu, cela est bien évident ; nous n'apprenons pas à nos élèves comment il faut établir le prétexte d'un rapport d'expertise. Nous ne leur disons point quand il faut se taire ou parler devant un tribunal... ce n'est pas matière scientifique.

Nous leur enseignons quelque chose de supérieur et de plus utile, nous leur enseignons la méthode, les procédés d'invest' 'on et de critique ; nous leur enseignons les moyens de se prér unir contre l'erreur, et je crois que cela peut avoir sa place dans une expertise en écriture...

Lorsque M. Zola m'a écrit pour me prier d'examiner les documents qui devaient être versés dans le débat, j'ai hésité un moment à accepter la charge de faire cet examen.... Mais en y réfléchissant, en réfléchissant à la gravité des questions de justice et de légalité qui dominent tout ce débat, j'ai pensé qu'il était de mon devoir de sortir de ma réserve habituelle pour faire l'examen qu'on me demandait, afin d'essayer dans la mesure de mes forces d'aider à la manifestation de vérité.

J'acceptai donc. Seulement, en acceptant, je spécifiais, en écrivant à M. Zola, que je voulais — cela était naturel, mais enfin, je tenais à le spécifier d'une façon très précise — *que si je faisais cet examen, quel que fût le résultat des études auxquelles j'allais me livrer, je viendrais l'exposer ici franchement et nettement.*

M. Zola m'a répondu aussitôt, par une lettre que j'aurais voulu vous lire, mais que je puis citer de mémoire, en me disant qu'il acceptait absolument toutes mes conditions et qu'il demandait simplement à des hommes de science et de bonne foi de venir dire devant la cour ce qu'ils pensaient.

... Et M. Giry, après avoir montré que les documents sur lesquels il a travaillé étaient sérieux et bien vérifiés, se prononce d'abord contre l'hypothèse du calque imaginée par MM. Belhomme, Varinard et Couard. Il affirme ensuite l'absolue identité de l'écriture du bordereau et celle d'Esterhazy :

J'ai examiné aussi une autre hypothèse de calque. Le bordereau pourrait avoir été fait, fabriqué par calque de mots empruntés à d'autres documents rapportés et juxtaposés ensuite.

Eh bien, messieurs, je crois qu'il est absolument impossible que la pièce ait été fabriquée ainsi : j'ai fait là-dessus des expériences nombreuses qu'il serait bien long d'exposer en détail. On m'a demandé de me borner à vous donner des conclusions; ce que je puis vous dire c'est que *j'ai essayé moi-même de faire un calque dans ces conditions et que je ne suis arrivé à produire qu'une chose informe.* Quoique j'aie l'habitude des choses graphiques, j'ai fait une chose qui ne ressemblait à rien et sur laquelle tout le travail de mosaïque était visible au premier coup d'œil.

On peut faire mieux que moi, assurément, mais je pense qu'il aurait été impossible de faire une pièce de cette dimension, de trente lignes. *Il y a toutes sortes de raisons dans lesquelles je ne peux pas entrer qui s'y opposent d'une manière absolue.* J'ajoute que je n'imagine pas qu'un traître ait pu avoir l'idée de faire dans ces conditions un calque qui aurait demandé tant de temps, tant de patience pour une pièce qui ne devait pas être discutée contradictoirement avec lui.

J'arrive maintenant à la comparaison de l'écriture du bordereau avec celle du commandant Esterhazy. Messieurs, je crois que tout a été dit, qu'au moins tout ce qui était frappant a été dit sur ce point. Par conséquent, là encore, je veux abréger. *Je vous dirai seulement que j'ai fait la comparaison dans l'ensemble et dans le détail ; que j'ai fait l'analyse la plus minutieuse, mot par mot, lettre par lettre, syllabe par syllabe ; que j'ai comparé les signes accessoires de l'écriture, la ponctuation, l'accentuation ; et soit que j'aie considéré le détail, soit que j'aie considéré l'ensemble, je suis arrivé toujours aux mêmes conclusions.*

Ces conclusions, auxquelles j'étais arrivé moi-même, j'ai voulu les contrôler par les observations de paléographes plus exercés, de gens qui, mieux que moi, connaissent les écritures modernes ; j'en ai consulté plusieurs ; tous ceux qui ont fait cet examen ont eu le même avis que moi. Il y en a plusieurs que je pourrais nommer, car ils ont offert leur témoignage à M. Zola...

M. Emile Zola. — Nous en aurions amené quarante ; si nous ne les avons pas amenés, c'est pour ne pas abuser de vos instants.

M. Giry. — *En résumé, ma conclusion a été celle-ci ; c'est qu'il existe entre l'écriture du bordereau et l'écriture du commandant Esterhazy une ressemblance, une similitude qui va jusqu'à l'identité.*

Voilà qui est net et décisif. Mais je tiens, pour ne pas m'exposer à altérer même une nuance de la noble et sérieuse pensée de M. Giry, à reproduire les dernières lignes qui contiennent une sorte de réserve délicate :

Est-ce à dire que je puisse affirmer que le commandant Esterhazy est l'auteur du bordereau ? Je ne veux pas le faire, je ne veux pas aller jusque-là. Je ne veux pas le faire, parce que, après tout, je n'ai fait mon expertise que sur des fac-similés, et *quoique bien persuadé que la pièce originale con-*

firmerait mes conclusions d'une manière éclatante, cependant il y a une petite chance d'erreur.

Je ne veux pas le faire, surtout parce que je crois qu'une expertise d'écritures peut bien servir à corroborer des soupçons, à diriger des recherches, *à conduire, comme c'est le cas ici, jusqu'à la conviction morale*, mais qu'elle ne peut pas produire, à elle seule, la certitude absolue qui, à mon avis, est nécessaire pour asseoir son jugement.

Le scrupule, scientifique et humain, qui a dicté ces dernières paroles de M. Giry, bien loin d'affaiblir ses affirmations essentielles, en accroît au contraire la valeur morale et l'autorité. On sent que ce n'est pas à la légère qu'un tel homme affirme l'impossibilité matérielle et absolue du calque, l'identité absolue de l'écriture du bordereau et de l'écriture d'Esterhazy.

Et ces dernières paroles sont surtout un blâme à l'Etat-Major qui tient enfermé le bordereau, pour ne pas perdre la suprême argutie par laquelle il essaie en vain d'amoindrir le témoignage des hommes de science. Elles sont aussi une leçon sévère pour les juges qui n'ont pas craint de condamner Dreyfus sans autre preuve légale et contradictoirement discutée qu'une expertise d'écriture où les experts s'étaient partagés en deux camps.

Mais qui donc, en résumé, ne serait pas frappé par l'ensemble de témoignages si nets, si affirmatifs, si concordants, si puissamment motivés que des hommes d'étude, exercés à la critique des écritures et des textes, ont produit publiquement, contre le gré du pouvoir dont ils relèvent, sans autre intérêt que celui d'éclairer la conscience française et de sauver l'honneur de notre pays ?

VI

Ainsi, dans l'étude du bordereau, nous sommes arrivés enfin à la vérité, à la lumière après une longue route, et en trois étapes.

D'abord, dans le procès de 1894, dans le procès Dreyfus, c'est l'erreur et la nuit, c'est l'obscurité noire. Un fou calculateur et haineux, du Paty de Clam, qui a cru, en frappant l'officier juif, s'ouvrir toute une carrière d'ambition, croit saisir entre l'écriture du bordereau et celle de Dreyfus une ressemblance.

Il le dénonce ; il le traque ; et comme le ministre hésite, comme l'instruction ne marche pas, il met en branle les journaux antisémites, il déchaîne la colère de la foule trompée.

Et c'est dans une atmosphère de haine et de suspicion, c'est, si je puis dire, dans un esprit public tout en feu que les experts en écriture examinent le bordereau. Malgré l'affolement de l'opinion, malgré la passion des bureaux de la guerre, deux experts déclarent que le bordereau n'est pas de Dreyfus : deux déclarent qu'il est de lui, tout en reconnaissant des différences qu'ils expliquent commodément par une « altération volontaire ».

Bertillon, avec son système insensé, fait la majorité, et **Dreyfus est jugé à huis clos, sur la seule inculpation d'avoir écrit le bordereau.** Cette expertise de la première heure laisse, malgré tout, apparaître aux juges ses vices, ses faiblesses, ses incertitudes. Les juges hésitent, et il faut les décider, illégalement, violemment, en leur jetant hors séance, pour renforcer l'expertise défaillante, d'autres pièces dites secrètes, qu'ils ne peuvent pas examiner sérieusement.

Voilà la première étape, en pleine incohérence et en pleines ténèbres, mais avec une première lueur de doute qui s'éteint bientôt et qui laisse la nuit se reformer.

Puis, dix-huit mois après, c'est une découverte imprévue, dramatique.

C'est la culpabilité d'Esterhazy qui se dessine ; c'est son écriture qui apparaît plus que semblable, identique à celle du bordereau ; c'est une grande lumière de vérité et de certitude qui éclate, mais qui épouvante.

L'Etat-Major ne veut pas voir. Il veut quand même innocenter Esterhazy coupable pour n'être pas obligé de libérer Dreyfus innocent.

Esterhazy est jugé à huis clos par des juges qui se font ses complices.

Pourtant, la force de la vérité est telle, la lumière nouvelle est si invincible que les experts les plus complaisants sont obligés, comme malgré eux, de reconnaître dans le bordereau l'écriture d'Esterhazy. Mais ils inventent pour le sauver l'hypothèse d'un décalque. Hypothèse absurde !

Hypothèse moralement et matériellement impossible ! Moralement, puisque Dreyfus n'aurait pu pratiquer ce calque que pour accuser Esterhazy au procès, et il ne l'a pas fait.

Matériellement, puisque l'examen du bordereau révèle une écriture courante. D'ailleurs, c'est à huis clos, c'est dans l'ombre, c'est loin du contrôle de la raison publique et de la science que les experts du procès Esterhazy combinent l'hypothèse qui doit, un moment, sauver le traître.

C'est en vase clos qu'ils mijotent leur petite cuisine officielle, qu'ils n'osent pas servir au public.

N'importe ! Une part de vérité est acquise : c'est que l'écriture du bordereau est celle d'Esterhazy.

Et voici qu'à la troisième étape, avec les dépositions des hommes savants et indépendants que la révolte de leur conscience mène au procès Zola, c'est la vérité complète qui se dévoile et s'affirme. *Le bordereau est l'œuvre d'Esterhazy.*

Le bordereau sur lequel a été condamné Dreyfus est, jusqu'à l'évidence, l'œuvre du louche uhlan. Cette fois, il n'y a plus de réticences, il n'y a plus de mystère, il n'y a plus de mensonge. Ni huis clos, ni expertises dociles, toute la vérité et rien que la vérité. Et elle *est si éclatante et si impérieuse que M. Cavaignac lui-même n'ose plus, quand il requiert contre Dreyfus, lui attribuer le bordereau...*

C'est Esterhazy qui a fait le bordereau, c'est Esterhazy qui est le traître, et Dreyfus enseveli vivant dans le crime d'un autre attend avec angoisse derrière les murs de son tombeau, que la porte s'ouvre et que la vérité entre pour le délivrer.

La vérité le délivrera et la France, en libérant l'innocent de son supplice immérité, se libérera elle-même d'une erreur qui devient un crime.

L'EXPÉDIENT SUPRÊME

I

Donc, du procès régulier, légal, fait à Dreyfus il ne reste rien. Il n'a été jugé, selon la loi, que sur une pièce, le bordereau. Or, il est démontré aujourd'hui que le bordereau n'est pas de Dreyfus, mais d'Esterhazy.

La seule base légale de l'accusation s'est effondrée : comment se peut-il que la condamnation soit encore debout? C'est un défi à la justice!

Oh! je sais bien que les adversaires de la revision, obligés de reconnaître que le bordereau est d'Esterhazy, mais voulant garder leur proie, se réfugient dans les plus extraordinaires sophismes. Je suis bien obligé de mentionner en passant le récit publié il a quelques semaines par *le Petit Marseillais*; car j'ai constaté que le récit avait trouvé créance auprès de beaucoup d'esprits; il passe même, ce que vraiment je ne puis croire, pour la version suprême, pour l'expédient désespéré de l'Etat-Major.

II

On dit qu'Esterhazy était attaché au service d'espionnage de la France, qu'en cette qualité il fréquentait les ambassades étrangères pour en surprendre les secrets, qu'il avait constaté la trahison de Dreyfus, mais que les preuves de cette trahison ne pouvant être données sans péril, il avait lui-même, d'accord avec l'Etat-Major, fabriqué le bordereau et que ce bordereau avait été ensuite de parti pris attribué à Dreyfus.

Voilà le thème général que j'ai entendu dans plus d'une discussion ; *le Petit Marseillais* adoucissait un peu dans son récit la crudité de l'opération. D'après lui, Esterhazy avait vu, à la légation allemande, le bordereau, écrit de la main de Dreyfus. Ne pouvant l'emporter, il l'avait copié, et c'est sur cette copie du bordereau faite par Esterhazy que Dreyfus aurait été condamné.

Ainsi s'expliquerait, disent les hommes hardis, que le bordereau fût de l'écriture et de la main d'Esterhay, quoique la trahison fût de Dreyfus.

Je me demande vraiment s'il convient de discuter des inventions de cet ordre. Elles attestent en tout cas l'extrême dérèglement d'esprit où sont jetés nécessairement ceux qui se refusent à la vérité.

Non ! *il est faux qu'Esterhazy ait été attaché comme espion au service de la France,* car s'il en était ainsi, dès que le colonel Picquart eut des doutes sur Esterhazy et dès qu'il eut informé ses chefs, **ceux-ci l'auraient arrêté net, en lui disant : « Ne brûlez pas un de nos agents !** *Si Esterhazy reçoit une carte-télégramme de M. de Schwarzkoppen et s'il lui communique des documents, c'est pour gagner sa confiance ; c'est pour couvrir l'œuvre d'espionnage qu'il fait à notre profit.* »

Voilà ce que les chefs du colonel Picquart lui auraient dit tout de suite. Au contraire, *ils l'ont encouragé à poursuivre son enquête contre Esterhazy !* Et d'ailleurs, comment le colonel Picquart lui-même, chef du service des renseignements, aurait-il pu ignorer qu'Esterhazy était attaché en qualité d'espion au ministère de la guerre ? Donc, ce roman inepte ne peut tenir un instant.

Mais admirez, je vous prie, la valeur morale et la délicatesse de conscience des défenseurs de l'État-Major. Ils proclament que celui-ci a fait du procès contre Dreyfus une effroyable comédie. Ils proclament qu'il a attribué à Dreyfus le bordereau, sachant que le bordereau était de la main d'Esterhazy. Mais quels rôle, je vous prie, ont joué les experts dans cette criminelle parade ?

Savaient-ils, eux aussi, que le bordereau était de l'écriture d'Esterhazy, et ont-ils décidé tout de même d'y reconnaître l'écriture de Dreyfus?

Si nous consentions un moment à prendre au sérieux les moyens de défense imaginés par certains amis de l'État-Major, il n'y aurait plus qu'à envoyer immédiatement au bagne, comme coupables du faux le plus criminel, tous ceux qui ont participé au procès Dreyfus.

Je passe donc et je ne retiens de ces inventions misérables que le désordre d'esprit d'un grand nombre de nos adversaires. Ils sont obligés, par l'évidence, de reconnaître que le bordereau est d'Esterhazy, mais ils n'ont pas le courage de tirer la conclusion toute simple, naturelle et sensée : c'est qu'en attribuant le bordereau à Dreyfus et en condamnant celui-ci sur un document qui est d'Esterhazy, on a commis une déplorable erreur. Et ils s'épuisent en inventions désordonnées pour concilier les faits qui démontrent l'innocence de Dreyfus, avec la culpabilité de celui-ci.

III

D'autres disent : « Soit : le bordereau est d'Esterhazy! mais, dans le procès Dreyfus, le bordereau est secondaire : il est presque une quantité négligeable. C'est pour d'autres raisons surtout que Dreyfus a été condamné : et comme les autres raisons subsistent il n'y a pas eu erreur ; il n'y a pas lieu à revision. »

Quoi! le bordereau n'a été, au procès Dreyfus, qu'un élément accessoire? Mais je ne me lasserai pas de le répéter : *dans l'acte d'accusation il n'y a contre Dreyfus que le bordereau* : il est, selon les paroles mêmes du rapporteur, « **la base de l'accusation** ». Avant que le bordereau fût découvert et que du Paty de Clam crût démêler une certaine ressemblance entre l'écriture du bordereau et celle de Dreyfus, il n'y avait contre Dreyfus aucun soupçon, aucune enquête, aucune surveillance.

Le bordereau n'est pas seulement la base de l'accusation : *il en est le point de départ*. Si le bordereau n'avait pas été trouvé, ou si on n'avait pas cru y reconnaître l'écriture de Dreyfus, celui-ci serait tranquillement à son bureau de l'État-Major; non seulement il n'aurait pas été condamné, mais il n'aurait pas été inquiété ni poursuivi.

Et ce bordereau, qui a joué un rôle si décisif; ce bordereau, qui a été toute la base légale du procès, maintenant qu'on sait qu'il n'est pas de Dreyfus, mais d'Esterhazy, on le déclare sans importance! Il paraît que le bordereau ne compte plus !

On condamne un homme sur une pièce qui n'est pas de lui ! Plus tard, deux ans après, quand on reconnaît que cette pièce n'est pas de lui, qu'elle est d'un autre, au lieu de courir vers l'innocent condamné pour lui demander pardon, on dit : « Bagatelle! C'est une erreur de détail qui ne touche pas au fond du procès! » Je ne sais si l'histoire contient beaucoup d'exemples d'un pareil cynisme.

IV

Mais quand il serait vrai qu'il y a d'autres pièces graves contre Dreyfus, il y a deux faits qui dominent tout. Le premier, c'est que le bordereau seul a été soumis à Dreyfus; le bordereau seul a été discuté par lui. Si d'autres pièces ont été produites aux juges sans l'être à l'accusé, ce sont elles qui ne comptent pas : elles n'ont pas de valeur légale. Elles ne prendront une valeur que quand l'accusé pourra les connaître et les discuter.

Il n'y a eu qu'un procès légal : celui qui portait sur le bordereau, *base unique*. Cette base ruinée, tout le procès légal, c'est-à-dire tout le procès, est ruiné aussi.

Si, en dehors du bordereau qui ne peut plus être attribué à Dreyfus, il y a d'autres pièces qui le condamnent, *rappelez l'accusé ; jugez-le de nouveau en lui soumettant les pièces que vous alléguez contre lui.* Jusque-là, les pièces « secrètes » ne sont que des pièces de contrebande.

Et un pays qui aurait quelque souci de la justice, un pays où les citoyens ne voudraient pas se laisser étrangler sans jugement par les Conseils de guerre, ne tolérerait pas une minute qu'on osât invoquer contre un homme, dans les journaux et à la tribune de la Chambre, des documents qu'il n'a pas été admis à connaître et à discuter.

Mais quoi ! et voici une aggravation singulière. Les juges se sont trompés, grossièrement trompés, dans l'attribution de la seule pièce qui ait été régulièrement introduite au procès, *et on nous demande de les croire infaillibles dans l'examen des pièces qui n'ont pas été soumises à un débat contradictoire!*

Ils ont eu tout le loisir d'examiner le bordereau ; ils l'ont eu en main pendant plusieurs jours ; ils ont pu, tout à leur aise, étudier les rapports des experts, écouter et méditer leurs dépositions ; ils ont pu, sur le bordereau, écouter les explications de l'accusé et de son défenseur ; et pourtant, par une fatalité à jamais déplorable, ils se sont trompés : ils ont attribué à Dreyfus un bordereau qui était d'un autre ; et lorsque, malgré la garantie des formes légales, ils ont commis la plus triste erreur, on veut que nous leur fassions crédit quand ils décident en dehors des formes légales ?

Dans leur examen hâtif, irrégulier et non contradictoire des pièces secrètes qui leur ont été apportées *in extremis* et que Dreyfus n'a jamais vues, ils étaient beaucoup plus exposés à se tromper que dans l'examen régulier, tranquille et contradictoire du bordereau. S'étant trompés même quand ils prenaient contre l'erreur, toutes les précautions légales, de quel droit, là où ils n'ont pas pris ces précautions contre l'erreur, prétendraient-ils à l'infaillibilité?

10.

Mais en fait, ils se sont trompés, lourdement trompés à propos des pièces secrètes comme à propos du bordereau. Et M. Cavaignac aussi, serviteur de l'État-Major exaspéré, s'est trompé à la tribune, trompé grossièrement, et la Chambre, surprise, sans pensée et sans courage, a donné l'éphémère sanction de son vote à la plus monstrueuse, à la plus inepte erreur.

ERREUR DE FAIT

I

Que sont en effet ces pièces secrètes et que disent-elles ? Je reproduis d'abord *in extenso*, d'après l'*Officiel*, cette partie du discours de M. Cavaignac : car il faudra examiner de près les raisonnements et les textes :

Tout d'abord, le service des renseignements du ministère de la guerre a recueilli, pendant six ans, environ mille pièces de correspondance ; je dis les originaux de mille pièces de correspondance échangées entre des personnes qui s'occupaient activement, et avec succès, de l'espionnage.

Ces pièces de correspondance, qui portent tantôt des noms vrais, tantôt des noms de convention, ne peuvent laisser ni par leurs origines, ni par leur nombre, ni par leur aspect, ni par les signes de reconnaissance qu'elles portent, aucun doute à aucun homme de bonne foi, ni sur leur authenticité ni sur l'identité de ceux qui les écrivaient.

Parmi ces pièces de correspondance il en est beaucoup qui sont insignifiantes ; il en est quelques-unes de fort importantes.

Je ne parlerai pas ici de celles qui n'apportent au sujet de l'affaire dont il est question que ce que j'appellerai des présomptions, des présomptions concordantes, qui cependant, par leur concordance même, pèsent sur l'esprit d'une façon décisive.

Je ferai passer sous les yeux de la Chambre seulement trois pièces de ces correspondances.

Les deux premières sont échangées entre les correspondants dont je viens de parler et font allusion à une personne dont le nom est désigné par l'initiale D...

Voici la première de ces pièces qui a reçu, lorsqu'elle est parvenue au service des renseignements, l'indication suivante, mars 1894 : « Hier au soir, j'ai fini par faire appeler le médecin, qui m'a défendu de sortir ; ne pouvant aller chez vous demain, je vous prie de venir chez moi dans la matinée, car D... m'a porté beaucoup de choses intéressantes et il faut partager le travail, ayant seulement dix jours de temps. »

La seconde de ces pièces porte la date du 10 avril 1894. En voici le texte : « Je regrette bien de ne pas vous avoir vu avant mon départ. Du reste je serai de retour dans 8 jours. Ci-joint 12 plans directeurs de... (ici figure le nom d'une de nos places fortes) que ce canaille de D... m'a donnés pour vous. Je lui ai dit que vous n'aviez pas l'intention de reprendre les relations. Il prétend qu'il y a eu un malentendu et qu'il ferait tout son possible pour vous satisfaire. Il dit qu'il s'était entêté et que vous ne lui en voulez pas. Je lui ai répondu qu'il était fou et que je ne croyais pas que vous voulez reprendre les relations. Faites ce que vous voudrez. »

Bien qu'il soit certain à nos yeux, par l'ensemble des présomptions concordantes dont je parlais tout à l'heure, que c'est de Dreyfus qu'il s'agit ici, si l'on veut admettre qu'il subsiste un certain doute dans l'esprit de ce fait que le nom n'est désigné que par une initiale, j'ai à faire passer sous les yeux de la Chambre une autre pièce où le nom de Dreyfus figure en toutes lettres. *(Mouvements.)*

Au moment où fut déposée l'interpellation de M. Castelin, aux mois d'octobre et de novembre 1896, les correspondants en question s'inquiétèrent pour des raisons qui sont indiquées fort clairement dans les lettres que j'ai eues sous les yeux et alors l'un d'entre eux écrivit la lettre dont voici le texte : « J'ai lu qu'un député interpelle sur Dreyfus. Si... (ici un membre de phrase que je ne puis lire), je dirai que jamais j'avais des relations avec ce juif. C'est entendu. Si on vous demande, dites comme ça, car il faut pas que on sache jamais personne ce qui est arrivé avec lui. » *(Exclamations.)*

M. Alphonse Humbert. — C'est clair.

M. le Ministre de la Guerre. — J'ai pesé l'authenticité matérielle et l'authenticité morale de ce document.

Son authenticité matérielle résulte pour moi non seulement de tout l'ensemble de circonstances dont je parlais il y a un instant; mais elle résulte entre autres d'un fait que je vais indiquer. Elle résulte de la similitude frappante avec un document sans importance écrit par la même personne et écrit comme celui-là au crayon bleu, sur le même papier assez particulier qui servait à la correspondance habituelle de cette même personne et qui, datée de 1894, n'est pas sortie depuis cette date du ministère de la guerre.

Son authenticité morale résulte d'une façon indiscutable de ce qu'il fait partie d'un échange de correspondances qui ont eu lieu en 1894. La première lettre est celle que je viens de lire. Une réponse contient deux mots qui tendent évidemment à rassurer l'auteur de la première lettre. Une troisième lettre enfin, qui dissipe bien des obscurités, indique avec une précision absolue, une précision telle que je ne puis pas en lire un seul mot, la raison même pour laquelle les correspondants s'inquiétaient.

Ainsi la culpabilité de Dreyfus n'est pas établie seulement par le jugement qui l'a condamné; elle est encore établie par une pièce postérieure de deux années, s'encadrant naturellement à sa place dans une longue correspondance dont l'authenticité n'est pas discutable, elle est établie par cette pièce d'une façon indiscutable.

Ah! comme je remercie M. Cavaignac d'avoir fait à la Chambre ces communications et ces lectures : car ce sont des textes officiels que nous pouvons discuter, et je demande à M. Cavaignac la permission de serrer de près sa méthode, ses affirmations générales, les textes précis qu'il apporte.

II

Et tout d'abord je constate que pour M. Cavaignac lui-même, la seule pièce décisive est la troisième, celle où Dreyfus est nommé en toutes lettres et qui est postérieure de deux ans à la condamnation de Dreyfus.

Les deux autres pièces, où il n'y a que l'initiale D, lui paraissent très fortes : il est même certain à ses yeux, à raison de « présomptions concordantes » qu'elles s'appliquent à Dreyfus. Mais enfin il veut bien accorder que, comme il n'y a qu'une initiale, il peut « subsister un certain doute dans l'esprit ».

Ces pièces, qui sont d'avril ou mars 1894, qui sont par conséquent antérieures au procès, n'ont pas été montrées à Dreyfus. Mais elles ont pu être montrées aux juges. Ce sont elles, très probablement, d'après le récit de *l'Eclair* du 15 septembre 1896, qui ont décidé les juges hésitants.

Et pourtant, *de l'aveu même de M. Cavaignac, elles ne sauraient avoir une absolue certitude :* car il n'est pas certain absolument que D... ce soit Dreyfus.

Ainsi, contre Dreyfus, il y a trois ordres de pièces : le bordereau qui a été soumis à la fois aux juges et à l'accusé, et qui n'a aucune valeur puisqu'il n'est pas de Dreyfus ; les deux pièces avec l'initiale D... qui n'ont été montrées qu'aux juges et qui, selon M. Cavaignac luimême, ont une haute valeur sans avoir cependant une force de certitude ; enfin la troisième pièce secrète qui a, selon M. Cavaignac, une valeur de certitude, mais qui, étant postérieure de deux ans au procès, n'a pu être montrée ni à l'accusé ni aux juges.

Donc, chose étrange, les documents produits contre Dreyfus ont d'autant plus de valeur qu'ils s'éloignent davantage du procès. Au centre même du procès, dans sa partie légale et régulière, le bordereau, dont la valeur est néant ; sur les bords du procès, en dehors de ses limites légales, mais y touchant, les deux pièces avec l'initiale D, qui auraient une haute valeur affectée pourtant d'un doute. Enfin deux ans après, à belle distance du procès, hors de la portée des juges comme de l'accusé, la pièce qui serait décisive.

Est-il un argument plus fort en faveur de la revision que le système de M. Cavaignac? Il n'ose pas parler du bordereau, seule base légale de l'accusation ; il sait trop bien qu'on ne peut plus l'attribuer à Dreyfus. Il s'appuie sur deux pièces, qui n'ont pas été communiquées à l'accusé, et c'est une illégalité, c'est une violence abominable. Mais ces deux pièces mêmes qui ont fait illégalement la conviction des juges, n'ont pas, ne peuvent pas avoir, selon lui, une valeur de certitude absolue.

Ainsi, le procès Dreyfus se compose de deux parties, une partie légale *qui est nulle, puisqu'elle repose sur le bordereau qui ne peut plus être attribué à Dreyfus*, et une partie illégale *qui est doublement nulle, d'abord parce qu'elle est illégale, ensuite parce que les documents mêmes qui y sont servi n'ont pas, de l'aveu même de M. Cavaignac, une valeur probante tout à fait décisive.*

Ce procès, ainsi suspendu à la fois dans l'illégalité et dans le vide, ne trouve sa justification et sa base que deux ans après, dans une pièce trouvée après coup et qui, elle, apporterait enfin, assure-t-on, la certitude qui faisait défaut. Mais, une fois encore, qu'est-ce, je vous prie, que cette condamnation qui n'est justifiée par un document décisif (à le supposer authentique) que deux ans après?

Si la troisième pièce, celle où Dreyfus est nommé en toutes lettres, n'avait pas été écrite ou trouvée, M. Cavaignac lui-même serait obligé d'avouer que « le doute peut subsister dans les esprits » sur la culpabilité de Dreyfus. Comment n'a-t-il pas été troublé lui-même par ce paradoxe de justice?

III

Je l'avoue : la méthode générale d'où procèdent ses affirmations me paraît étrange. Il dit que depuis six ans le service des renseignements au ministère de la guerre a saisi, entre l'attaché militaire allemand et l'attaché militaire italien, « mille pièces de correspondance », c'est-à-dire, si je comprends bien, des lettres, des cartes, des notes d'envoi.

Et ce ne sont pas des copies, ce ne sont pas des photographies, ce sont des originaux.

Mille pièces de correspondance en six ans ! Je sais bien que M. Cavaignac nous avertit qu'il en est beaucoup d'insignifiantes ! mais enfin cela fait trois cartes ou trois lettres par semaine qui auraient été saisies régulièrement et dans l'original pendant six ans aux deux correspondants étrangers. Vraiment, c'est beaucoup !

Et *on se demande comment ils ont pu assister ainsi pendant six ans à la disparition régulière des originaux de lettres reçues ou écrites par eux.*

M. Cavaignac dit que bien des signes, bien des traits caractéristiques permettent d'affirmer l'authenticité de ces correspondances. C'est ici que M. Cavaignac m'effraie particulièrement. Qu'il soit possible au service des renseignements d'assurer, d'après des indices sérieux, l'authenticité générale des documents ainsi saisis, je l'accorde très volontiers ; mais que l'on puisse, dans cet énorme fatras, garantir l'authenticité de toutes les pièces, cela est inacceptable.

Il est évident que les agents subalternes d'espionnage et de police ont intérêt à apporter le plus de pièces possible ; de là à en fabriquer il n'y a pas toujours loin, et comme ils connaissent déjà les particularités de cette correspondance, puisqu'ils en ont saisi de nombreux spécimens, il leur est aisé de donner à ces faux une apparence au moins sommaire d'authenticité.

IV

Donc, quand on veut faire appel, comme M. Cavaignac, à deux pièces déterminées, celles qui portent l'initiale D..., et quand on veut surtout, au moyen de ces pièces, justifier la condamnation terrible d'un homme, on ne doit pas se borner à affirmer d'une façon générale l'authenticité d'ensemble des « mille pièces de correspondance » où ces deux sont comprises. Il faut affirmer que l'authenticité particulière de ces deux pièces a été soumise à un contrôle particulier.

Pour le bordereau, pour la carte-télégramme adressée à Esterhazy, en un mot pour les pièces qui chargent Esterhazy, nous savons, avec une précision suffisante, quelles sont leurs garanties d'authenticité, comment, par quelle voie, en quel état elles sont parvenues au ministère.

Dans les deux pièces secrètes qu'on invoque contre Dreyfus, nous n'avons que les affirmations trop générales de M. Cavaignac. Nous ne sommes pas sûrs que ces pièces, auxquelles on a fait jouer un rôle spécial, aient été soumises à un contrôle spécial, proportionné au parti qu'on en veut tirer. Et cela laisse dans l'esprit un certain malaise.

Ce n'est pas que je veuille contester au fond l'authenticité de ces deux pièces à l'initiale D... Mais il y a bien quelques détails qui m'inquiètent un peu. D'abord, il en est une *qui n'a été datée qu'après coup*, par le service des renseignements lui-même, et cela surprend.

Dans l'autre, il y a quelques fautes d'orthographe qui, sans aller jusqu'au charabia extraordinaire de la troisième pièce, œuvre d'un faussaire imbécile, sont pourtant de nature à étonner.

A coup sûr, des attachés étrangers ont droit à une orthographe un peu incertaine; mais le mot *ci-joint* comme le mot *ci-inclus* est un de ceux qui reviennent le plus souvent dans les lettres de toute nature, commerciales, privées ou publiques; il est assez étrange qu'un officier, qui est en France depuis deux ans, écrive *si-joint*.

D'ailleurs je n'insiste pas : ce ne sont pas là des objections décisives, ni même peut-être très fortes.

Je dis cependant qu'à ce point les affirmations de M. Cavaignac, trop générales et trop vagues, laissent une impression d'insécurité : on ne sent pas qu'il ait serré de près le problème, et vérifié minutieusement toutes les pièces de son système.

MAUVAISE FOI

I

De même, quand M. Cavaignac nous dit qu'il ne parlera pas des pièces secrètes, qui ne contiennent que « des présomptions concordantes », M. Cavaignac est d'un vague très inquiétant. Il aurait pu, semble-t-il, résumer à grands traits les présomptions qui, dans la correspondance, convergent contre Dreyfus.

Mais surtout, il y a une question grave, décisive même, que M. Cavaignac ne semble même pas s'être posée.

Avant le procès Dreyfus, avant la découverte du bordereau, les bureaux de la guerre avaient l'essentiel de ce qui, selon M. Cavaignac, condamne Dreyfus. Ils n'avaient pas le bordereau, mais M. Cavaignac n'invoque plus le bordereau. Et ils avaient toutes les lettres dont se dégagent contre Dreyfus des « présomptions concordantes ». Ils avaient dès mars et avril, c'est-à-dire six mois avant le procès, les lettres avec l'initiale D... *Comment se fait-il que pas un jour, pas une minute, ils n'aient songé à faire à Dreyfus application de ces lettres? Pas une minute il n'a été suspect! Pas une minute on n'a songé à ouvrir contre lui une enquête secrète! Pas une minute on n'a songé à le faire surveiller!*

Quoi! vous saisissez par centaines les lettres des attachés étrangers : dans ces lettres il y a des indications qui, selon vous, pèsent sur l'esprit, contre Dreyfus, d'une façon décisive. Parmi ces lettres vous en recevez deux qui attestent qu'un nommé D... va chez M. de Schwarzkoppen et chez M. Panizzardi, qu'il est allé au moins trois fois en mars et avril à leur domicile, qu'il leur porte des documents, *et vous ne songez pas une minute à mettre un agent sur les pas de Dreyfus! Bien mieux, vous ne concevez pas contre lui le moindre soupçon!*

Et vous attendez, pour le mettre en cause, la découverte du bordereau !

Non, d'après son discours, M. Cavaignac ne semble même pas s'être posé cette question; il ne semble pas qu'il l'ait posée aux bureaux de la guerre, et pourtant, je le répète, cette difficulté est décisive. Si les présomptions étaient, comme le dit M. Cavaignac, concordantes, si elles pesaient sur l'esprit d'un poids décisif, et si les deux lettres avec l'initiale D... paraissaient sérieusement applicables à Dreyfus, pourquoi n'a-t-on pas organisé contre lui la moindre surveillance? Pourquoi même n'a-t-on pas formé contre lui le plus léger soupçon ? Pourquoi l'acte d'accusation affirme-t-il que, dans l'enquête sur le bordereau, on n'était guidé par aucun renseignement antérieur, par aucune prévention ? Pourquoi ? Que M. Cavaignac réponde.

Il a fallu qu'on découvrît le bordereau, il a fallu qu'on l'imputât à Dreyfus, pour que l'on songeât aussi que les prétendues « présomptions concordantes » et les lettres à l'initiale D... pouvaient être utilisées contre Dreyfus. Supprimez le bordereau, vous supprimez en même temps et les présomptions concordantes et l'attribution à Dreyfus des pièces D... C'est le bordereau seul, imputé à Dreyfus, qui a communiqué par contagion un semblant de valeur probante contre lui à d'autres pièces. C'est par le bordereau seul et appuyées sur lui qu'elles ont pu valoir contre Dreyfus. Or, comme le bordereau n'est pas de lui, *toutes les autres pièces tombent avec le bordereau.*

II

Ah! je sais bien qu'il est difficile au cerveau humain de se débarrasser d'impressions déjà anciennes. Dreyfus a été condamné et on s'est habitué à le tenir pour un traître. Longtemps on a cru que le bordereau était de lui, et maintenant même qu'on sait qu'il n'est pas de lui, il est malaisé d'effacer en un jour les empreintes profondes marquées en notre esprit ; l'impression obscure de la trahison survit en nous, malgré nous, même quand les preuves essentielles qui en avaient été données sont détruites.

Ainsi, il nous est très difficile de lire les pièces à l'initiale D... comme si le bordereau n'avait pas été attribué à Dreyfus, comme si par suite Dreyfus n'avait pas été arrêté et condamné.

Songez pourtant qu'il le faut. Songez que le bordereau n'est pas de Dreyfus et que, si on ne le lui avait pas attribué par erreur, Dreyfus n'aurait même pas été inquiété. Songez que vous n'auriez contre lui aucune prévention, aucune ombre, même légère, de soupçon. Si donc vous voulez voir juste, si vous voulez penser en hommes droits et libres, effacez de votre esprit l'impression de trahison qu'il y a laissée, et demandez-vous comment M. Cavaignac peut invoquer contre Dreyfus comme décisives des pièces qu'avant le bordereau, *nul dans les bureaux de la guerre n'avait songé une minute à tourner contre lui.*

Comme vous avez cru longtemps que le bordereau était de Dreyfus et qu'ainsi l'idée de Dreyfus traître s'est enfoncée en votre esprit, quand vous voyez dans une lettre suspecte l'initiale D..., cette initiale éveille en vous, à votre insu, par une sorte d'écho cérébral et d'involontaire association, le nom de Dreyfus. Mais arrachez de votre cerveau, non seulement le bordereau, mais les impressions qu'il a laissées en vous contre Dreyfus. Faites qu'à l'égard du nom de Dreyfus votre cerveau soit neuf comme il doit l'être, et vous trouverez monstrueux que M. Cavaignac puisse invoquer contre Dreyfus deux lettres suspectes, où il n'y a que l'initiale D...

Vous trouverez monstrueux qu'il déclare, après coup,

concordantes et décisives des présomptions qui, avant le bordereau, n'avaient ému ou même effleuré aucun esprit.

Mais c'est bien mieux : *même après la découverte du bordereau, même pendant le procès, les bureaux de la guerre* **n'avaient pas songé à appliquer à Dreyfus les pièces qu'invoque M. Cavaignac.** L'acte d'accusation démontre qu'il n'a été interrogé, en dehors du bordereau, sur *aucune pièce suspecte, sur aucun détail inquiétant d'une correspondance quelconque.*

Et qu'on ne dise pas que c'était par prudence, car le huis clos parait à tout, car il était aussi compromettant de montrer le bordereau que n'importe quelle autre pièce ; car M. Cavaignac lui-même a pu lire publiquement ces pièces.

Non, si on ne les a pas jetées dans le procès légal de Dreyfus, c'est parce que d'abord on ne songeait pas du tout à les utiliser, et on ne songeait pas à les utiliser parce qu'on ne les jugeait pas utilisables.

Les pièces avec l'initiale D... avaient fait déjà l'objet d'une enquête ; on avait cherché à savoir quel était ce D... Or rien, ni dans les habitudes de Dreyfus, ni dans la nature des documents livrés, ni dans le texte même des lettres, ne permettait même de soupçonner Dreyfus, et c'est dans de tout autres directions qu'on avait cherché : ainsi, les lettres à l'initiale D... faisaient partie d'un tout autre dossier que l'affaire Dreyfus ; bien mieux, chose inouïe, elles en font partie encore.

III

Certes, si deux hommes ont été violemment opposés depuis le réveil de l'affaire Dreyfus, c'est le lieutenant-colonel Picquart et le lieutenant-colonel Henry ; ils se sont défiés et outragés : le lieutenant-colonel Henry a dirigé les perquisitions au domicile du lieutenant-colonel Picquart. Pendant que celui-ci réclame la revision du procès Dreyfus, le lieutenant-colonel Henry, avec les autres officiers de l'Etat-Major, s'y oppose par tous les moyens, par toutes les manœuvres.

Et pourtant, il y a un point sur lequel ils sont d'accord : *c'est que la fameuse pièce :* « *Ce canaille de D…* » **ne fait pas partie du dossier Dreyfus.**

Le lieutenant-colonel Picquart, on le sait, affirme qu'elle n'est pas applicable à Dreyfus Il l'a affirmé encore publiquement, dans sa lettre à M. Brisson, en réponse au discours de M. Cavaignac. Et le lieutenant-colonel Henry, lui, a déclaré publiquement devant la cour d'assises ceci (*Compte rendu sténographique, tome I, page 375*) :

Jamais la pièce « Canaille de D… » n'a eu de rapport avec le dossier Dreyfus. Je le répète : Jamais, jamais, puisque le dossier est resté sous scellés depuis 1895 jusqu'au jour où, au mois de novembre dernier (1897), M. le général Pellieux a eu besoin du bordereau pour enquêter au sujet de l'affaire Esterhazy : *par conséquent, la pièce « Canaille de D… » n'a aucun rapport avec l'affaire Dreyfus, je le répète.* Alors, je me suis mal expliqué ou on m'a mal compris. *Mais je répète devant ces messieurs* **que jamais ces deux pièces, le dossier Dreyfus et la pièce « Canaille de D… », n'ont eu aucun rapport.**

Voilà qui est catégorique et c'est un officier du bureau des renseignements qui parle. La conséquence est claire. La pièce « Canaille de D… » reçue en mars ou avril 1894, six mois avant le procès, a donné lieu à une enquête. Cette enquête, qui n'a pas abouti, n'a pas été une minute, une seconde, dirigée contre Dreyfus, que rien ne permettait de soupçonner. Et la pièce a été classée dans un dossier distinct.

Même quand le bordereau est découvert, quand Dreyfus est soupçonné et accusé de trahison, les bureaux de la guerre ne songent pas à lui faire application de cette pièce : l'initiale D leur paraît si peu décisive que même en face d'un accusé du nom de Dreyfus, ils ne tournent pas cette pièce contre lui.

Et c'est seulement après le procès légal, quand les juges, troublés par les obscurités et les incertitudes de l'expertise du bordereau, hésitent, qu'un ministre criminel et insensé, cédant à l'emportement de l'opinion, prend **dans un autre dossier d'espionnage** la pièce « Ce canaille de D », la jette aux juges qui ne peuvent ni examiner ni délibérer, et enlève ainsi la condamnation.

Puis, le crime accompli, la pièce est ramenée au dossier d'espionnage, tout différent de l'affaire Dreyfus, d'où elle a été momentanément détournée et le lieutenant-colonel Henry peut affirmer, en effet, qu'elle n'a jamais fait partie du dossier Dreyfus.

Voilà quelle valeur les bureaux de la guerre et l'accusation elle-même accordaient à ces fameuses pièces secrètes. Elles n'ont été, pour l'accusation, qu'un coup de désespoir, pour gagner la partie qu'au dernier moment elle a crue perdue. Tant que les accusateurs ont pensé que le bordereau accablerait Dreyfus, ils se sont bien gardés d'exhiber des pièces qui ne pouvaient s'appliquer à Dreyfus. Puis quand sur la seule base du bordereau l'accusation a chancelé, vite ils ont cherché *dans n'importe quel dossier, n'importe quelle pièce* qui, à la dernière heure, surprît la conviction des juges : mais cette opération ils l'ont faite en se cachant, et aussitôt le coup porté, ils ont réintégré, dans son dossier primitif, la pièce dont ils venaient d'abuser.

Et maintenant, le bordereau étant ruiné tout à fait, ils sont bien obligés de produire publiquement « les pièces secrètes » : ce sont elles, maintenant, à défaut du bordereau qui se dérobe, qui constituent le nouveau dossier Dreyfus. On est obligé aujourd'hui de le former *tout entier* avec des pièces qui, dans la période de l'accusation et même quatre ans après, n'y figuraient même pas.

Dans le système de l'accusation et des bureaux de la

guerre, à mesure que le bordereau descend, les pièces secrètes montent. Tant qu'on croit pouvoir compter absolument sur le bordereau, on n'accorde aux pièces secrètes aucune valeur; on ne songe pas à les utiliser contre l'accusé, *même comme indice*; on a peur que trop facilement il démontre qu'elles ne lui sont pas applicables et on les laisse dans un autre dossier. Le bordereau étant alors au plus haut, les pièces secrètes sont au plus bas.

Puis, quand le bordereau décline, quand il ne produit plus sur l'esprit des juges qu'un effet incertain, vite la valeur des pièces secrètes se relève et on les utilise en toute hâte, mais sous une forme irrégulière et honteuse, et avec la pensée de les abriter de nouveau, et tout de suite, dans leur vrai dossier distinct du dossier Dreyfus.

Enfin quand le bordereau est au plus bas, quand sa valeur probante contre Dreyfus est détruite, quand il est démontré qu'il est d'Esterhazy, voici que les pièces secrètes sont au plus haut, et c'est par elles publiquement que M. Cavaignac justifie la condamnation de Dreyfus. Ingénieux système de bascule ou de rechange!

IV

Par malheur, même quand M. Cavaignac parle d'un ton d'autorité, même quand la Chambre l'affiche, cette substitution de preuves, cette substitution de dossier en cours de route démontre la fragilité de l'accusation.

Nous ne pouvons pas oublier que si on n'avait pas cru le bordereau de Dreyfus, jamais on n'aurait fait application à Dreyfus de pièces secrètes. Nous ne pouvons pas oublier que les bureaux de la guerre ne leur accordaient aucune valeur, et nous constatons que cette valeur ne leur vient aujourd'hui que du discrédit du bordereau. Ainsi, par la contradiction la plus violente, c'est seulement parce qu'on accordait de la valeur au bordereau qu'on a pu diriger contre Dreyfus les pièces secrètes : et c'est parce que le bordereau n'a plus de valeur qu'on fait aujourd'hui de ces pièces, des pièces décisives.

Il y a là, si je puis dire, une mauvaise foi fondamentale. Mais où M. Cavaignac a commis, non pas seulement une erreur de méthode, mais une faute grave contre la conscience, c'est lorsque, étudiant le dossier secret, il n'a même pas appelé le lieutenant-colonel Picquart. Celui-ci avait été diffamé par l'Etat-Major, c'est vrai ; il avait été frappé d'une mesure disciplinaire, c'est vrai. Mais il avait été chef du bureau des renseignements. Longtemps ses chefs avaient rendu hommage à sa valeur intellectuelle et morale.

Or, le lieutenant-colonel Picquart a affirmé solennellement devant la cour d'assises qu'il n'y avait aucune pièce du dossier secret qui s'appliquât à Dreyfus. Il a affirmé qu'une de ces pièces, au contraire, s'appliquait exactement à Esterhazy. Il a affirmé particulièrement que les deux pièces à l'initiale D... ne peuvent pas concerner Dreyfus.

Il s'offre à le prouver où l'on voudra. Il s'offre à le prouver publiquement, si on veut bien le relever en ce point du secret professionnel. Il s'offre à le prouver aux ministres s'ils veulent bien lui accorder une audience.

Et M. Cavaignac, prenant sur lui de juger tout seul de la valeur du dossier, et de se prononcer à la tribune sur la culpabilité ou l'innocence d'un homme, ne daigne même pas entendre le colonel Picquart ! Il n'écoute que ceux qui, autour de lui, dans l'Etat-Major, sont acharnés à la perte de Dreyfus ; et il repousse l'homme qui offre la preuve de leur erreur ! C'est d'une témérité prodigieuse ; et quand on tient dans ses mains ou mieux encore quand on prend dans ses mains l'honneur et la liberté d'un homme, c'est d'un parti pris coupable et d'une criminelle légèreté.

Jusqu'au bout il est donc entendu que les pièces secrètes, sur lesquelles on accable Dreyfus, seront soustraites à l'examen contradictoire. Quand les juges s'en servent pour le condamner, ils ne les lui montrent pas; ils ne l'appellent pas à les discuter. Et quatre ans plus tard, quand un ministre s'en sert à nouveau pour accabler Dreyfus, il n'appelle pas non plus à les discuter devant lui l'homme qui en conteste la valeur. Toujours la même décision d'autorité, sans examen contradictoire, sans débat et sans lumière.

IMPOSSIBILITÉS

I

Heureusement, la nature de ces pièces est telle, que même sans les explications précises offertes par le colonel Picquart et qu'on refuse, il apparaît qu'elles ne peuvent pas avec quelque vraisemblance être appliquées à Dreyfus.

Il y a l'initiale D...? Mais les Dupont et Durand, les Dubois et les Dupuy, fourmillent dans le monde.

De quel droit alors supposer qu'il s'agit de Dreyfus plutôt que de tout autre?

Les bureaux de la guerre avaient si bien senti l'insuffisance de cette initiale que lorsque leur journal *l'Eclair*, le 15 septembre 1896, veut frapper l'opinion et arrêter l'enquête du lieutenant-colonel Picquart il publie, par le plus grossier mensonge, que la pièce portait en toutes lettres le nom de Dreyfus.

Aussi bien, si les députés avaient gardé leur sang-froid et leur lucidité d'esprit dans la séance du 7 juillet, l'un d'eux eût demandé sans doute à M. Cavaignac : — Êtes-vous sûr, monsieur le ministre, que les services d'espionnage ne démarquent pas leurs agents? Êtes-vous sûr que c'est sous leur vrai nom qu'ils les emploient?

Le contraire paraît infiniment vraisemblable, ou plutôt, si l'on veut bien se renseigner, le contraire est certain. Il sufit de savoir que certains agents font de l'espionnage et du contre-espionnage : par exemple, tel espion au service de la France s'offrira à l'Allemagne en qualité d'espion, afin de surprendre plus aisément les secrets. Il est inadmissible qu'il s'offre au service allemand sous le nom qu'il porte dans le service français. Ce serait s'exposer à être démasqué trop vite.

D'ailleurs, les légations étrangères, pour ne pas compromettre leurs agents français, doivent éviter le plus possible de les désigner sous leur vrai nom. Elles leur donnent sûrement un nom de guerre et les désignent ensuite par l'initiale de ce nom de guerre de façon à les protéger pour ainsi dire par un double secret. C'est une précaution élémentaire ; c'est, pour les noms propres, l'application de la langue chiffrée, ou tout au moins l'équivalent.

En fait, nous savons par le petit bleu adressé à Esterhazy, par les révélations faites au procès Zola, que M. de Schwarzkoppen signait C, initiale d'un nom de convention. Ayant besoin d'écrire à Esterhazy, il était bien obligé de mettre sur l'adresse son vrai nom, mais il prenait bien garde que rien dans le texte et dans la signature ne pût le compromettre, et il signait C.

Ainsi, même interceptée, même lue par d'autres, cette lettre ne pouvait compromettre Esterhazy, à moins qu'elle ne fût dérobée au point de départ, à la légation même, et c'est à quoi il n'avait point songé.

Au procès Zola, le général de Pellieux a déclaré que la fameuse pièce où il est question de Dreyfus était signée d'un nom de convention. C'est, comme nous le verrons, un faux imbécile, mais le faussaire, pour authentiquer son papier stupide, avait signé du nom de convention habituellement employé par **l'attaché militaire.**

Comment donc ces attachés militaires, qui prennent eux-mêmes la précaution de changer leur nom, de se démasquer, ne prendraient-ils pas la même précaution pour leurs agents français d'espionnage ?

Donc, il est infiniment probable, on peut même dire, il est moralement certain que l'initiale D... désigne un agent dont le vrai nom ne commence pas par un D.

II

Observez, je vous prie, qu'en ce qui touche Dreyfus, cette certitude morale devient une certitude absolue. Personne n'a jamais pu comprendre pourquoi il aurait trahi. Riche, vivant d'une vie régulière, ayant devant lui un avenir militaire éclatant, très fier d'appartenir lui, fils de juif, à l'Etat-Major de l'armée française, élevé, comme le rappelle **M. Michel Bréal**, dans un article d'une sévère beauté, parmi les juifs alsaciens, qui aimaient dans la France la nation émancipatrice de leur race, sachant qu'en Allemagne les hauts grades de l'armée sont interdits aux juifs, tandis qu'ils leur étaient ouverts en France, Dreyfus n'avait aucune raison de trahir.

A moins de supposer l'inexplicable, le goût du crime pour le crime, de la honte pour la honte et du danger pour le danger, il est inadmissible qu'il soit devenu un traître. Mais en tout cas, il n'ignorait pas, il ne pouvait pas ignorer les périls de cet abominable rôle. Il savait qu'à côté de lui fonctionnait le service des renseignements. Il ne pouvait pas ignorer que la correspondance des attachés militaires étrangers était l'objet d'une surveillance particulière, et que la moindre imprudence pouvait le perdre.

Comment dès lors n'eût-il pas demandé lui-même à

ses correspondants étrangers de ne le désigner ni par son nom ni même par l'initiale de son nom? Il pouvait faire ses conditions! Il n'était pas besogneux : il n'était pas à la merci des attachés étrangers. Comment n'aurait-il pas exigé des précautions élémentaires pour sa propre sécurité?

Qu'on veuille bien prendre garde aux deux lettres avec l'initiale D... citées par M. Cavaignac. Voici, je crois, une remarque qui n'a point été faite et qui me paraît décisive.

Il résulte de ces lettres que le nommé D... est allé, soit à la légation allemande, soit à la légation italienne, au moins trois fois dans l'espace d'un mois.

Dans la première lettre, celle que le service des renseignements place en mars 1894, l'attaché allemand écrit à l'attaché italien (et si c'est l'inverse, mon raisonnement reste le même) que le nommé D... lui a *apporté* des choses très intéressantes. Voilà une première visite.

Un peu plus tard, le 10 avril, l'attaché écrit: « Ce canaille de D... m'a porté pour vous douze plans directeurs », et de plus la lettre parle d'une conversation entre l'attaché et D... Voilà une deuxième visite.

Mais de cette conversation même il résulte qu'il y a eu dans l'intervalle querelle et brouille entre l'autre attaché et D... Il suffit de relire la lettre pour s'en convaincre. Et cela représente *au moins* une visite.

Ainsi, dans l'espace d'un mois environ, du courant de mars au 10 avril, le nommé D... fait deux visites *au moins* à l'attaché militaire allemand et une visite *au moins* à l'attaché militaire italien.

Qu'un rastaquouère pressé d'argent et vivant aux crochets de légations étrangères ou qu'un agent infime d'espionnage, protégé par son obscurité, multiplie ainsi les démarches imprudentes; qu'il aille d'une légation à l'autre, qu'il se brouille et se dispute avec l'une, puis coure chez l'autre, avec des documents quelconques, pour solliciter un raccommodement, cela peut se comprendre. Mais qu'un officier d'état-major que la police reconnaîtrait aisément se compromette avec cette étourderie, et qu'il coure de légation en légation pour de basses disputes et d'humiliants marchandages, cela est inadmissible.

Quoi ! c'est ce même Dreyfus que l'acte d'accusation représente comme la prudence et la prévoyance mêmes ! C'est ce même Dreyfus qui déguise son écriture par les complications inouïes que lui attribue Bertillon et qui ne garde chez lui aucune pièce compromettante ! C'est ce même Dreyfus dont la police n'a pu se rappeler aucune démarche suspecte auprès des légations étrangères ! C'est ce même homme qui aurait, dans l'espace d'un mois, franchi trois fois au moins la porte des légations avec de gros paquets de documents sous le bras ! C'est cet homme orgueilleux et riche qui aurait été mendier auprès des attachés une rentrée en grâce, après des scènes bassement violentes ! Cela est criant d'invraisemblance et d'absurdité.

Mais qui pourra penser un seul instant que si Dreyfus se présentait ainsi aux légations allemande et italienne, il s'y présentait sous son vrai nom d'officier français ? Comment ! Dreyfus va voir couramment, fréquemment M. de Schwarzkoppen et M. Panizzardi. Il y va en sortant de son bureau de la rue Saint-Dominique et quand il veut pénétrer dans le cabinet de M. de Schwarzkoppen ou de M. Panizzardi, il se fait annoncer sous son vrai nom ? Il fait demander par l'huissier : Peut-on recevoir M. Dreyfus ?

C'est de la folie. Evidemment, Dreyfus se serait fait annoncer sous un faux nom convenu entre les attachés et lui. Et ensuite, c'est sous ce faux nom que les attachés militaires l'auraient désigné entre eux. Ce n'est donc pas par l'initiale D qu'il pourrait leur être désigné. Et bien loin que cette initiale le désigne, elle l'exclut.

III

Enfin, qui ne voit que, dans ces lettres, il ne peut être question d'un officier d'Etat-Major? Voyons, les attachés militaires étrangers auraient cette bonne fortune : un officier d'artillerie, ancien élève de l'Ecole polytechnique, attaché à l'État Major, travaillant au ministère de la guerre, leur livre des documents et ils se demandent s'ils continueront leurs relations avec lui ! L'un deux écrit à l'autre : « Je lui ai dit que vous ne vouliez pas reprendre les relations et qu'il était fou. Faites ce que vous voudrez. »

Evidemment il s'agit d'un bas aventurier, d'un agent infime qui peut bien parfois, grâce au désordre des grandes administrations militaires, dérober quelques papiers intéressants, mais qui n'offre pas aux attachés des garanties sérieuses. Il les fatigue de ses exigences d'argent, il les rebute par l'insuffisance ou la sottise des renseignements que le plus souvent il leur donne. Sur le point d'être congédié et de perdre son misérable gagne-pain, il proteste qu'à l'avenir il fera mieux, qu'il tâchera « de satisfaire ».

Ce ne sont pas là les rapports des attachés avec un officier disposant des documents les plus importants et dispensé par sa fortune des platitudes écœurantes du mercenaire D... Les attachés militaires n'auraient pas aussi aisément songé à se priver du concours d'un traître de marque placé exceptionnellement pour les servir et dont, à coup sûr, ils n'auraient pas retrouvé l'équivalent.

Voilà sans doute ce que Dreyfus et son avocat auraient répondu aux pièces secrètes, du moins aux deux premières, s'ils les avaient connues. Mais on s'est bien gardé de les leur soumettre, et traîtreusement on a accablé Dreyfus d'un document qu'il n'a pu discuter.

IV

Voilà sans doute aussi ce que le colonel Picquart aurait fait remarquer à M. Cavaignac. Et sans doute, connaissant le dossier secret, il y aurait joint des raisons plus particulières. Il aurait expliqué notamment pourquoi il affirmait qu'une au moins des pièces du dossier secret s'appliquait certainement à Esterhazy.

Mais on lui a violemment fermé la bouche. On l'a jeté en prison pour avoir offert au ministère infaillible la preuve qu'il se trompait. Et c'est une preuve de plus que les bureaux de la guerre n'ont guère confiance dans la valeur de ces pièces secrètes : ils ne veulent pas permettre la discussion de ceux qui savent.

N'importe ! Le texte même de ces deux premières pièces, celles à l'initiale D, permet d'affirmer non seulement qu'on n'a pas le droit, sans criminelle témérité, de les appliquer à Dreyfus, mais qu'elles ne peuvent pas lui être appliquées.

Et s'il en fallait une preuve de plus, c'est que les bureaux de la guerre eux-mêmes, sentant la fragilité de ces deux premières pièces, ont tenté deux ans après de les confirmer ou de les suppléer par une troisième pièce, fabriquée par eux.

Oui, la troisième pièce, celle où Dreyfus est nommé en toutes lettres, est un faux scélérat et imbécile qui fait partie de tout un système de faux, pratiqué depuis deux ans rue Saint-Dominique.

C'est ce que je démontrerai samedi prochain.

———

FAUX ÉVIDENT

I

Certainement, la troisième pièce, celle qui contient le nom de Dreyfus, est fausse.

En octobre 1896, à la veille de l'interpellation Castelin, Esterhazy, du Paty de Clam et l'Etat-Major savaient que le colonel Picquart avait réuni contre Esterhazy les charges les plus écrasantes. Ils savaient que le bordereau était d'Esterhazy, que le dossier secret ne contenait contre Dreyfus aucune pièce sérieuse, que l'innocence du malheureux condamné allait éclater et que l'Etat-Major allait être compromis.

Pour arrêter la campagne de réhabilitation qui allait s'ouvrir, Esterhazy et ses complices de l'Etat-Major *décidèrent de fabriquer une fausse lettre qui prouverait enfin la culpabilité de Dreyfus.*

C'est cette fausse lettre que les généraux ont prise au sérieux. C'est celle que M. Cavaignac a osé citer à la Chambre comme la pièce décisive.

Qu'il n'y ait là qu'un faux, et le faux le plus misérable, le plus grossier, le plus imbécile, tout le prouve : le style, le texte, la date.

Qu'on veuille bien seulement relire ce papier, œuvre d'un sous-Norton. Voici le texte donné par M. Cavaignac :

« Si... (ici un membre de phrase que je ne puis lire), je dirai que jamais j'avais des relations avec ce juif.

C'est entendu. Si on vous demande, dites comme ça ; car il faut pas que on sache jamais personne ce qui est arrivé avec lui. »

Ce n'est ni du français, ni de l'allemand, ni de l'italien ; c'est du nègre.

Evidemment, le faussaire, maladroit ouvrier de mensonge, s'est dit qu'un attaché militaire étranger ne devait pas écrire avec une correction irréprochable : peut-être même s'est-il rappelé les quelques fautes légères que contient la lettre : « Ce canaille de D... » et il a forcé la note : il a converti les quelques incorrections en un charabia vraiment burlesque. C'est si évident que cela devrait suffire.

Mais le fond est aussi absurde, aussi grotesque que la forme.

Pourquoi l'attaché militaire X... éprouve-t-il le besoin d'écrire à l'attaché militaire Y...? Malgré la suppression d'un membre de phrase, opérée par M. Cavaignac, le sens est très clair : un attaché militaire est censé écrire en substance à l'autre : « Si mon gouvernement me demande des explications, je dirai que je n'ai jamais eu de relations avec Dreyfus. Répondez de même au vôtre, s'il vous interroge. »

Et il est certain que M. de Schwarzkoppen était quelque peu embarrassé à l'égard de son ambassadeur, M. de Munster. Celui-ci avait promis à la France que les attachés militaires ne s'occuperaient pas d'espionnage : et les attachés militaires, manquant à sa parole, avaient pratiqué l'espionnage ; ils avaient eu des relations avec Esterhazy ; ils recevaient de lui des documents ou des notes, comme l'atteste le bordereau.

Quand Dreyfus fut arrêté en 1894, l'ambassadeur d'allemagne demanda certainement des explications aux attachés militaires. Que lui répondirent ils ? Nous l'ignorons.

Se bornèrent-ils à déclarer, comme c'était la vérité, qu'ils ne connaissaient pas Dreyfus ? ou bien ajoutèrent-ils qu'ils avaient commis la faute d'avoir des relations avec un autre officier, Esterhazy ?

A en croire le récit de M. Casella, confident de M. Panizzardi, ils auraient protesté alors tout simplement qu'ils n'avaient pas eu de relations avec Dreyfus.

Mais, quelle qu'ait été leur attitude, qui ne voit que c'est au moment même de l'arrestation de Dreyfus qu'ils ont dû la décider ? *C'est à ce moment que leur gouvernement, leur ambassadeur a demandé aux attachés militaires si Dreyfus leur avait servi d'espion. C'est à ce moment qu'ils ont convenu de la réponse à faire et de la conduite à tenir.*

Ce n'est pas deux ans après le procès, à propos d'une interpellation, qu'ils vont déterminer leur plan de conduite : *il l'est depuis longtemps* ; et le fond même de la lettre qu'on leur prête, en octobre ou novembre 1896, *est positivement absurde.*

II

D'ailleurs, qu'on y prenne garde : s'il était vrai que M. de Schwarzkoppen et M. Panizzardi aient eu des relations d'espionnage avec Dreyfus, comment pourraient-ils le cacher à leurs gouvernements ?

Quand Dreyfus a été arrêté, M. de Schwarzkoppen a bien pu assurer à M. de Munster qu'il ne connaissait pas Dreyfus, parce qu'en effet il ne le connaissait pas. Il a pu s'abstenir de renseigner M. de Munster, personnage fatigué et peu au courant, sur le rôle d'Esterhazy.

Comme il expédiait directement, aux bureaux de l'espionnage à Berlin, les documents reçus d'Esterhazy, il a pu laisser ignorer ces pratiques à un ambassadeur légèrement ridicule et peu informé.

Mais comment MM. de Schwarzkoppen et Panizzardi, s'ils avaient réellement utilisé Dreyfus, auraient ils pu former le plan de le cacher aux gouvernements de Berlin et de Rome ?

C'est à Berlin, c'est à Rome, qu'ils expédiaient les documents remis par le traître : ils avaient dû évidemment indiquer la source de ces documents pour qu'on en pût mesurer la valeur. Surtout s'ils les avaient tenus d'un officier d'Etat-Major, attaché au ministère français, ils n'auraient pas manqué de le dire à leurs chefs militaires d'Allemagne et d'Italie pour faire valoir leur propre habileté et l'importance des documents transmis.

Il suffisait donc d'une enquête dans les bureaux, à Berlin et à Rome, pour savoir que M. de Schwarzkoppen et M. Panizzardi, en niant leurs relations avec Dreyfus, ne disaient pas la vérité.

Si donc ils avaient eu en effet des rapports d'espionnage avec lui, *ils n'auraient même pu songer une minute à tromper leur gouvernement.*

Là encore, l'absurdité est criante.

Mais que penser du ton dont un de ces attachés militaires écrit à l'autre? C'est chose grave pour un attaché militaire, dans tous les cas, de se décider, sur une question aussi importante, à mentir à son gouvernement.

Or, voici un attaché, qui écrit à l'autre tranquillement : « Moi, je vais mentir, mentez aussi. Si on vous demande, répondez comme ça. **C'est entendu.** »

Comment? C'est entendu? L'autre n'a donc même plus le droit de délibérer, avant d'adopter ce système plein de péril? C'est en trois lignes, sans causer, sans discuter, sans réfléchir, que ces hommes vont arrêter la tactique la plus **audacieuse** et la plus folle?

Et l'un d'eux transmet à l'autre un signal qui sera, à la minute, littéralement obéi?

Tout cela est révoltant d'invraisemblance et de niaiserie.

III

Mais ce qui est plus invraisemblable encore et plus sot, c'est qu'ils aient songé à s'écrire. Ils se voient tous les jours; il leur est facile, s'ils ont à régler une question délicate, de la régler de vive voix; et ils vont choisir le moment où l'affaire Dreyfus se réveille pour confier au papier un plan de mensonge contre leur propre gouvernement qui peut les perdre sans retour?

Observez que, dans les deux billets d'avril et de mai 1894, ceux qui contiennent l'initiale D..., si les deux attachés s'écrivent, c'est parce que, à ce moment-là, ils ne peuvent faire autrement. Dans le premier billet, l'un d'eux écrit que le médecin l'a consigné dans son appartement. Dans le second, il écrit qu'il regrette de n'avoir pas rencontré l'autre et qu'il est obligé de quitter Paris.

Ce n'est donc que par l'effet de circonstances exceptionnelles et d'empêchements précis qu'ils ont commis l'imprudence d'écrire.

Et pourtant à ce moment-là *rien n'avait pu encore les mettre en éveil et surexciter leur défiance; Dreyfus n'avait pas été arrêté; ils ne pouvaient pas savoir que leur correspondance était saisie.* Ils pouvaient donc, de loin en loin, se laisser aller à une imprudence, et encore avaient-ils le soin de ne désigner que par une initiale, et sans doute l'initiale d'un faux nom, l'individu dont ils parlaient.

Au contraire, en octobre ou novembre 1896, peu avant l'interpellation Castelin, la prudence des deux attachés militaires doit être au plus haut. C'est quelques semaines avant, le 15 septembre 1896, que *l'Eclair* a publié le texte approximatif du bordereau. M. de Schwarzkoppen a reconnu sur le bordereau la mention des pièces qu'il avait, en effet, reçues d'Esterhazy. Il sait donc qu'un bordereau qui lui était destiné a été dérobé. De plus, *l'Eclair* publie, à la même date, le contenu de la lettre: « Ce canaille de D... » adressée, dit-il, par l'attaché allemand de Schwarzkoppen à l'attaché italien Panizzardi.

Les deux attachés savent donc, de la façon la plus précise, que leur correspondance a été interceptée par les agents français. Et c'est le moment qu'ils choisissent pour s'écrire l'un à l'autre sur le sujet le plus redoutable, pour machiner une tromperie concertée à l'adresse de leur gouvernement ! *C'est le moment qu'ils choisissent pour écrire en toutes lettres, pour la première fois, le nom de Dreyfus !*

Non, vraiment, le faux est trop visible : le procédé du faussaire est trop grossier. Il savait que les bureaux de la guerre, exaspérés des découvertes formidables du colonel Picquart, avaient besoin d'un document décisif où il n'y eût pas seulement des initiales, où il y eût le nom de Dreyfus en toutes lettres; et le faussaire a fabriqué, sans réfléchir aux impossibilités et aux absurdités que je signale, tout justement le papier dont l'État-Major avait besoin.

LES ERREURS DE M. CAVAIGNAC

I

Comment se fait-il que ces absurdités, que ces impossibilités n'aient pas apparu à M. Cavaignac ?

En acceptant, de parti pris, pour en accabler l'innocent, ces documents mensongers et ineptes, M. Cavaignac a commis un grand crime. Mais il en sera châtié : car il a joué toute sa fortune politique, tout son rêve d'ambitieux maladif sur une carte fausse, et il faudra bien qu'il perde la partie.

Il a eu l'audace de dire qu'il a pesé l'authenticité matérielle et morale de cette pièce. Comment l'aurait-il fait, puisqu'il a négligé les signes si évidents, si certains qui attestent le faux ?

Mais enfin, que dit-il? Ici encore va apparaître l'exiguïté de sa méthode, le vice essentiel de son esprit étroit. Jamais, en aucune question, en aucun débat, il ne prend le problème d'ensemble : jamais il n'en saisit et n'en compare les éléments multiples. Il réduit toujours la question à un fait menu et aigu, qui, un moment, peut troubler l'adversaire, comme une arête arrêtée au gosier, mais qui, séparé de l'ensemble des faits, n'a ni valeur ni vérité.

C'est ainsi, pour ne pas rappeler ses autres interventions parlementaires qui ont toujours je ne sais quoi d'étriqué, de pointu et d'oblique, que dans la question des prétendus aveux de Dreyfus il a négligé l'ensemble, la longue protestation continue du malheureux condamné par erreur.

Dans ce long cri d'innocence qui emplit quatre années, il n'a retenu qu'une journée, celle de la dégradation; dans cette journée même, où le cri d'innocence vibre infatigable et désespéré, il ne retient que la prétendue conversation avec Lebrun-Renaud; et dans cette conversation une phrase, et dans cette phrase même il néglige, il ignore la première partie : « Le ministre sait... » qui, en rattachant cette parole de Dreyfus à son entrevue avec du Paty de Clam, donnait le vrai sens des prétendus aveux.

Par cette fausse et insidieuse précision, il s'est rendu incapable de vérité.

Et ainsi encore, dans cette question d'authenticité, il néglige tout ce qui, dans le style, dans le texte, dans la date, atteste le faux pour les plus aveugles et le crie pour lesplus sourds. Et il ne retient qu'une chose : c'est que la lettre en question est écrite au crayon bleu, comme une autre lettre du même personnage qu'on a depuis quatre ans.

Il faut citer une fois de plus les paroles textuelles de M. Cavaignac pour qu'on puisse savoir à quel degré de sottise peuvent tomber les hommes publics :

Son authenticité matérielle résulte pour moi, non seulement de tout l'ensemble des circonstances dont je parlais il y a un instant (ce sont sans doute les fameuses présomptions concordantes), mais elle résulte entre autres d'un fait que je veux indiquer : elle résulte de sa similitude frappante avec un document sans importance, écrit par la même personne et écrit comme celui-là au crayon bleu, sur le même papier assez particulier qui servait à la correspondance habituelle de cette même personne et qui, daté de 1894, n'est pas sorti depuis cette date du ministère de la guerre.

Quoi! voilà une preuve « matérielle » d'authenticité ! Ah! M. Cavaignac nous donne là la mesure de son esprit critique et nous savons maintenant ce que valent « les présomptions concordantes » qu'il a cru, dans d'autres pièces, relever contre Dreyfus!

Quoi! il est visible, par le style baroque de cette lettre, par l'absurdité et l'impossibilité du fond, par l'absurdité et l'impossibilité de l'envoi lui-même, il est visible que c'est là un faux, fabriqué par le plus maladroit faussaire! Et M. Cavaignac nous dit : « Permettez! C'est écrit avec un crayon bleu comme une autre lettre de M. Panizzardi ; et c'est écrit sur un papier semblable à celui qu'il employait il y a quatre ans. »

Vraiment on se demande si on rêve. Mais, ô grand ministre, rien n'était plus facile au faussaire que de savoir que M. Panizzardi écrivait au crayon bleu et d'écrire lui-même au crayon bleu. Rien n'était plus facile au faussaire que de savoir sur quel papier « assez particulier » écrivait M. Panizzardi et d'employer le même papier.

II

Raisonnons un peu, je vous en supplie, si cela n'est pas encore un crime en notre pays de liberté.

Ce faux imbécile, à qui devait-il profiter? *à Esterhazy*,

dont le colonel Picquart avait démontré la trahison et aux officiers comme du Paty de Clam qui avaient machiné l'abominable condamnation de Dreyfus.

Ce faux, commis pour sauver Esterhazy, du Paty de Clam et les autres officiers compromis, a été certainement commis par eux, ou sur leurs indications.

Or, il était facile à Esterhazy de connaître les habitudes de travail des attachés militaires, *puisque, comme le démontrent le bordereau et le petit bleu, il leur servait d'espion.* Esterhazy, par cela même qu'il était le véritable traître, était tout à fait en situation de fabriquer « du Schwarzkoppen » et du « Panizzardi ».

Quant à du Paty et aux autres officiers, comment n'auraient ils pas connu les habitudes d'écrire des attachés? Vous dites, monsieur le ministre, qu'on avait, de la même personne et de la même main, une lettre de 1894, écrite du même crayon bleu et sur un même papier, et que cette lettre n'avait pas quitté le ministère depuis 1894. Vous voulez nous démontrer par là que cette lettre, soigneusement tenue sous clef, n'avait pu servir de modèle au faussaire, et qu'ainsi le billet ne peut être faux. Oh! comme vous allez vite!

Mais, d'abord, que deviennent « les mille pièces de correspondance » qu'on a saisies, en original, pendant six ans, entre les attachés militaires? C'est vous qui nous en avez parlé : qu'en faites-vous maintenant?

Mettons qu'il y en ait la moitié de M. de Schwarzkoppen, la moitié de M. Panizzardi. Cela fait cinq cents pièces pour chacun et *les document abondent qui permettent de connaître le crayon et le papier dont se servent ces messieurs.*

J'avoue humblement que je ne comprends pas comment le billet de 1896 où est mentionné Dreyfus ne ressemble qu'à une seule autre pièce, sur les mille qui ont été saisies. Mais, même s'il était vrai qu'une seule pièce de 1894, et soigneusement gardée, pût servir d'indication et de modèle au faussaire, la belle difficulté !

Nous savons qu'à la veille du procès d'Esterhazy, à la fin de 1897, quand il a fallu ragaillardir un peu le traître qui s'affalait, on a bien su lui faire parvenir « le document libérateur ». *La fameuse dame voilée a remis à Esterhazy une pièce du dossier secret, qui était enfermée à triple tour dans un tiroir du ministère.*

Si les pièces du ministère savent sortir de leur prison pour aller réconforter le uhlan, *elles peuvent bien en sortir aussi pour lui fournir le modèle de l'aimable petit faux qui doit, en accablant Dreyfus innocent, sauver Esterhazy coupable.*

Mais qu'importe tout cela à M. Cavaignac ? Crayon bleu, messieurs, l'authenticité est certaine.

III

J'oubliais qu'il a pesé aussi, dans les balances que lui a fournies l'Etat-Major, « l'authenticité morale ».

Elle résulte d'une façon indiscutable de ce que le billet fait partie d'un échange de correspondance qui eut lieu en 1894. La première lettre est celle que je viens de lire. Une réponse contient deux mots qui tendent évidemment à rassurer l'autre. Une troisième lettre enfin, qui dissipe bien des obscurités, indique, avec une précision absolue, une précision telle que je ne puis pas en lire un seul mot, la raison même pour laquelle les correspondants s'inquiétaient.

Voilà qui est jouer de malheur, car ce que M. Cavaignac invoque comme une preuve d'authenticité morale est une nouvelle preuve du faux.

Il était déjà absurde qu'à cette date, quand leur plan de conduite était arrêté depuis deux ans et au moment même où l'article de *l'Eclair* venait de leur apprendre que leurs lettres étaient saisies, il était absurde qu'un seul de ces attachés songeât à écrire à l'autre. Mais quoi, c'est toute une correspondance qu'ils engagent, et sur le sujet le plus périlleux !

L'Italien écrit et, comme par miracle, il met en entier le nom de Dreyfus. Puis l'autre juge utile de répondre. Pourquoi ? Pour rassurer son correspondant. Il ne pouvait donc pas le rassurer de vive voix ?

Mais ce n'est pas tout. Il semble que ce soit fini, puisque les voilà d'accord. Pas du tout : l'Etat-Major a pensé que quand on se faisait ainsi apporter des documents, on n'en saurait trop prendre. Il ne faut pas qu'il reste le moindre doute ! Le nom de Dreyfus est en toutes lettres sur le premier billet, c'est bien ; le second billet acquiesce à la tactique, c'est excellent ; mais il faut encore que les attachés nous révèlent sans détour pourquoi ils adoptent cette aventureuse et impossible tactique de mensonge. Qu'à cela ne tienne : un de ces messieurs, sachant très bien d'ailleurs que sa lettre ira à nos bureaux de la guerre, prend son crayon, bleu ou rose, et il écrit un troisième papier.

N'admirez-vous pas la courtoisie de ces attachés militaires qui fournissent à notre Etat-Major embarrassé toutes les pièces dont il a besoin ? Et n'admirez-vous pas aussi la subtilité de nos agents ? Pas de lacune dans cette correspondance. Ils ne laissent pas tomber le moindre morceau.

Le premier attaché écrit ; et il a la délicatesse d'étaler dans sa lettre le nom de Dreyfus. Nos agents saisissent cette première lettre. Le second attaché répond. Nos agents saisissent sa réponse.

Le premier attaché reprend de plus belle, et n'ayant plus à convertir son correspondant qui a acquiescé, il répand en une troisième lettre, pour l'instruction future de M. Cavaignac, le fond de son cœur. Nos agents ont cette troisième lettre.

Par malheur, chaque lettre est une invraisemblance

de plus, une absurdité de plus, un faux de plus ; l'absurdité, en se prolongeant et se renouvelant, ressemble à une gageure de folie. Comment notre Etat-Major a-t-il pu être dupe? S'il l'a été, quelle profondeur de sottise! S'il ne l'a pas été, quelle profondeur de scélératesse!

IV

Et non seulement il est manifeste qu'il y a un faux. Non seulement il est certain que ce faux, fait pour sauver les Esterhazy et les du Paty de Clam et les autres, ne peut procéder que d'eux : mais dans toutes les paroles et dans tous les procédés de ceux qui ont touché à ce papier frauduleux, il y a quelque chose de louche.

D'abord, ce n'est pas par les voies ordinaires, ce n'est pas par les agents accoutumés qu'il parvint au ministère.

Le colonel Picquart, violemment combattu dès ce moment par l'Etat-Major tout entier, va être envoyé en disgrâce : à la veille de l'interpellation Castelin, ses chefs ont hâte de se débarrasser de lui, pour écarter celui qui sait. Ils vont l'expédier, en des missions lointaines, en Tunisie, au désert, sur la route dangereuse où périt Morès. Mais enfin, il est encore au service des renseignements. On n'a osé ni le violenter ni le dessaisir; c'est sous les prétextes les plus délicats, les plus flatteurs qu'on va l'envoyer et le maintenir au loin; après son départ, le général Gonse continuera à lui témoigner, par lettres, la plus affable sympathie. Et il dira tendrement, devant la cour d'assises, qu'en confiant une mission lointaine au lieutenant-colonel Picquart, on avait voulu surtout lui rendre service à lui-même, l'arracher à l'idée fixe, à l'obsession de l'affaire Dreyfus.

Donc, dans les semaines qui précèdent l'interpellation Castelin, le colonel Picquart dirige encore son

service; et comme on espère se débarrasser de lui
« en douceur », on lui témoigne encore les égards qui
lui sont dus.

Pourtant, on s'abstient de lui montrer la fameuse
lettre qui vient d'arriver, en dehors de son service, et
qui contient le nom de Dreyfus. On y fait devant lui
des allusions mystérieuses : Ah! si vous saviez! Mais on
se garde bien de la lui faire voir. Pourquoi?

En bon sens et loyauté, c'est inexplicable. Dira-t-on
que ses chefs le croyaient tout à fait prévenu et buté?
Mais c'était une raison de plus pour lui montrer une
pièce que l'on jugeait décisive. A cette époque, toutes
les lettres du général Gonse le démontrent, nul dans les
bureaux de la guerre n'osait mettre en doute la loyauté
du colonel Picquart; pourquoi donc ne pas essayer de le
détromper?

Quoi! voilà un officier, chef du service des renseignements, qui a cru, sur la foi de documents au moins
troublants, qu'un Conseil de guerre avait commis une
déplorable erreur! Il croit que le bordereau sur lequel
a été condamné Dreyfus est d'Esterhazy! Il croit que
Dreyfus est innocent, il s'obstine, malgré la mauvaise
humeur de ses chefs, à cette pensée : et cette obstination
trouble les bureaux de la guerre. Il est imprudent de
laisser dans la pensée, dans la conscience du colonel
Picquart, la croyance qui y est entrée : car cette
croyance, même fausse, pourra un jour ou l'autre
remettre en question l'affaire Dreyfus. Par bonheur,
voici une pièce révélatrice décisive. Elle atteste, à n'en
pas douter, selon nos généraux, que Dreyfus est bien
coupable : et on néglige de la montrer au colonel Picquart! Elle a pénétré au ministère par d'autres voies
que les voies accoutumées; et on ne la met pas sous les
yeux du chef du service des renseignements!

Ou les généraux n'avaient aucun doute sur l'authenticité et la valeur probante de cette pièce, et alors
pourquoi ne s'en servaient-ils pas pour renverser d'un

coup le système erroné du colonel Picquart et le
ramener loyalement au vrai? Ou bien ils avaient dans
l'arrière fond de leur pensée des doutes sur le sérieux
de cette pièce : et alors pourquoi ne les éclaircissaient
ils pas en soumettant cette pièce à l'examen du chef du
service des renseignements? Son opinion n'eût pas forcé
la leur : et ils restaient libres, quel que fût l'avis du
colonel Picquart, de suivre enfin leur propre pensée.

Pourquoi donc ce mystère et cette ruse? Ah! c'est
que les généraux savaient bien que la fameuse pièce ne
résisterait pas à une minute d'examen. Ils voulaient
troubler le lieutenant-colonel Picquart avant son départ
en lui parlant vaguement d'une pièce décisive.

Mais ils la lui laissaient ignorer, de peur que son
esprit lucide et droit y signalât un faux imbécile : et ils
se réservaient de s'en servir plus tard, quand le témoin
importun ne serait plus là. Mais leurs précautions
mêmes, pour glisser cette pièce fausse dans la circulation sans qu'elle fût soumise à un rigoureux contrôle,
complètent et aggravent le caractère frauduleux du
document.

LES HABILETÉS DE M. CAVAIGNAC

I

Mais pourquoi, je vous prie, M. Cavaignac lui-même,
quand il a démontré à la Chambre « l'authenticité
matérielle » de cette pièce par le ridicule argument du
crayon bleu et du papier « assez particulier », pourquoi
M. Cavaignac a-t-il invoqué d'autres preuves d'authenticité matérielle que le général de Pellieux?

Voici, en effet, ce qu'a dit le général de Pellieux devant la cour d'assises *(tome II, page 118)* :

Au moment de l'interpellation Castelin, il s'est produit un fait que je tiens à signaler.

On a eu au ministère de la guerre — et remarquez que je ne parle pas de l'affaire Dreyfus — la preuve absolue de la culpabilité de Dreyfus, absolue ! et cette preuve, je l'ai vue ! Au moment de cette interpellation, il est arrivé au ministère de la guerre un papier dont l'origine ne peut être contestée et qui dit — je vous dirai ce qu'il y a dedans : — « Il va se produire une interpellation sur l'affaire Dreyfus. Ne dites jamais les relations que nous avons eues avec ce juif. »

Et, messieurs, la note est signée ! elle n'est pas signée d'un nom connu, mais elle est appuyée d'une carte de visite, et au dos de cette carte de visite il y a un rendez-vous insignifiant, signé d'un nom de convention, qui est le même que celui qui est porté sur la pièce, et la carte de visite porte le nom de la personne.

Il est à peine besoin de souligner l'absurdité, l'enfantillage des moyens de preuve indiqués par le général de Pellieux.

Il est inadmissible, d'abord, que les attachés militaires se soient écrit dans ces conditions et sur ce sujet. Mais en tout cas, si l'un deux avait écrit à l'autre, en signant d'un nom de convention, il n'aurait pas joint à ce billet une carte de lui, portant à la fois son vrai nom imprimé et son nom de convention écrit à la main.

Il y a, dans le récit du général de Pellieux, une double impossibilité, une double absurdité.

D'abord, quand on écrit, sur un sujet dangereux et qu'on signe d'un nom de convention, c'est pour que, si ce billet est surpris, on ne puisse savoir quel est le véritable auteur : il est donc absurde d'y joindre une carte de visite qui, portant à la fois le vrai nom et le nom de convention, donne la clef de celui-ci.

Voilà une première et décisive absurdité !

De plus, il est absurde aussi qu'un homme qui donne

un rendez-vous insignifiant sur une carte de visite, qui porte son vrai nom, y ajoute encore son nom de convention ; car c'est livrer inutilement, niaisement, à tous ceux qui pourraient voir cette carte, le secret du nom de convention.

Les personnages que le général de Pellieux met en scène sont masqués. Seulement, ils portent leur masque à la main. Ainsi on voit à la fois leur masque et leur visage, et le lendemain, s'ils s'avisent de mettre le masque sur le visage, c'est au masque qu'on reconnaît le visage.

Le général de Pellieux répondra-t-il que lorsqu'il dit que la note est « appuyée d'une carte de visite », il ne dit pas que celle-ci a été envoyée en même temps que la note ? Mais alors quel sens peuvent avoir ces mots ?

Veulent-ils dire simplement que, à l'époque où il adressait ce billet signé d'un nom de convention, le correspondant adressait aussi, quoique par un envoi distinct, la carte de visite ? Ce serait alors le service des renseignements qui aurait rapproché la note et la carte. En vérité, cela ne répond pas du tout au sens naturel des mots : **Une note appuyée d'une carte**.

Mais, même avec cette interprétation, l'absurdité subsiste. Il est absurde qu'un homme qui a besoin du mystère d'un nom de convention pour signer des billets importants livre à la même époque ce secret, en inscrivant ce même nom de convention, sans raison aucune, sur la carte de visite qui porte son vrai nom. La maladresse du faussaire éclate aussi grossièrement dans les marques d'authenticité qu'il a données à la pièce que dans la pièce même.

II.

Mais, et c'est là un point décisif, comment se fait-il que M. Cavaignac n'ait pas reproduit les preuves d'authenticité qu'a données le général de Pellieux, et qu'il en ait allégué d'autres ?

Le général de Pellieux n'a pas parlé à la légère. Quand il a dû enquêter sur Esterhazy, tous les documents relatifs à l'affaire Dreyfus lui ont été soumis. Et lui-même, devant la cour d'assises, nous dit de cette pièce qu'il l'a vue. Il a vu la note ; il a vu la carte de visite dont elle était appuyée : par conséquent, au moment où le général de Pellieux enquêtait sur Esterhazy, en décembre 1897, et encore au moment où il parlait devant la cour d'assises en février 1898, *c'est par le rapprochement de la note et de la carte de visite* que les bureaux de la guerre établissaient l'authenticité de la pièce où est mentionné Dreyfus.

Avec M. Cavaignac, le système change : il n'est plus question de la carte de visite. Ce qui pour lui fait l'authenticité matérielle de la pièce, *c'est qu'elle est écrite au crayon bleu et sur un papier spécial* comme une autre lettre qu'on garde au ministère depuis 1894.

Avec M. Cavaignac, c'est toujours le même procédé. Les systèmes, les moyens de preuve, les affirmations changent en cours de route, selon les besoins de sa tactique.

De même que pour le rapport de Lebrun-Renaud sur les prétendus aveux, M. Cavaignac, par des variations subtiles, *a changé trois fois son affirmation*, de même il substitue aux moyens d'authenticité allégués depuis l'origine par l'Etat-Major pour la pièce « décisive » des moyens nouveaux.

Mais, en vérité, cet escamotage ne passera pas inaperçu.

Pourquoi M. Cavaignac a-t-il fait le silence complet devant la Chambre sur les moyens de preuve acceptés et proposés jusque-là par l'Etat-Major? Voilà une pièce qui, de l'aveu même de M. Cavaignac, est la seule décisive, puisque seule elle contient le nom de Dreyfus. Il importe donc au plus haut degré de savoir si elle est authentique. Or, quand devant le pays M. Cavaignac démontre ou essaie de démontrer l'authenticité matérielle de cette pièce, il néglige entièrement, comme s'il n'en avait jamais été question, les moyens de preuve qui ont dès l'origine fait la conviction de l'Etat-Major. Pourquoi? Pourquoi?

Il faut que M. Cavaignac ait pour cela des raisons très fortes : car en tenant pour négligeables les moyens de preuves qui ont convaincu les officiers de l'Etat-Major lui-même, il nous met singulièrement en défiance de leur esprit critique. Il n'y a que deux explications possibles. Ou M. Cavaignac a trouvé ces moyens d'authenticité insuffisants, ou il les a trouvés absurdes. Mais s'il les trouvait insuffisants, il n'était point nécessaire de les écarter : il fallait, en les mentionnant, les compléter par des moyens nouveaux.

Après tout, le « crayon bleu » n'était pas si décisif que M. Cavaignac eût le droit d'écarter sans cérémonie les signes d'authenticité qui avaient persuadé l'Etat-Major et le général de Pellieux.

Non, si M. Cavaignac n'a pas rappelé devant la Chambre les raisons données par le général de Pellieux, c'est qu'il n'a pas osé. Il a trouvé lui-même si absurdes cette note signée d'un nom de convention et appuyée d'une carte de visite portant le vrai nom et cette carte de visite où sont juxtaposés le nom de convention et le vrai nom, qu'il n'en a pas soufflé mot devant la Chambre.

Il savait que l'absurdité de ce moyen de preuve avait été démontrée : il craignait qu'un souvenir au moins confus de cette démonstration ne se réveillât dans l'esprit des députés ; il a préféré glisser soudain un nouveau moyen de preuve, si léger fût-il : celui-là du moins, n'ayant pas été discuté encore, passerait sans doute.

Oh! quelle basse tromperie, et comme dans la tristesse de cet homme, qui lui donne un air de probité, il y a des habiletés louches!

Mais il n'échappera pas cette fois, car cette carte de visite, M. Cavaignac a beau la passer sous silence ; elle subsiste : et comme il est certain que M. de Schwarzkoppen ou M. Panizzardi n'a pas signé de son nom de convention sur sa propre carte de visite, il est certain qu'il y a là un faux.

Cela est si sûr que M. Cavaignac voudrait faire l'oubli là-dessus. Et s'il y a faux dans la carte de visite qui accompagnait la lettre et qui l'appuyait, qui ne voit que l'ensemble est un faux et que la lettre même est fausse ?

Quand une lettre est authentiquée par une carte, et quand cette carte porte la marque d'un faux, c'est que des faussaires se sont mêlés de l'opération. La lettre est leur œuvre comme la carte.

III

Ainsi le faux éclate de toutes parts : et quand on songe que pour accabler un innocent, pour le tenir au bagne malgré l'évidence, la haute armée a accepté un faux fabriqué par le véritable traître, quand on pense que ce faux a été produit devant la Chambre par un ministre, et que la Chambre elle-même l'a contresigné, en vérité, on sent monter en soi du plus profond de la conscience et de la pensée une telle révolte que la vie morale semble suspendue dans le monde tant que justice n'aura pas été faite.

Ah ! certes, ils sont bien criminels les officiers comme du Paty de Clam qui ont machiné contre Dreyfus une instruction monstrueuse.

Il est bien criminel, ce général Mercier, qui a frappé Dreyfus, par derrière, de documents sans valeur que l'accusé n'a pu connaître, que les juges mêmes n'ont pu librement discuter.

Criminels encore, ces généraux et officiers d'État-Major qui, apprenant par le colonel Picquart l'innocence de Dreyfus, la trahison d'Esterhazy, ont frappé le colonel Picquart et lié partie avec Esterhazy, le traître.

Il en est parmi eux qui, de chute en chute, sont tombés jusqu'à fabriquer un faux imbécile pour charger Dreyfus, et les autres ont laissé faire ; ils ont accepté, les yeux fermés, les papiers ineptes qui, en accablant l'innocent, sauvaient l'orgueil de la haute armée.

Que voulez-vous? Le bordereau se dérobait : il était si visiblement d'Esterhazy qu'il devenait difficile de s'en servir contre Dreyfus ; et les pièces à initiales manquaient leur effet : car on ne pouvait plus cacher que pendant des mois le ministère lui-même les avait eues avant le procès Dreyfus sans même soupçonner celui-ci.

Il fallait autre chose ; il fallait mieux. Il fallait une pièce où Dreyfus fût nommé en toutes lettres, où sa trahison s'étalât pour tous les yeux.

Il la fallait, vous dis-je, « l'honneur de l'armée ne pouvait pas attendre ».

Les faussaires ont répondu à l'appel. Et l'enfant attendu, l'enfant du mensonge est venu à point, accouché par Esterhazy, du Paty et leurs complices. Et le peuple a été convié. Et la foule a fait écho : Vive Esterhazy! Vive l'Etat-Major! Vivent les traîtres et les faussaires!

Oui, tout cela est ignominieux et misérable, et ces scélérats conjurés, si on ne les écrase pas, couvriront notre France aimée d'une couche de ridicule et de honte si épaisse que seule peut-être une révolution la pourra laver.

Mais le plus coupable encore, c'est ce ministre Cavaignac qui a couvert de son autorité, de son austérité toute cette besogne de faussaires, toute cette intrigue de trahison.

Avec pleine conscience? Non, certes. C'est la combinaison de l'esprit le plus étroit avec l'ambition la plus maladive et la plus forcenée qui est en lui le principe d'erreur. Son étroitesse d'esprit, sa fausse précision qui, en rapetissant et isolant les faits, les dénature, nous l'avons saisie dans tous ses raisonnements. Son ambition? Elle est toute la vie de cette âme resserrée et contractée.

Et sa tactique ambitieuse est bien claire. La famille Cavaignac a manqué la présidence de la République et l'Elysée en 1850. M. Cavaignac veut prendre la revanche de la famille : c'est comme un vieux ferment aigri qui le travaille.

Or, il sait que si le Cavaignac de 1850 a été battu, c'est parce que le courant populaire, l'instinct de la masse a préféré l'autre. M. Cavaignac ne veut pas retomber dans cette faute et il cherche toujours, lui qui n'est peuple ni de cœur ni de pensée, quel est le courant populaire qu'il pourra utiliser pour son dessein.

Au moment du Panama, il crut que le succès d'un discours vertueux le porterait au pouvoir. En face de toutes ces hontes, il se gardait bien de conclure contre tout le régime social, contre le capitalisme, principe de corruption. Il n'a vu dans le scandale qu'un moyen de discréditer le personnel gouvernemental ancien, et de s'ouvrir la route. Vain espoir : c'est l'autre, l'heureux courtier du Havre, qui a cueilli le fruit; et pendant les votes du Congrès, entre les deux tours de scrutin, M. Cavaignac, blême, chancelant, ivre d'une sorte d'ivresse blanche, se demandait s'il n'allait pas tenter le destin.

Non : il n'osa pas et son rêve se referma sur lui comme un cilice.

Aussi, quand à propos de l'affaire Dreyfus il crut entrevoir, dans les profondeurs obscures du peuple trompé, un courant de chauvinisme et de nationalisme violent, vite il s'empressa à la revanche.

Mais c'est sans audace et sans grandeur qu'il se livra à ce courant nouveau. Il n'osa pas crier qu'après tout, l'intérêt de la Patrie et de l'Armée commandait de passer outre, même à l'illégalité, même à l'erreur. Non! il essaya de donner à ce mouvement aveugle je ne sais quelle apparence de correction et de certitude. Sachant bien que l'opinion, surexcitée par la presse, accueillerait sans critique tous les documents, toutes les assertions, il lui jeta le mensonge documentaire des aveux de Dreyfus. Sachant bien que la Chambre terrorisée par l'opinion n'oserait même pas penser, il lui apporta des pièces misérables, les unes inapplicables, les autres fausses.

Et se trompant lui-même presque autant qu'il trompait les autres, égaré à la fois par les habitudes étroites de son esprit et les suggestions de son ambition illimitée, écartant les conseils et les lumières qui auraient pu le réveiller de son rêve, il a infligé au Parlement et à la France la pire humiliation.

Il a jeté au pays, comme une preuve décisive, le faux inepte que les plus grossiers des faussaires avaient fabriqué pour couvrir le plus misérable des traîtres.

Aussi ce n'est pas pour lui que nous avons résumé les preuves évidentes, brutales qui établissent pour tous que la pièce qu'il a invoquée est un faux. Nous ne lui demandons pas d'avouer son erreur : ce serait lui demander un suicide.

Mais nous pouvons le mettre au défi d'opposer ou de faire opposer une réponse à la démonstration reprise par moi après bien d'autres, qui réduit à rien, à moins que rien, au plus criminel et au plus stupide des faux, le document qu'il a cité.

Ce faux ? Il avait un double but : Il devait d'abord, en produisant enfin le nom de Dreyfus, en toutes lettres, décourager la campagne du colonel Picquart. Mais il devait aussi parer à un péril qu'Esterhazy sentait grandir.

Esterhazy craignait que les attachés militaires étrangers finissent par dire tout haut : « Nous n'avons jamais eu de relations avec Dreyfus. » Il craignait que le gouvernement français rapprochant ces dénégations des découvertes du colonel Picquart, ne fût troublé. Et voilà pourquoi, dans les lettres fabriquées pour Esterhazy, les attachés militaires se disaient : « Surtout, n'avouons jamais nos relations avec Dreyfus. »

Le coup était double. D'une part, Dreyfus était touché à fond. D'autre part, si les attachés militaires étrangers venaient à dire tout haut : « Nous n'avons jamais connu Dreyfus, » l'Etat-Major pouvait dire : « Très bien ; nous savons qu'ils ont convenu de ne pas avouer. »

IV

Ainsi le faux fabriqué en octobre ou novembre 1896, prouve que dès cette époque Esterhazy et ses complices de l'Etat-Major redoutaient à la fois l'effet des découvertes décisives de Picquart sur le bordereau et le petit bleu, et les révélations toujours possibles des attachés étrangers.

C'est pour parer à ce double péril que le faux a été fabriqué ; mais précisément parce que la lettre fabriquée devait répondre à trop d'exigences, parce qu'elle devait à la fois contre toute vraisemblance contenir le nom de Dreyfus et contre toute vraisemblance révéler un plan impossible des attachés étrangers, elle porte de toutes parts les marques de faux.

Peut-être dans le détail eût-il été possible de mieux faire : il eût été facile, par exemple, d'éviter le terrible charabia qui décèle d'emblée un Norton de quatrième ordre. Mais, au fond, il était difficile de donner à ce papier un air sérieux d'authenticité.

Il venait trop tard.
Deux ans après le procès Dreyfus, il était absurde que les attachés militaires s'avisassent soudain de se concerter. Quelques semaines après les révélations de *l'Eclair*, publiant leurs lettres, il était absurde que les attachés militaires s'écrivissent et nommassent Dreyfus.

Mais les faussaires n'avaient pas le choix de la date. Ils ne recoururent à cette tentative désespérée du faux que lorsque la longue et décisive enquête de Picquart eut mit Esterhazy en péril.

Mais à ce moment-là, je le répète, *le coup du faussaire ne pouvait plus porter. C'était trop tard, et c'est ainsi que les manœuvres frauduleuses d'Esterhazy et de ses complices se tournent contre eux.* C'est ainsi qu'en acceptant avec complaisance une pièce manifestement fausse, l'Etat-Major a assumé une sorte de complicité morale dans le faux. C'est ainsi que M. Cavaignac en associant son jeu à celui des joueurs aux abois qui sortaient de fausses cartes s'est préparé la plus sinistre déroute politique qui se puisse rêver.

Ainsi enfin, malgré tout, la vérité éclate et crie. Et le faux que nous avons dénoncé aujourd'hui n'est pas le seul. C'est tout un système de fabrication frauduleuse qui a fonctionné.

Pendant deux ans, le ministère de la guerre a eu comme annexe un atelier de faussaires, travaillant à innocenter un traître.

L'article prochain le démontrera.

LES FAUSSAIRES

COMPLICITÉ DES BUREAUX DE LA GUERRE

I

J'ai démontré dans l'article précédent que le document cité par M. Cavaignac à la tribune, et qui contenait le nom de Dreyfus, était un faux misérable.

Je crois que nul, après y avoir réfléchi, n'osera le contester, et je renouvelle à M. Cavaignac le défi d'apporter ou de faire apporter par ses journaux la moindre réponse un peu sérieuse aux raisons décisives qui ont été produites de toutes parts, contre l'authenticité de cette pièce.

Mais, je le répète, non seulement il y a là un faux ; mais les conditions dans lesquelles il s'est produit démontrent qu'il y a eu une complicité, plus ou moins étendue, des bureaux de la guerre.

Sans doute Esterhazy avait un intérêt direct à ce que cette pièce fausse fournît à l'Etat-Major un point d'appui contre l'enquête du lieutenant-colonel Picquart. Mais Esterhazy tout seul ne pouvait rien.

D'abord il fallait qu'il sût qu'il était mis en cause : et comment l'eût-il appris? Le lieutenant-colonel Picquart avait recueilli contre lui des preuves décisives : mais il ne l'avait pas encore interrogé ; l'instruction proprement dite n'était pas ouverte. Ce n'était donc pas par le colonel Picquart, qui n'avait aucun intérêt à avertir avant l'heure Esterhazy, que celui-ci a pu être mis en éveil.

Evidemment, si Esterhazy a été informé dès cette

date, dès octobre et novembre 1896, des charges relevées contre lui et des périls qu'il courait, c'est par les bureaux de la guerre.

II

Il y avait à l'Etat-Major des officiers compromis dans le procès Dreyfus : du Paty de Clam surtout avait conduit l'instruction avec une partialité et une légèreté criminelles ; l'affaire Dreyfus se rouvrant, il aurait eu des comptes terribles à rendre. De plus, le grand service qu'il croyait avoir rendu à la faction cléricale de l'armée tombait à rien si l'innocence de Dreyfus était reconnue ; les juifs pouvaient reprendre pied dans l'armée et dans l'Etat-Major ; et les officiers qui après avoir aidé à sa condamnation n'auraient pas su arrêter à temps l'œuvre de réhabilitation tentée par le colonel Picquart auraient paru à la Compagnie de Jésus de médiocres ouvriers.

Donc, dès lors, l'intérêt de ces hommes, j'entends l'intérêt le plus grossier et le plus vil, était de faire cause commune avec le véritable coupable, avec le véritable traître, Esterhazy. En le défendant, ils se défendaient.

Quand il y a une erreur judiciaire, une sorte de solidarité criminelle s'établit entre les juges qui ont frappé l'innocent et le vrai coupable qui a bénéficié de leur erreur : c'est l'intérêt commun du vrai coupable et des juges que l'erreur ne soit pas reconnue ; et quand les juges ne se sont pas haussés, par un effort de conscience, au-dessus de leur misérable amour-propre ou de leur bas intérêt, cette solidarité monstrueuse du juge et du criminel aboutit bientôt à une action commune.

Le vrai coupable et les juges se coalisent pour maintenir au bagne l'innocent : c'est l'extrémité la plus violente et, semble-t-il, la plus paradoxale, mais la plus logique aussi de l'institution de justice, quand une fois elle est faussée par l'erreur et qu'elle ne consent pas elle-même à son redressement.

C'est ainsi que dès octobre et novembre 1896, à mesure que l'enquête du colonel Picquart se hâte vers une crise, il se noue entre Esterhazy et les bureaux de la guerre une agissante complicité.

Le faux cité par M. Cavaignac est le premier produit de cette collaboration.

Quelle a été la forme exacte de celle-ci? Quel a été, entre Esterhazy et du Paty de Clam, le partage du travail? Peut-être un jour le saurons-nous. Mais qu'Esterhazy, averti du danger par l'Etat-Major, ait pris l'initiative des faux, ou qu'au contraire les bureaux de la guerre en aient fait la commande directe, il importe peu.

Ce qui est sûr, c'est que le faux de novembre 1896 n'est possible que par la complicité des bureaux de la guerre.

Il fallait que le faussaire fût assuré d'avance qu'un faux aussi audacieux recevrait bon accueil rue Saint-Dominique et ne se heurterait pas à trop de défiance et d'esprit critique.

Il fallait aussi que le faussaire pût faire parvenir son œuvre par des voies inaccoutumées sans passer par la filière ordinaire du service des renseignements dirigé encore par le lieutenant-colonel Picquart. Il y avait là comme un petit coup d'Etat d'espionnage qui n'était possible que par le concours bienveillant des gens qui étaient dans la place.

Enfin il fallait que le faussaire eût l'assurance que le lieutenant-colonel Picquart ne serait pas saisi du document et qu'il ne pourrait pas en retrouver la source.

C'est en ce sens et dans ces limites que les bureaux de la guerre sont responsables de ce premier faux.

Je ne sais si jamais une information exacte et une analyse profonde permettront de discerner les responsabilités individuelles. Il y a, à coup sûr, dans le crime commun des bureaux bien des degrés et bien des nuances.

Les uns, en relation personnelle et directe avec Esterhazy, ont participé immédiatement au faux. D'autres lui ont ménagé les facilités d'accès, l'accueil propice. D'autres encore se sont bornés à fermer les yeux, à accepter complaisamment l'œuvre imbécile et informe qu'on leur proposait.

Enfin, il en est peut-être qui ont été si heureux de recevoir le document décisif qui sauvait la haute armée de l'humiliation de l'erreur, que la passion a aboli en leur esprit tout sens critique et créé en eux, même au profit du faux le plus inepte, une sorte de sincérité.

Mais ce qui est certain et ce qui importe, c'est que ce faux n'est explicable que par une première coalition de la rue Saint-Dominique avec le traître Esterhazy.

Ce qui est certain aussi, c'est que du Paty de Clam, qui était particulièrement compromis dans l'affaire Dreyfus, et que nous retrouverons tout à l'heure dans la plus détestable machination, a dû être dès le début l'agent principal de cette coalition criminelle.

III

Celle-ci dans sa besogne frauduleuse ne devait pas s'arrêter à ce premier papier. Cette lettre fausse de M. de Schwarzkoppen à M. Panizzardi (ou inversement) avait eu son office. Elle était destinée surtout à fournir à l'Etat-Major, un instant ébranlé par l'enquête de Picquart, un point d'appui pour la résistance, un prétexte à se ressaisir.

Après les lettres un peu trop abandonnées, et les concessions dangereuses du général Gonse, il fallait reprendre ou raffermir les esprits.

Il était temps de clore la période des incertitudes et des demi-aveux, et le document brutal où était inscrit le nom de Dreyfus devenait comme un point de cristallisation autour duquel les volontés, un moment incertaines, allaient se fixer de nouveau.

Apporter à des hommes qui craignent de s'être trompés et qui ne veulent pas en convenir la preuve trompeuse qu'ils ont été dans le vrai, mettre le mensonge au service des prétentions d'infaillibilité n'est pas, après tout, d'une grande audace. Esterhazy et du Paty de Clam pouvaient, sans trop de péril, tenter ce premier coup.

Mais cela ne suffisait pas. Il ne suffisait pas non plus d'expédier au loin le colonel Picquart. *Malgré tout, son enquête demeurait. Malgré tout, le petit bleu adressé par M. de Schwarzkoppen à Esterhazy, l'écriture d'Esterhazy identique à celle du bordereau, les détestables renseignements recueillis sur le traître, tout cela subsistait.*

Il était donc urgent de discréditer l'enquête du colonel Picquart et le colonel Picquart lui-même. C'est à quoi, dès son départ, les conjurés vont s'employer en fabriquant d'autres pièces fausses.

IV

Le colonel Picquart quitte Paris vers le 15 novembre 1896, trois jours avant l'interpellation Castelin. Il part, pour une sorte d'exil mal dissimulé, laissant derrière lui, dans les bureaux de la guerre, des ennemis implacables, laissant son œuvre et son nom exposés à tous les assauts, à toutes les calomnies. Il n'a qu'un moyen de défense : ce sont les lettres qu'en septembre dernier, tout récemment, lui écrivait le général Gonse.

Ces lettres, il les confiera, quelques mois plus tard, à son ami Leblois ; s'il vient à périr au loin ou si l'on abuse de son absence forcée pour dénaturer ses intentions et ses actes, ce sera là, pour lui ou pour sa mémoire, une sauvegarde, une suprême réserve d'honneur.

A peine est-il parti que les bureaux de la guerre saisissent et décachètent sa correspondance. Et, dès les premiers jours, dès le 27 novembre 1896, les conjurés, manœuvrant au ministère de la guerre *pour le compte du traître Esterhazy*, s'imaginent qu'un trésor est tombé en leurs mains.

C'est une lettre écrite au colonel Picquart et qui contient des expressions énigmatiques où du Paty et les autres découvrent ou veulent découvrir un sens compromettant.

Que l'on veuille bien suivre ici avec attention, car cette aventure, qui ressemble à un mauvais roman feuilleton, est de l'histoire, la plus douloureuse, la plus humiliante, la plus poignante.

Voici donc, d'après le général de Pellieux lui-même, déposant en cour d'assises, ce que contenait cette lettre *(tome I, page 265)* :

Je me rappelle quelques expressions. Elle commençait ainsi : « Enfin le grand œuvre est terminé et Cagliostro est devenu Robert Houdin... » Et à la fin de la lettre il y avait cette phrase : « Tous les jours, *le demi-dieu* demande s'il ne peut pas vous voir. » Voilà les points importants de cette lettre. « Cette lettre était écrite en espagnol et signée G... »

Du coup, les amis d'Esterhazy s'imaginèrent qu'il y avait là des allusions à l'enquête du colonel Picquart.

Ils s'imaginèrent ou feignirent de s'imaginer que le demi-dieu représentait un personnage mystérieux, travaillant dans l'ombre à la réhabilitation de Dreyfus et dont le colonel Picquart aurait été l'allié et l'agent. Ou plutôt ils pensèrent qu'un jour ou l'autre ils pourraient donner à cette lettre ce tour et ce sens : c'était un trait qu'ils pourraient empoisonner à loisir. Joyeux, ils prirent copie de cette lettre et envoyèrent ensuite l'original au colonel Picquart.

Or, cette lettre, nous pouvons le dire tout de suite, était la plus innocente du monde. Elle était écrite par M. Germain Ducasse, secrétaire d'une vieille demoiselle, Mlle Blanche de Comminges, parente et amie du colonel Picquart, et les mots mystérieux étaient tout simplement des allusions à des plaisanteries de société, qui avaient cours dans le cercle d'amis de Mlle de Commainges.

Le « demi-dieu » n'était ni de près ni de loin un personnage du futur « syndicat » Dreyfus : c'était le surnom amical donné au capitaine Lallemand, officier d'ordonnance du général des Garets. Sur ce point, il n'y a pas l'ombre d'un doute.

Un an plus tard, en octobre 1897, quand le colonel Picquart fut rappelé de Tunisie et qu'il fut interrogé par le général de Pellieux sur cette lettre, il donna l'explication que je viens de dire et le capitaine Lallemand, appelé en témoignage, en confirma l'exactitude.

Le général de Pellieux accepta, sans objection aucune, sans réserves, les paroles de ce dernier. Je le répète : il n'y a là-dessus ni l'ombre d'un doute ni la plus légère contestation.

UNE LETTRE FAUSSE

I

Oui, mais un mois après, l'interprétation erronée et fantastique que les bureaux de la guerre voulaient donner à cette lettre prenait corps dans une pièce fausse. Une lettre, signée *Speranza*, était adressée, le 15 décembre 1896, au colonel Picquart.

Cette lettre contenait ces mots : « Depuis votre malencontreux départ, votre œuvre est comprise ; le demi-dieu attend des instructions pour agir. » Que cette lettre soit un faux, ceci encore n'est plus contesté.

On peut discuter sur la qualité jurididique de ce faux. On peut essayer de soutenir, comme l'ont fait les amis d'Esterhazy et de du Paty de Clam, que ce n'est pas un faux proprement dit, parce que le mot *Speranza* ne représente pas un personnage réellement existant.

On peut se risquer à dire, comme l'ont fait Vervoort et Rochefort en leur bienveillance attendrissante pour le délicieux uhlan, que cette pièce frauduleuse, destinée à perdre le colonel Picquart et à le déshonorer, n'est qu'une plaisanterie ingénieuse, une mystification dans le genre de celles de Lemice-Terrieux.

On peut même penser que M. Bertulus, le juge d'instruction saisi de ce faux, a été téméraire en supposant que le faussaire avait cru que le mot *Speranza* était espagnol et qu'en signant de ce mot il avait voulu rattacher cette lettre fausse à la lettre authentique du 27 novembre, écrite en espagnol.

Sur tous ces points, la discussion, en effet, est ouverte, et ce ne sont pas les non-lieu de complaisance rendus à huis clos par la chambre des mises en accusation qui peuvent la fermer.

Mais, pour notre objet, peu nous importe.

Car il y a un fait qui ne peut pas être discuté, et qui ne l'est pas. **C'est que cette lettre est fausse.** *C'est qu'elle a été écrite et adressée au colonel Picquart par quelqu'un qui voulait le perdre.* Le général de Pellieux, après enquête, l'a reconnu lui-même, comme il a reconnu que deux télégrammes adressés, un an plus tard, au colonel Picquart **étaient des faux.**

Tandis que le colonel Picquart attribuait ces faux à Esterhazy, le général de Pellieux, lui, déclarait devant la cour d'assises, qu'après enquête à la préfecture de police, il les attribuait à Souffrain *(tome I, page 265).*

Mais que le faux soit de Souffrain ou d'Esterhazy, **il y a faux**, *de l'aveu même des ennemis les plus acharnés du colonel Picquart.*

Or, ce faux est destiné à faire croire que le colonel Picquart, d'accord avec le « demi-dieu », joue un rôle louche et machine une entreprise coupable. *Il ne peut donc avoir été écrit que par un homme qui donne au mot demi-dieu un sens suspect.*

Or, comme nous venons de voir que les bureaux de la guerre avaient interprété ainsi, par erreur, la lettre du 27 novembre décachetée et copiée par eux, *le faux, qui donne corps à cette interprétation erronée,* **a été certainement commis par les bureaux de la guerre ou sur leurs indications.**

Libre au général de Pellieux de dire que le faussaire est l'agent de police Souffrain. Le juge d'instruction Bertulus *affime le contraire; il affirme qu'il y a pour toute cette série de faux, et notamment pour les télégrammes ultérieurs, des charges suffisantes contre Esterhazy, sa maîtresse Mme Pays, et du Paty de Clam.*

En tout cas, Souffrain n'avait aucun intérêt direct et personnel à fabriquer ce faux; il ne pouvait travailler que pour le compte des intéressés, c'est-à-dire Esterhazy et les officiers compromis de l'Etat-Major. Et surtout il était impossible qu'il donnât au mot « demi-dieu » le sens compromettant qu'il lui donne dans la lettre frauduleuse du 15 décembre, s'il n'avait pas su que les bureaux de la guerre avaient trouvé à ce mot un sens suspect dans la lettre authentique, ouverte et transcrite par eux, du 27 novembre.

La lettre frauduleuse et fabriquée du 15 décembre fait donc écho à la lettre authentique du 27 novembre, **telle que les bureaux de la guerre l'avaient comprise ou avaient affecté de la comprendre.**

Si donc le général de Pellieux avait voulu mener son enquête jusqu'à la vérité, il ne se fût pas arrêté à Souffrain : et dans l'hypothèse où celui-ci était le faussaire immédiat, il eût cherché quels étaient ses inspirateurs et ses conseillers.

Il a tourné court, *parce que c'est rue Saint-Dominique même qu'il eût trouvé les vrais coupables.* Il est impossible qu'ils soient ailleurs.

Dans l'entourage du colonel Picquart et de Mlle de

Comminges, tout le monde savait quel était le vrai sens du mot « demi-dieu ». Pour se risquer à employer ce mot « demi-dieu » dans la lettre fausse du 15 décembre, *en un sens absolument inexact et compromettant*, il fallait savoir que les officiers d'Etat-Major, acharnés contre Picquart, avaient déjà donné au même mot, dans la lettre du 27 novembre, la même signification compromettante.

C'est donc dans les bureaux de la guerre qu'est l'origine certaine de cette lettre certainement fausse. **C'est là qu'est le nid de la vipère.**

II

Et la monstrueuse machination de mensonge qui a pris dans son engrenage toutes les institutions de notre pays continue avec une incroyable audace. Après avoir inspiré et accueilli la fausse lettre des attachés militaires afin d'accabler Dreyfus, les bureaux de la guerre, au service du traître Esterhazy, fabriquent une fausse lettre afin de perdre Picquart, qui a révélé l'innocence du condamné, la trahison de l'autre.

Un faux en novembre contre Dreyfus, un faux en décembre contre Picquart : les faussaires ne chôment pas ; les stratèges de mensonge et de trahison gagnent bataille sur bataille...

Et ce qui aggrave le crime des bureaux de la guerre contre Picquart, ce qui démontre, dans le faux commis contre lui, une sorte de préméditation profonde et une absolue perversité, c'est que cette lettre fausse on ne la transmet pas au colonel Picquart.

De la lettre authentique mais mal interprétée du 27 novembre, on s'était borné à prendre copie : on l'avait recachetée et envoyée au colonel. Mais celle-ci, on la garde. On n'en prend pas copie ; on n'en prend pas photographie : la photographie pourtant aurait suffi à accuser plus tard le colonel Picquart.

Non, on retient l'original, et on laisse ignorer au colonel Picquart que cette lettre lui a été adressée. Il ne la connaîtra qu'un an plus tard, entre les mains du général de Pellieux. Pourquoi?

Parce que s'il recevait cette lettre fausse, il s'inquiéterait, il devinerait le piège : il demanderait une enquête immédiate ; il vaut mieux tisser à coup sûr, dans un coin obscur des bureaux de la guerre, la toile de mensonge ; et plus tard, quand on le croira sans défense, on le prendra.

En gardant cette lettre, les bureaux de la guerre attestent qu'ils la savaient fausse. A aucun degré ils n'ont été dupes. C'est dans un mensonge parfaitement délibéré qu'ils se réservent, à l'heure propice, de faire tomber le colonel Picquart.

III

Et l'on nous demande de garder, en face de ces crimes qui s'enchaînent, le sang-froid et la mesure!

Et l'on ose dire qu'en dénonçant les scélératesses inouïes qui déshonorent la France et l'armée, nous sommes les ennemis de l'armée et de la France!

Et le député Bourrat, élu comme socialiste, demande au conseil général des Pyrénées-Orientales qu'on nous ferme la bouche et qu'on nous brutalise!

Honte et défi à ceux qui s'imaginent nous faire peur!

L'énormité du crime fait des indignations à sa mesure, et j'espère bien que nous trouverons dans notre conscience une force inépuisable de vérité, de droiture et de courage, comme les criminels qui font la loi à la France ont trouvé dans la lâcheté publique une force inépuisable de mensonge et de trahison.

Mais merci à ceux qui nous avertissent de contenir notre colère et de laisser parler, de laisser agir la seule force du vrai, mesurée et invincible!

Et quelle parole d'invective, quel cri de révolte peut

égaler enfin sur l'esprit des hommes le seul effet du drame et de sa marche logique ? L'innocent condamné au plus atroce supplice par la rencontre terrible des passions du dehors et des combinaisons des bureaux de la guerre ; puis, quand la vérité apparaît, la haute armée se refusant à reconnaître l'erreur et conduite ainsi, pour supprimer la révolte du vrai, à ajouter les pièces fausses aux pièces fausses et à continuer sans fin le mensonge par le mensonge, dans l'intérêt de la trahison impunie.

Bourrat peut déposer contre nous des vœux : il n'arrachera pas de l'histoire le crime qui s'y développe avec une logique implacable et une sorte de force organique. Ce crime est d'une belle vitalité, je l'avoue, et d'une belle poussée ; et ceux qui entrent à son service peuvent se promettre sans doute quelques années triomphantes. Il approprie et façonne à sa loi toutes les forces du pays, les conseils de guerre, la haute armée, la magistrature civile, les ministères modérés, les ministères radicaux, la presse, l'opinion, le suffrage universel et Bourrat lui-même.

Mais, malgré tous ces appuis, le monstrueux système de trahison et de mensonge croulera bien un jour et la France réveillée demandera sans doute des comptes aux adorateurs d'Esterhazy qui veulent aujourd'hui exterminer à son profit tous les hommes libres.

En attendant, acte est donné à Bourrat de sa requête aux pouvoirs publics pour nous faire interner ou déporter.

IV

Donc la lettre fausse du 15 décembre est soigneusement gardée dans un tiroir du ministère pour éclater au jour propice contre le colonel Picquart. Elle est contre lui une première amorce à laquelle, quand il le faudra, d'autres faux viendront se rattacher.

Mais pendant près d'un an l'affaire Dreyfus semble

rentrer en sommeil. Il n'y a pas d'interpellation à la Chambre ; il n'y a pas de polémiques dans les journaux ; le colonel Picquart, promené de mission lointaine en mission lointaine, est, en quelque sorte, hors de l'action.

Seul, M. Scheurer Kestner poursuit silencieusement son enquête, sans que rien encore en parvienne au dehors. Le péril semble écarté, ou tout ou moins ajourné. L'atelier des faussaires suspend donc ses opérations.

Les bureaux de la guerre, munis déjà de la première lettre fausse, en déduisent sournoisement, comme il résulte de la correspondance échangée en juin 1897 entre le lieutenant-colonel Henry et le lieutenant-colonel Picquart, tout un système d'accusation contre le colonel Picquart : mais c'est le travail obscur qui précède les crises.

La crise éclate en novembre 1897, quand la France apprend que M. Scheurer-Kestner croit à l'innocence de Dreyfus, qu'il en a recueilli les preuves et qu'il va saisir le gouvernement de la question.

Aussitôt, vif émoi et affolement dans le groupe d'Esterhazy et de du Paty de Clam.

Immédiatement, Esterhazy, comme nous l'avons vu, porte à *la Libre Parole*, sous le pseudonyme de *Dixi*, un système de défense qui, bien analysé, contient des aveux décisifs.

Immédiatement aussi, l'atelier des faussaires reprend ses opérations.

FAUX TÉLÉGRAMMES

I

Le 10 novembre, à Sousse, en Tunisie, le colonel Picquart reçoit à la fois une lettre vraie, authentique, du commandant Esterhazy, et deux télégrammes faux.

Dans sa lettre, Esterhazy lui disait en substance : « J'ai reçu ces temps derniers une lettre dans laquelle vous êtes accusé formellement d'avoir soudoyé des sous-officiers pour vous procurer de mon écriture. J'ai vérifié le fait ; il est exact. On m'a informé aussi du fait suivant : vous auriez distrait des documents de votre service pour en former un dossier contre moi. Le fait du dossier est vrai. J'en possède une pièce en ce moment-ci. Une explication s'impose. »

Ainsi, Esterhazy, se sentant protégé par les bureaux de la guerre, sachant que ceux-ci organisent contre le colonel Picquart tout un système d'accusation, paie d'audace. C'est sur un ton arrogant et menaçant qu'il écrit à l'homme qui a rassemblé les preuves de sa trahison. Cette lettre suffirait à démontrer que, dès cette époque, **les bureaux de la guerre étaient complices d'Esterhazy.**

Comment, en effet, sinon par eux, Esterhazy pouvait-il savoir qu'un dossier avait été formé contre lui par le colonel Picquart? Comment, sinon par eux, pouvait-il savoir que celui-ci avait rassemblé des spécimens de son écriture?

Chose prodigieuse : **au moment où j'écris, on poursuit** le colonel Picquart pour avoir, dit-on, communiqué à son ami Leblois le dossier de la trahison d'Esterhazy ; et rien ne le prouve. Mais cette lettre d'Esterhazy démontre **que les bureaux de la guerre communiquaient au traître lui-même le dossier établissant sa trahison, et nul n'a songé, je ne dis pas à inquiéter, mais à interroger là-dessus Esterhazy et les bureaux de la guerre.**

II

Les deux télégrammes faux qui parvenaient en même temps que la lettre d'Esterhazy au colonel Picquart étaient ainsi conçus :

Le premier, signé *Speranza*, comme la lettre fausse

de décembre 1896, disait : « Tout est découvert ; votre œuvre est compromise ; affaire grave. »

Le second, signé *Blanche*, disait : « On a des preuves que le petit bleu a été fabriqué par Georges. »

Que les deux télégrammes soient faux, personne ne le conteste. Il était vraiment trop absurde que des amis du colonel Picquart lui télégraphient, en clair, qu'il était un faussaire et qu'on en avait la preuve.

D'ailleurs, il est inutile d'insister, puisque le général de Pellieux lui-même, et dans son enquête et dans sa déposition devant la cour d'assises, *a reconnu que les deux télégrammes étaient faux*.

Ici encore, Rochefort et Vervoort ne veulent voir que des gentillesses. Et c'était pourtant la plus abominable manœuvre.

Ces deux télégrammes étaient destinés à faire croire que le colonel Picquart avait organisé contre Esterhazy une machination scélérate. Ils étaient destinés notamment à faire croire que le petit bleu, c'est-à-dire la lettre écrite par M. de Schwarzkoppen à Esterhazy, et qui mit le colonel Picquart en éveil, était l'œuvre de celui-ci.

Et pour le dire en passant, il faut bien que les bureaux de la guerre *ne puissent rien objecter de sérieux à l'authenticité du petit bleu pour qu'ils en soient réduits à le discréditer par des manœuvres frauduleuses.*

Car c'est bien des bureaux de la guerre, directement ou indirectement, que procèdent ces deux dépêches. Qu'elles aient été envoyées par Esterhazy lui-même ou par ses complices de l'Etat-Major il faut que les bureaux de la guerre soient intervenus.

La première dépêche, celle qui est signée *Speranza*, fait suite évidemment à la fausse lettre du 15 décembre, également signée *Speranza*. Le faussaire a voulu simuler une continuité de correspondance. Mais comment pouvait-il savoir, *sinon par les bureaux de la guerre*, que ceux-ci détenaient une lettre adressée au colonel

Picquart et signée Speranza ? Et comment le faussaire qui a signé *Blanche* aurait-il pu parler du petit bleu, s'il n'avait su par les bureaux de la guerre qu'au dossier de trahison recueilli par le colonel Picquart contre Esterhazy figurait le petit bleu de M. de Schwarzkoppen ?

Non seulement donc il est incontestable et incontesté que ces deux dépêches sont des faux, mais il est certain que ces faux supposent la complicité des bureaux de la guerre ; et, au passage encore, je demande à M. Cavaignac comment il n'a pas eu de doute sur l'authenticité de la pièce inepte qui contenait le nom de Dreyfus quand il est certain que les bureaux de la guerre ont collaboré à la fabrication des pièces fausses.

III

Mais ce n'est pas tout : et des circonstances précises permettent d'affirmer, avec une probabilité voisine de la certitude, que les deux télégrammes sont l'œuvre d'Esterhazy lui-même et de son complice du Paty de Clam.

En effet, la lettre d'Esterhazy reçue en Tunisie par le colonel Picquart contenait une erreur d'adresse. Elle était adressée à Tunis, tandis que le colonel était à Sousse. De plus, elle contenait une faute d'orthographe : le nom du colonel Picquart y était écrit Piquart, sans C.

Or, la dépêche signée *Speranza* et que le colonel recevait le même jour, contenait la même erreur d'adresse et la même faute d'orthographe que la lettre d'Esterhazy. Elle était adressée à Tunis et elle orthographiait : Piquart. La lettre d'Esterhazy et la fausse dépêche *Speranza* viennent donc de la même main.

La seconde dépêche signée *Blanche* était au contraire adressée à la véritable adresse, c'est-à-dire à Sousse. Et elle contenait la véritable orthographe, c'est-à-dire Picquart. La seconde dépêche venait donc d'un faussaire connaissant plus exactement la situation militaire et personnelle du colonel Picquart que le premier, ou du même faussaire plus exactement renseigné.

Le cousin du commandant Esterhazy, Christian Esterhazy, a fait à ce sujet, devant le juge d'instruction Bertulus, une déposition tout à fait précise.

Il affirme que pendant toute cette crise le commandant du Paty de Clam et le commandant Esterhazy *étaient en relations presque journalières :* et c'est lui qui leur servait d'intermédiaire.

Il affirme que la *dame voilée*, dont nous allons parler bientôt et qui communiquait à Esterhazy des dossiers secrets du ministère, **n'était autre que du Paty de Clam lui-même.**

Et, en même temps, voici ce qu'il dépose sur les faux télégramme *Blanche et Speranza :* « Le commandant m'en a parlé souvent, ainsi que du Paty. *C'est pour compromettre Picquart, dirent-ils, et pour le débusquer, qu'ils imaginèrent le subterfuge.* Deux télégrammes lui furent envoyés *sur le conseil de du Paty de Clam.* Le premier, celui de « Speranza », *a été dicté par le colonel,* écrit par Mme Pays, mis à la poste par le commandant Esterhazy. Mais, dans la même journée, le colonel du Paty de Clam fait part au commandant Esterhazy de ses craintes que le télégramme transmis n'arrive point à destination, par suite d'une erreur d'orthographe faite au nom du colonel Picquart et dont il s'est aperçu trop tard en consultant l'Annuaire militaire. On avait oublié le C. Et comme il était nécessaire de poursuivre l'aventure, qu'il ne fallait pas abandonner ce dessein pour une cause si futile, *on décida d'expédier un second télégramme. Le colonel du Paty de Clam l'écrivit ou le dicta* — mes souvenirs sont ici un peu moins précis — et le commandant l'envoya. Il était signé *Blanche.* »

Je ne discute pas la moralité de Christian Esterhazy. Evidemment puisqu'il a accepté, pendant des mois, le rôle suspect que lui faisait jouer son cousin, elle est médiocre.

D'autre part, le juge Bertulus affirme dans son ordonnance du 28 juillet dernier : « *qu'il résulte de l'information que le lieutenant-colonel du Paty de Clam a eu des relations répétées avec Walsin Esterhazy, la fille Pays et Christian Esterhazy.* »

Il affirme « que les dires de ce dernier sont formels et corroborés notamment par la carte postale cotée 27 sous scellés A ».

Et si l'on nous objecte que la chambre des mises en accusation a écarté le système du juge Burtulus comme insuffisamment fondé, il nous serait aisé de répondre que la magistrature continue le système d'étouffement pratiqué dans l'affaire Dreyfus.

Partout le huis clos, dans le procès Dreyfus, dans le procès Esterhazy ; quand on est obligé, comme dans le procès Zola, de poursuivre au grand jour de la cour d'assises, *on mutile la poursuite pour mutiler la preuve*. Dans l'article de Zola, où tout se tient, on ne relève qu'une phrase ; puis on trouve que c'est trop et au second procès Zola, devant la cour de Versailles, on ne poursuit plus qu'un membre de phrase.

Partout la nuit, le silence forcé, l'étranglement.

Il n'est pas étrange que la chambre des mises en accusation, voyant que l'implacable engrenage du vrai *allait prendre du Paty après Esterhazy, et après ceux-ci d'autres*, ait arrêté net et cassé le mécanisme.

IV

Mais nous avons une autre réponse et plus décisive. Pourquoi ne poursuit-on pas Christian Esterhazy ? Il affirme sous serment devant les juges, il affirme publiquement dans un journal que du Paty de Clam est bien la *dame voilée*, que c'est lui qui a communiqué à Esterhazy des documents secrets.

Il affirme sous serment devant le juge et publiquement dans un journal *que du Paty de Clam a participé à la confection des pièces fausses* et on ne le poursuit pas pour faux témoignage !

Et du Paty de Clam restant, malgré les décisions secrètes des juges, sous le coup de cette accusation publique, ne le traduit pas en justice pour laver son honneur !

Quoi ! un officier est accusé devant toute l'armée, devant tout le pays, d'avoir, de concert avec Esterhazy le traître, fabriqué des faux pour perdre un autre officier ! Et personne ne s'émeut !

C'est l'aveu le plus éclatant, le plus décisif de la culpabilité de du Paty de Clam. **Oui, c'est lui qui avec Esterhazy est le faussaire !**

Et quand on pense que l'homme qui s'est dégradé à ces besognes est le principal inspirateur et directeur des poursuites contre Dreyfus, quand on pense aussi qu'il est le conseiller intime de M. Cavaignac, les conséquences vont loin.

Et ce n'est pas tout ; de même qu'au moment des poursuites contre Dreyfus, les bureaux de la guerre se sont servis de *la Libre Parole* pour ameuter la foule en lui jetant le nom de l'officier juif et pour rendre la condamnation inévitable, de même que dès le 29 octobre 1894, violant le secret de l'instruction, ils renseignaient *la Libre Parole* pour forcer la main du ministre et mettre en branle les passions antisémites, de même maintenant, en novembre 1897, quand il faut par des pièces fausses perdre Picquart et maintenir au bagne Dreyfus innocent, les bureaux de la guerre sont en communication affectueuse avec *la Libre Parole*.

Esterhazy et du Paty de Clam lui portent directement les faux télégrammes adressés au colonel Picquart et, pour le perdre plus vite, *elle les publie avant qu'elle ait pu en avoir connaissance de Tunisie.*

En effet, *la Libre Parole* des 15, 16 et 17 novembre. 1897 parle en termes très clairs de ces télégrammes compromettants pour le colonel Picquart. Or, celui-ci les a reçus à Sousse le 11 novembre. Immédiatement, devinant l'abominable manœuvre dirigée contre lui, il télégraphie à son général à Tunis pour dénoncer le faux sans retard ; il va à Tunis, et écrit au ministre, mais tout cela lui prend jusqu'au 15 ; sa lettre n'a donc pu arriver à Paris que le vendredi 19. Or, c'est le 17, le 16 et même le 15 que *la Libre Parole* publiait des détails sur les télégrammes. **Elle ne pouvait donc les tenir que des auteurs mêmes des pièces fausses.**

Voilà les monstrueuses et frauduleuses coalitions qui depuis quatre ans font la loi à l'opinion et à la France dans l'affaire Dreyfus ; voilà les manèges et les crimes qui prolongent le premier crime et perpétuent le supplice d'un innocent.

V

Ainsi, jusqu'à l'évidence, un système de faux, manié par Esterhazy et du Paty de Clam avec la complaisance et la complicité des bureaux de la guerre, fonctionne depuis 1896.

Il se marque d'abord par la prétendue lettre de M. de Schwarzkoppen ou de M. Panizzardi en octobre ou novembre 1896, par le faux imbécile et grossier où le nom de Dreyfus est en toutes lettres, et que M. Cavaignac a eu l'audace ou l'inconscience de porter à la tribune de la Chambre.

Puis, le système de faux se marque en décembre 1896, par la fausse lettre *Speranza* du 15 décembre destinée à perdre le colonel Picquart, détenteur redoutable de la vérité.

Enfin, après un chômage de dix mois coïncidant avec l'apparent sommeil de l'affaire Dreyfus, les faussaires rentrent en scène le 10 novembre 1897, par les faux télégrammes *Blanche* et *Speranza* destinés à perdre décidément le colonel Picquart au moment où il est appelé en témoignage dans l'enquête sur Esterhazy.

L'histoire s'étonnera plus tard de cette continuité impunie dans le crime. Elle s'étonnera que cet enchaînement d'actes criminels ait pu se développer, que cet engrenage de crimes ait pu fonctionner dans une société qui ose se dire humaine.

Pour maintenir quand même une condamnation injuste et abominable, toute une besogne de faussaires se déroule. **C'est le crime au service du crime.**

Et tantôt, comme pour la fausse lettre de l'attaché militaire, si inepte pourtant, les pouvoirs publics sont dupes, ou affectent d'être dupes. Tantôt, comme pour la fausse lettre *Speranza*, et les faux télégrammes *Speranza* et *Blanche*, ils sont bien obligés eux-mêmes de reconnaître qu'il y a faux.

Mais toujours ils assurent aux faussaires la même impunité. Toujours ils évitent de regarder jusqu'au fond de cet abîme de peur d'y trouver la vérité, et qu'elle soit terrible.

Mais tôt ou tard, que les criminels de tout ordre, traîtres, faussaires, complices des traîtres et des faussaires, que tous, d'Esterhazy aux généraux, et des généraux aux ministres, soient bien avertis, tôt ou tard du fond de l'abîme la vérité monte, meurtrie, gémissante, blessée, mais victorieuse enfin et implacable.

Et comme pour épuiser toutes les variétés du faux, voici que du Paty de Clam et Esterhazy, après avoir fabriqué de faux papiers, vont fabriquer de fausses personnes : la « Dame voilée » est une sorte de faux vivant et en action, où l'impudence des faussaires atteint au plus haut degré.

LES PREMIERS RÉSULTATS

I

Dans les deux derniers articles que j'ai consacrés à l'affaire Dreyfus, la *Pièce fausse* et *les Faussaires*, j'ai prouvé que les bureaux de la rue Saint-Dominique avaient été depuis plusieurs années une abominable fabrique de faux, destinés à perdre Dreyfus, innocent, et à sauver le véritable traître, Esterhazy.

Le coup de foudre de l'affaire Henry a démontré combien nos affirmations étaient exactes : et j'ai hâte, je l'avoue, de passer à l'examen du fameux dossier ultra secret, qui est un autre nid de pièces fausses.

Mais comme les nationalistes et les cléricaux, d'abord étourdis par l'aveu du colonel Henry, tentent de se ressaisir, comme ils essaient d'affaiblir, par les plus misérables sophismes, l'effet de ces terribles révélations, je suis obligé, au risque de revenir sur certains faits déjà connus, de résumer et de fixer les résultats acquis.

Il est dès maintenant deux résultats certains, incontestables, définitifs. C'est que le colonel Henry et le colonel du Paty de Clam, les deux principaux organisateurs, témoins et enquêteurs du procès Dreyfus, sont deux faussaires, deux criminels.

Pour le colonel Henry, il n'y a pas seulement le faux qu'il a avoué. Evidemment, les autres pièces dont a parlé M. Cavaignac sont fausses, puisqu'elles se rattachent à la pièce reconnue fausse.

Un des attachés militaires (M. de Schwarzkoppen ou M. Panizzardi, peu importe) écrit à l'autre, et cette première lettre est un faux. Elle a été fabriquée par le colonel Henry et elle n'est jamais sortie des bureaux de la guerre où elle est née. Donc, la réponse prétendue du correspondant est également un faux.

Et enfin la troisième lettre dont parle M. Cavaignac et qui donne, selon lui, le chef des deux premières est fausse.

Ainsi, ce n'est pas un faux qui est à la charge du colonel Henry, mais au moins trois faux ; je dis *au moins*, car il semble résulter du langage de M. Cavaignac qu'il peut y en avoir d'autres.

Il dit en effet que la pièce citée par lui, celle où est nommé Dreyfus et qui a été fabriquée par Henry, « s'encadre dans une longue correspondance » des attachés militaires. Et c'était même là pour lui un signe d'authenticité morale.

Or, ou M. Cavaignac parle le langage le plus inexact, ou en disant que cette pièce est « encadrée » dans une longue correspondance il veut dire qu'elle est suivie et *précédée* d'autres lettres ayant avec elle quelque rapport. Or, les deux autres pièces fausses sont postérieures. Il doit donc y avoir d'autres lettres des attachés, qui précèdent la pièce fausse.

Ces lettres, M. Cavaignac ne les a pas citées : il serait bon qu'on nous en communiquât le texte, car si elles se rattachent par un lien quelconque à la pièce fausse, si elles sont destinées à la préparer et à l'annoncer comme les lettres postérieures sont destinées à la confirmer, celles-là aussi sont fausses.

Mais, quoi qu'il en soit, il est certain qu'au moins trois faux ont été commis par le colonel Henry contre Dreyfus.

II

Et admirez, je vous prie, comment, sous prétexte de patriotisme, les hautes coteries militaires et les ministres à leur suite travaillent à l'abêtissement de la France.

Cette pièce d'Henry, il y a des mois que la fausseté misérable en était dénoncée par tous les hommes qui réfléchissent.

Or, non seulement M. Cavaignac en a gravement affirmé à la Chambre l'authenticité, mais il a dit que, par prudence patriotique, il ne pouvait la lire tout entière. « Ici, dit-il, un passage que je ne puis pas lire. »

De même il a déclaré que la troisième lettre, qui est également un faux, *était si grave, si précise, qu'il n'en pouvait lire un seul mot.*

Et toutes ces précautions de prudence internationale, tous ces mystères de patriotisme, à propos de quoi? *A propos de pièces ridiculeusement fausses.*

Voilà à quelle sottise descendent les militaristes. M. Cavaignac se piquait de n'avoir pas les timidités du ministère Méline. Il voulait faire la lumière; il apportait à la Chambre des pièces décisives; il lui montrait le chef-d'œuvre imbécile du faussaire Henry, mais au moment d'écarter le voile qui couvrait la statue, sa main de patriote, si ferme pourtant, tremblait un peu.

Pour ne pas offusquer et blesser l'étranger, il laissait sur un coin de la statue un lambeau du voile; il cachait au monde, de peur de le bouleverser, quelques mots de la pièce fausse.

Pauvre dupe orgueilleuse et niaise!

Pendant que le faussaire Henry, sous la lampe fidèle et familière du lampiste Gribelin, fabriquait la pièce fausse, il ne se doutait guère de la fortune diverse qui attendait les quelques mots imbéciles péniblement décalqués et assemblés par lui.

Les uns devaient éclater à la tribune, dans la lumière et le retentissement de la foudre, pour accabler Dreyfus; les autres, moins heureux, devaient rester dans l'ombre, par égard pour la paix du monde qu'ils auraient bouleversée. O comédie!

Et qu'on retienne bien ceci. Si Henry n'avait pas

avoué, et si, démêlant aux indices les plus sûrs, la fausseté misérable de cette pièce, nous en demandions le texte, exact et complet, les patriotes de l'Etat-Major nous répondraient avec indignation : « Traîtres, vous voulez donc livrer à l'étranger les secrets de la Patrie! »

C'est ainsi que maintenant, quand nous réclamons la revision au grand jour, quand nous demandons la production des rapports de police allemands qui, bien après la condamnation de Dreyfus, sont venus, sur commande, porter à l'Etat-Major les preuves dont il avait besoin, les faussaires, charlatans de patriotisme, nous disent que nous voulons livrer les secrets de notre service d'espionnage.

Combien de temps encore sera-t-il permis à ces criminels de cacher leur crime et leur imbécillité sous le voile de la patrie?

Combien de temps aussi, après la cruelle leçon que M. Cavaignac a reçue, les ministres continueront-ils à examiner le dossier Dreyfus avec les seules indications, avec les seules lumières des bureaux de la guerre?

C'est un hasard, c'est la particulière maladresse du colonel Henry qui a amené la découverte du faux.

Il paraît qu'il n'avait pas bien ajusté les morceaux de papier sur lesquels il écrivait, et cela se voyait à la lampe. Si donc il avait été plus adroit, les bureaux de la guerre n'auraient pas aperçu le faux de la pièce, quoiqu'elle portât en effet, pour tout homme de bon sens, par son style, son contenu et sa date, la triple marque du faux.

III

Et pourtant, ce sont ces hommes ou déplorablement aveugles ou passionnément animés contre le vrai qui, après avoir trompé M. Cavaignac, le Parlement et la France, restent, pour l'étude du dossier Dreyfus, les guides du général Zurlinden.

C'est avec les annotations qu'ils ont suggérées au général Zurlinden que M. Sarrien, garde des sceaux, étudie en ce moment le dossier.

Et pendant ce temps, il y a un homme que tous les ministres, M. Sarrien comme M. Zurlinden, M. Zurlinden comme M. Cavaignac, négligent de consulter, c'est le colonel Picquart.

Celui-ci, ancien chef du service des renseignements, a dit dès le premier jour devant la cour d'assises, que la pièce citée par le général de Pellieux était un faux. Il a offert à M. Cavaignac et à M. Brisson de leur en donner la preuve. Et l'événement lui a donné raison.

Il leur a offert aussi de démontrer que *le dossier ne contenait aucune pièce s'appliquant à Dreyfus*. Et il y a des ministres qui ont l'audace d'étudier le dossier et de se prononcer sans écouter les explications qui leur sont offertes.

C'est une gageure contre le bon sens.

Nous demandons, tous les bons citoyens doivent demander, que les ministres, et particulièrement M. Sarrien, appellent le colonel Picquart et lui demandent ce qu'il a à dire.

Ils décideront ensuite, s'ils ont l'audace de substituer leur pensée personnelle à la justice régulière, procédant au grand jour.

Mais qu'ils aient la prétention d'étudier et de juger le dossier Dreyfus en **n'écoutant** *que* **l'Etat-Major complice des faussaires** *et en écartant le témoignage de l'homme dont les événements ont démontré la clairvoyance, voilà qui est un scandale.*

Aussi bien, que les ministres prennent garde. Pour avoir écarté la lumière qu'on lui offrait, M. Cavaignac est tombé d'une chute lourde; s'ils prennent au sérieux, faute d'avoir entendu un témoin avisé et pénétrant qui leur offre la vérité, le dossier ultra secret, aussi faux, aussi misérable que les pièces fabriquées par Henry, ils tomberont d'une chute plus lamentable encore. Car ils seront

14.

impardonnables de n'avoir pas profité de la cruelle expérience du sot Cavaignac.

En tout cas, aucune lâcheté ministérielle, aucune habileté gouvernementale ne prévaudrait contre ce grand fait : c'est que le colonel Henry, directeur du service des renseignements, avait introduit au dossier Dreyfus au moins trois pièces fausses.

IV

M. Zurlinden peut capituler devant les bureaux de la guerre. M. Sarrien peut louvoyer. M. Lockroy, pour flatter quelques grands réactionnaires de la rue Royale, peut se livrer à une besogne équivoque dont il sera châtié. M. Félix Faure, pour échapper aux menaces et aux chantages de *la Libre Parole* et chasser des splendides salons de l'Elysée le revenant aux chaînes traînantes, peut essayer de maintenir au bagne un innocent. Tous ces calculs de mensonge et de honte pourront retarder de quelques jours la revision nécessaire. Ils n'endormiront pas l'inquiétude de la conscience publique.

Il n'y a plus en France un seul homme sensé, un seul honnête homme qui ne se dise : **Puisque l'Etat-Major a été obligé de fabriquer contre Dreyfus, après coup, des pièces fausses, c'est que contre lui il n'y avait pas de charge vraie :** quand on en est réduit à fabriquer de la fausse monnaie, c'est qu'on n'en a pas de bonne.

Et puisque les bureaux de la guerre ont été assez criminels pour faire des faux contre Dreyfus après le procès, quand sa réhabilitation était demandée, comment ne pas soupçonner qu'ils ont recouru contre lui, pendant le procès même, aux plus criminelles manœuvres ?

Oui, les combinaisons et les terreurs de M. Félix Faure n'empêcheront pas la révolte de la conscience publique.

Et qu'il prenne garde. Nous ne sommes pas de ceux

qui avons remué contre lui de déplorables souvenirs de famille. Nous ne sommes pas de ceux qui menacent de l'éclabousser par de honteuses histoires. C'est seulement dans la vie publique des hommes que nous cherchons contre eux les moyens de combat.

Mais si la France, par respect pour elle-même, oublie certaines aventures de l'entourage présidentiel, elle a le droit d'exiger que le président les oublie lui-même.

Elle a le droit d'exiger qu'il s'affranchisse de toute crainte comme elle l'a affranchi elle-même de toute solidarité.

Elle est prête, si des maîtres chanteurs veulent exhumer contre lui quelques cadavres, à enfouir dans la même fosse et ces tristes histoires et ceux qui les remuent.

Mais elle veut qu'il ne soit pas lié par la peur à des choses passées dont elle-même l'a libéré par son choix.

Quelque jugement que les partis portent sur lui, elle a voulu mettre à l'Elysée un homme libre, qui pût suivre aux heures de crise les grands mouvements de la conscience nationale.

Elle n'a pas prétendu se donner pour chef un prisonnier, captif de je ne sais quel passé fâcheux, et dont les réactions de sacristie tiendraient sournoisement la chaîne.

Avec lui, s'il le veut, mais sans lui et au besoin contre lui, la France, qui veut se débarrasser devant le monde des faussaires et des criminels qui la déshonorent, fera la revision du procès Dreyfus. Qu'il prenne garde, encore une fois, de se solidariser avec Henry et du Paty.

V

La pleine clarté est d'autant plus nécessaire que le crime d'Henry n'est pas un crime personnel, isolé. Il engage la responsabilité du haut commandement, car c'est seulement par la complicité des grands chefs qu'il a été possible.

Jamais le colonel Henry n'aurait pu introduire cette série de lettres fausses dans les bureaux de la guerre et les glisser au dossier Dreyfus sans la complaisance des généraux.

Quoi! le général Gonse, le général de Boisdeffre voient arriver presque tous les jours au ministère la correspondance de M. Panizzardi et de M. de Schwarzkoppen : les lettres saisies forment une chaîne continue! Il n'y manque pas un anneau! Et cette correspondance liée que nos agents captent tout entière, porte sur les sujets les plus graves, les plus délicats! Elle vient à point pour fournir des armes contre le colonel Picquart, contre Dreyfus, contre la vérité!

Et les généraux n'ont aucun doute! Ils ne posent au colonel Henry aucune question! Ils ne lui demandent pas comment, par quel miracle d'espionnage, il peut se procurer ainsi, au moment opportun, toute la correspondance des attachés étrangers, les lettres, les réponses, les répliques aux réponses!

Non, pas une question, pas une curiosité ; ils laissent les papiers faux entrer d'une aile silencieuse dans les bureaux de la rue Saint-Dominique, et se blottir doucement au tiède abri des dossiers !

Ou c'est une imbécillité surhumaine ou c'est une complicité.

Evidemment, le général Gonse, le général de Boisdeffre, s'étaient dit : « Henry est un gaillard qui nous sert bien ; ne le gênons pas en regardant de trop près : si nous examinons les papiers, ou bien nous les écarterons comme faux et nous serons désarmés, ou bien nous les accepterons malgré leur caractère frauduleux, et nous assumerons une responsabilité directe, nous serons immédiatement les complices du faussaire. Nous laisserons traîner notre manteau dans cette besogne salissante. Mieux vaut nous enfermer dans la hautaine décence des complaisances aveugles, et puisque le brave Henry prend sur lui l'ignominie du faux, profitons-en les yeux fermés. Ainsi nous aurons le bénéfice du crime sans en avoir la trop visible et trop certaine souillure. »

Nos généraux n'ont pas prostitué eux-mêmes la probité des bureaux : mais ils ont souffert que, sous leur paternelle surveillance, *volontairement en défaut*, elle fût forcée par un subalterne grossier et hardi.

Notre haut Etat-Major a été le Monsieur Cardinal du faux.

Et il n'a pas eu seulement, au profit du faussaire, de majestueuses ignorances et des aveuglements prémédités. Il a eu aussi de discrètes incitations et de savantes agaceries paternelles.

VI

Ecoutez ce bref dialogue, à la cour d'assises, au procès Zola *(Tome II, page 173)* :

Maître Labori demande au colonel Picquart :

— Est-ce que, lorsqu'il est entré en fonctions, M. le général de Boisdeffre ne lui a pas dit : « *Occupez-vous de l'affaire Dreyfus : il n'y a pas grand'chose dans le dossier.* »

M. LE COLONEL PICQUART. — Je n'ai pas à répondre à cette question ; elle se rapporte à des conversations que j'ai pu avoir avec le chef d'Etat-Major.

C'est clair, comme dit l'autre. L'Etat-Major savait que la revision pouvait être demandée ; il savait que la condamnation de Dreyfus, enlevée par la surprise, la fraude et la violence, ne pouvait être justifiée, et dès le commencement de 1896, il cherchait à corser le dossier Dreyfus.

Le colonel Picquart ne comprit pas cette suggestion délicate.

Le colonel Henry, lui, a compris. Et c'est pourquoi il a fabriqué des faux. Et c'est pourquoi il s'est coupé la gorge.

Est-ce à dire, comme le prétendent maintenant les glorificateurs du faux et du faussaire, que c'était une sorte de brute héroïque se jetant au crime pour sauver ses chefs comme un bon gros chien se jette à l'eau pour sauver son maître ?

Il se peut qu'il y ait eu en lui une sorte de dévouement grossier, savamment exploité par l'habileté perverse des généraux. Mais il y avait aussi, certainement, de bas et tristes calculs.

Il savait que par ce faux, par ce crime, il hâtait son avancement. Et sans doute, cette obsession de l'avancement rapide l'a conduit au crime deux fois.

Qu'on se rappelle d'abord qu'au moment du procès Dreyfus, le colonel Sandherr, chef du service des renseignements, était déjà atteint de paralysie cérébrale : l'ouverture de sa succession était proche.

Et à ce moment Henry et du Paty se sont dit que s'ils menaient à bien le splendide procès Dreyfus, s'ils faisaient, par n'importe quel moyen, condamner le juif, s'ils devenaient ainsi les favoris de *la Libre Parole*, de *l'Intransigeant* et des sacristies, ils surgissaient d'emblée comme des personnages de premier ordre, l'avenir était à eux. A eux la faveur de la réaction et la succession prochaine du colonel Sandherr ; à eux la marche triomphale vers les hauts grades.

Grande déception quand le colonel Picquart est nommé, quand il se met lui-même à l'étude des documents et des dossiers, quand il découvre l'innocence de Dreyfus. Quoi ! le crime que du Paty et Henry avaient machiné pour leur avancement allait donc se tourner contre eux !

Du coup, ils vouèrent au colonel Picquart une haine implacable, et *comme ils avaient été capables de tout contre Dreyfus pour se hausser, ils furent capables de tout contre Picquart pour se sauver* et, s'il était possible encore, pour se pousser.

Aussi, le colonel Henry, en octobre 1896, n'hésite pas à fabriquer les pièces fausses. Il en espère un double avantage.

D'abord, en consolidant la condamnation de Dreyfus,

il écarte la revanche de la vérité qui aurait coûté cher aux machinateurs du procès.

Et ensuite, en procurant à point aux grands chefs désemparés la pièce décisive dont ils avaient besoin, Henry se mettait bien avant dans leurs bonnes grâces.

Picquart allait partir en mission : il ne reviendrait plus, et c'est Henry qui prendrait sa place dans la direction du service des renseignements.

Les choses allèrent ainsi. *A peine le colonel Henry eut-il mis sous les yeux de ses chefs la pièce fausse qu'il fut nommé chef du service des renseignements.* C'était la récompense du faux, c'était la promotion rêvée, enlevée à la pointe du crayon bleu.

Non! dans le crime d'Henry, il n'y a pas eu fidélité canine et perversion de l'héroïsme bestial. Il y a eu l'âpre calcul ambitieux du subalterne violent et sournois, *coïncidant avec le vœu visible, avec la pensée inexprimée,* **mais certaine,** *des grands chefs subtils et complaisants.*

Là où les sophistes du nationalisme signalent je ne sais quel noble égarement, il n'y a eu que la rencontre et la combinaison de deux égoïsmes, l'égoïsme épais du subalterne brutal qui veut monter et l'égoïsme prudent et scélérat des grands chefs qui ne veulent pas descendre.

C'est dans ce calcul que le colonel Henry a trouvé la force d'accomplir sa besogne.

Peut-être, s'il n'eût fait qu'un faux, pourrait-on supposer qu'il a cédé à je ne sais quel égarement d'une heure.

Et pourtant, le faux, avec ses lentes préparations, avec son exécution minutieuse et prolongée, est le crime qui exclut le plus les soudainetés de l'instinct. C'est le crime qui suppose le plus l'entière acceptation, l'adhésion essentielle du criminel.

Mais ce n'est pas un faux seulement, *c'est une série de faux que le colonel Henry a commis.* Non, ce n'était pas je ne sais quel vertige de sacrifice; c'était le patient accomplissement de l'œuvre sournoise et fructueuse.

Il n'y avait même pas péril, *car il était assuré d'avance de l'approbation muette et des encouragements très substantiels de l'Etat-Major.*

VII

Je sais bien que pour le transformer en héros et même en saint, les nationalistes ont imaginé que, s'il avait fabriqué une pièce fausse, c'était pour tenir lieu devant le public des pièces authentiques que sans péril pour la patrie on ne pouvait montrer. Et du coup, voilà le faussaire qui commence à passer martyr.

J'en conviens : malgré son parti pris, malgré l'impasse de sottise et de honte où il s'est laissé acculer, Rochefort n'a pas osé risquer cette glorification. Il l'a laissée à ses alliés catholiques, et en effet, il faut je ne sais quelle pénétration ancienne et profonde de l'esprit jésuitique pour qu'une pareille légende puisse germer.

L'Etat-Major participe du privilège de l'Eglise qui étant la vérité suprême transforme en vérités les mensonges mêmes qui la doivent servir.

J'ose le dire : il n'est pas de pire outrage à la France et à la conscience française que cette glorification quasi-mystique et cette sorte d'exaltation religieuse du faux.

On comprend l'exaltation des vices et des crimes qui déchaînent les forces élémentaires de l'homme, la fureur de la passion et de la jalousie, la fureur de la volupté et du meurtre.

Du moins en ces accès sauvages éclatent peut-être de nobles puissances égarées.

Mais le faux, mais le grimoire mensonger fabriqué sournoisement pour perdre un homme, mais le patient et obscur assemblage d'écritures fallacieuses et meurtrières, agencées par l'ambition lâche pour prolonger l'agonie d'un innocent, il était réservé au nationalisme clérical de glorifier cela ; il était réservé au patriotisme jésuite de dresser cette nouvelle idole, devant laquelle Drumont s'incline avec des excuses éperdues, pour une heure d'hésitation.

Il était réservé aux prétendus défenseurs de la race française, de la conscience française, de magnifier le vice louche et bas qui répugne le plus à la loyauté du génie français.

VIII

Mais ils n'ont même pas pour cette écœurante apologie, le plus léger prétexte, car il n'est pas vrai qu'Henry ait songé une minute à suppléer des documents secrets. *La preuve c'est que cette pièce fausse fabriquée en 1896 n'a vu le jour qu'en 1898, et par hasard.*

Si le général de Pellieux et le général Gonse n'avaient pas commis dans le procès Zola une erreur étourdissante sur la date du bordereau, s'ils n'avaient pas cru nécessaire de racheter d'emblée par un coup d'éclat cette lamentable défaite, le général de Pellieux n'aurait pas cité la pièce fabriquée par Henry.

Il n'aurait pas dit, intrépide Béarnais des pièces fausses : Allons-y ! et la pièce qu'Henry, à ce qu'on assure, n'a fabriquée que pour le public, n'aurait même pas vu le jour.

Aussi Judet peut renoncer à ses comparaisons ingénieuses. Il nous assure que le faux d'Henry n'est pas un faux, mais seulement une sorte de papier représentatif comme le billet de banque. De même, nous dit-il, que le billet de banque, quoique n'ayant par lui-même aucune valeur, n'est pas un faux parce qu'il représente la valeur vraie de l'or accumulé dans les caves de la Banque, de même le faux d'Henry n'est pas un faux parce qu'il représente l'or pur des pièces authentiques soigneusement gardées dans les coffres de l'Etat-Major.

Et Drumont traduit en langage philosophique les analogies monétaires de Judet. Le papier d'Henry n'était qu'une synthèse, qu'une figuration de la vérité.

Ah! quel juif que ce Drumont, s'il est vrai, comme il le dit, que les juifs ont faussé le sens simple et honnête des mots, la naturelle droiture des idées !

Par malheur pour les apologistes du faussaire, la pièce fausse n'était pas, je le répète, destinée à circuler (si toutefois, c'est une excuse à une pièce fausse d'être destinée à la circulation).

C'est pour les bureaux, c'est pour raffermir ceux des généraux qu'avait pu ébranler Picquart, c'est surtout pour décider le général Billot à prendre parti contre Dreyfus dans l'interpellation Castelin qu'Henry, en octobre 1896, a machiné le faux.

Chose curieuse : Le général de Pellieux lui-même, tout récemment, dans une interview du *Gaulois*, a expliqué comment il avait eu connaissance de la pièce fausse.

Quand il fut chargé d'enquêter sur Esterhazy, il avait à coup sûr le plus vif désir d'innocenter le cher commandant, le délicieux uhlan. Mais comme il sentait lui-même, quoi qu'on en puisse dire, la connexité de l'affaire Esterhazy et de l'affaire Dreyfus, il demanda « pour rassurer sa conscience », selon ses expressions, **la preuve formelle, positive, de la culpabilité de Dreyfus.**

Et c'est la pièce fabriquée par Henry que les bureaux de la guerre lui communiquèrent. Mais si les bureaux de la guerre **avaient eu contre Dreyfus des pièces sérieuses et authentiques, ils n'auraient pas eu besoin de communiquer confidentiellement au général de Pellieux la pièce fausse.**

C'était un ami, et on pouvait compter sur sa discrétion : on n'avait pas besoin de ruser avec lui, *et de remplacer les pièces vraies par une pièce fausse*, fût-elle synthétique ou figurative...

Mais non : Au moment où le général de Pellieux demande à ses amis de l'Etat-Major de rassurer sa conscience, ils le trompent lui aussi : **c'est donc qu'ils n'avaient à montrer que la pièce fausse.** C'est donc que cette pièce fausse, bien loin d'être destinée à *suppléer pour le public d'autres pièces vraies et incommunicables, était destinée à suppléer, dans l'intérieur des bureaux, l'absence de toute pièce vraie.*

C'est surtout le ministre de la guerre qu'il s'agissait de duper. Il fallait du moins fournir à Billot, assez malin « pour faire la bête », un prétexte à paraître dupe. Et c'est ainsi que le faux Henry, ou mieux le système des faux Henry, bien loin d'être je ne sais quelle déviation de l'instinct patriotique, est la combinaison la plus froide de la scélératesse la plus réfléchie.

Et de la tentative de réhabilitation ou de glorification à laquelle se sont décidés les nationalistes, il ne reste que l'aveu de l'immoralité cynique de tout un parti.

IX

De même que les pratiques d'Henry le faussaire, témoin de premier ordre au procès Dreyfus, frappent ce procès même d'un soupçon irrémédiable de fausseté, de même nous avons le droit de retenir l'apologie effrontée du faux comme un nouvel et décisif argument contre le huis clos.

Que serait un nouveau procès à huis clos, avec des hommes auxquels peut-être la cabale jésuitique et militariste soufflerait ses abominables sophismes ?

S'il est vrai, selon Drumont, qu'il est licite et même glorieux de fabriquer une pièce fausse pour figurer, par synthèse, de prétendues pièces vraies, *il doit être licite et même glorieux de condamner un innocent de race juive, si le crime qu'on lui impute à faux est la synthèse, la figuration vraie d'autres crimes de la race qu'on n'a pu châtier.*

Cette sorte de substitution sacramentelle, que Drumont glorifie quand il s'agit des documents, la logique veut qu'on la glorifie aussi quand il s'agit des personnes.

Qu'importe que cette pièce soit un faux puisqu'on assure qu'il en est de vraies dans le même sens ?

Qu'importe aussi que Dreyfus soit innocent, puisque la trahison qu'il n'a pas commise est comme latente en toute sa race et que le condamner à faux c'est encore exercer une justice supérieure?

Oui, voilà les sophismes monstrueux, voilà le poison jésuitique que peut-être *la Libre Parole* a inoculé à la conscience militaire; et livrer un homme, à huis clos, à des hommes qu'a pu effleurer ou même entamer cette morale abominable, ce serait mettre l'innocent sous le couteau sacré du nationalisme clérical.

Il ne peut y avoir qu'un remède à ce poison, qu'une précaution contre cette perversion de la conscience, c'est la publicité du débat.

Ainsi ce qui est resté honnête et sain dans la conscience fançaise pourra réagir contre les aberrations jésuitico-militaires du sens moral.

Et si le crime d'Henry a eu pour résultat d'ébranler jusqu'à sa base le procès Dreyfus, les apologies qui l'ont suivi ont eu pour effet d'éclairer jusqu'au fond la conscience antisémite qui, d'emblée, s'est harmonisée avec la conscience des faussaires.

Non, ces quelques jours n'ont pas été perdus pour la vérité, et pour le redressement de l'opinion. Et les constatations décisives contre Henry ont été continuées par les constatations décisives contre du Paty de Clam.

DU PATY DE CLAM

I

Après le faussaire Henry, le faussaire du Paty de Clam. Celui-ci est momentanément couvert par les arrêts complaisants de justice, mais la mesure disciplinaire dont M. Zurlinden lui-même le frappe atteste la vérité des accusations portées contre lui.

De l'information du juge Bertulus il résultait avec évidence que M. du Paty de Clam avait aidé le traître Esterhazy et sa maîtresse, Mme Pays, à fabriquer, en novembre 1897, les faux télégrammes *Blanche* et *Speranza*, destinés à perdre le colonel Picquart, témoin à charge contre le traître Esterhazy.

Il en résultait aussi avec certitude que pendant toute la durée de l'enquête et du procès Esterhazy, M. du Paty de Clam avait eu avec celui-ci des relations constantes : c'est lui qui, sous les fantastiques espèces de la Dame voilée, avait communiqué à Esterhazy une pièce secrète du ministère de la guerre. Et pour rehausser encore l'honneur de l'armée, c'est dans des « vespasiennes » que se rencontraient le délégué d'Esterhazy et le délégué de l'Etat-Major.

Ainsi, voilà où nous en étions. Voilà où en était la France. Il y a un traître, Esterhazy, auteur véritable du bordereau, et pendant qu'on le juge, les officiers de l'Etat-Major conspirent avec lui pour le sauver. Ils savent que la culpabilité d'Esterhazy c'est l'innocence de Dreyfus, et, pour maintenir au bagne Dreyfus innocent, ils collaborent à la défense du traître Esterhazy.

En tout cas, même s'ils avaient douté de la culpabilité

d'Esterhazy, celui-ci était accusé de trahison ; il allait être jugé devant un Conseil de guerre ; et des officiers, chargés du service des renseignements, s'associaient à lui pour fabriquer des faux ; ils lui ouvraient les dossiers secrets du ministère ; ils l'aidaient à déshonorer par des manœuvres frauduleuses les témoins à charge et à tromper les juges.

Et on nous dit qu'en balayant toute cette honte nous compromettons la France !

Je sais bien que la chambre des mises en accusation n'a pas donné suite à l'information du juge Bertulus, si documentée pourtant et si écrasante. Mais d'abord les juges savaient que le ministère venait d'arrêter le colonel Picquart, coupable d'avoir offert à M. Cavaignac la preuve qu'un faux est un faux. Les juges n'ont pas voulu se dresser contre le gouvernement.

Puis, la chambre des mises en accusation n'a pas osé faire connaître l'ordonnance Bertulus et ses propres arrêts. Elle a craint qu'il y eût un contraste trop violent entre la force des preuves recueillies par le juge contre Esterhazy et du Paty de Clam et la faiblesse des considérants qu'elle y opposait. Elle a, autant qu'il dépendait d'elle, besogné dans l'ombre, et il a fallu attendre la procédure de cassation pour avoir connaissance de ces documents judiciaires.

Enfin quand la Cour de cassation a eu à se prononcer, elle a été d'une sévérité terrible pour la chambre des mises en accusation.

Celle-ci avait rendu deux arrêts. Par l'un, elle prononçait le non-lieu au profit d'Esterhazy et de Mme Pays. Par l'autre, elle déclarait que le juge civil n'était pas compétent pour juger du Paty de Clam et que celui-ci devait être confié à ses bons amis de la justice militaire.

Sur le premier arrêt, arrêt de non-lieu, il n'y avait pas de pourvoi possible et la Cour de cassation n'a pu se prononcer à fond. Mais elle a déclaré que l'arrêt par lequel la chambre des mises en accusation avait dessaisi le juge civil de la complicité de du Paty *était absurde et inexplicable, qu'il constituait même une violation scandaleuse de la loi par défaut d'application.*

Et flétrissant ainsi celui des deux arrêts qui lui était soumis, la Cour de cassation flétrissait l'autre, émané de la même complaisance servile, de la même bassesse judiciaire.

Les conclusions premières du juge Bertulus contre du Paty et Esterhazy subsistent donc en leur entier. Et la mise à pied de du Paty, prononcée il y a trois jours par M. Zurlinden, les confirme.

C'est, nous dit le communiqué ministériel, à cause de ses agissements pendant l'affaire Esterhazy que du Paty a été frappé. Or, la besogne de du Paty pendant l'enquête Esterhazy a été double : il a pratiqué des faux de complicité avec le traître et il lui a ouvert les dossiers secrets du ministère de la guerre.

M. Zurlinden, en frappant du Paty sous la rubrique de l'affaire Esterhazy, **confirme donc cette double accusation.**

II

Et si nous ne retenons un moment que la communication des pièces secrètes, nous avons le droit de demander : comment M. du Paty n'est-il pas traduit en justice ?

Le colonel Picquart est en prison depuis soixante jours : il va passer le 21 devant les juges correctionnels, il est menacé des peines qui frappent l'espionnage. Pourquoi ? Parce qu'il a communiqué à l'avocat Leblois, son ami, quelques lettres du général Gonse, où celui-ci lui recommandait la prudence dans l'affaire Dreyfus, tout en l'autorisant à continuer ses recherches. Il n'y a rien là qui touche à la défense nationale.

Et quand du Paty de Clam est convaincu, par ses chefs eux-mêmes, d'avoir communiqué des pièces d'un dossier secret d'espionnage à un officier accusé de trahison, il n'est pas traduit devant les juges.

Jamais le déréglement d'esprit et de conscience de toute une société, jamais l'affolement « des institutions fondamentales », livrées à la violence et à la sottise du militarisme ne furent aussi naïvement étalés.

Mais peu importe! Chaque jour sous le mensonge la vérité perce, et il faudra bien qu'au prochain procès Zola la lumière soit faite entière sur le cas de du Paty. Les « agissements » de du Paty rentrent tout à fait dans le cadre du procès, car Zola, ayant accusé le Conseil de guerre d'avoir acquitté par ordre Esterhazy, doit être admis à faire la preuve que derrière Esterhazy il y avait du Paty, délégué de l'Etat-Major et de la haute armée.

Donc tous les témoignages sur les relations d'Esterhazy et de du Paty devront être entendus. Je crois qu'on peut se promettre d'avance une audience intéressante.

Il faudra bien aussi que le rapport du général Zurlinden sur « les agissements de du Paty pendant l'affaire Esterhazy » soit communiqué à la défense et au jury.

III

Mais dès maintenant la preuve est faite. Dès maintenant il est sûr que, comme Henry, du Paty de Clam a été un faussaire. Dès maintenant il est sûr que c'est lui qui passait au traître Esterhazy des pièces secrètes et qui imaginait, pour couvrir ces relations coupables, le roman inepte de la Dame voilée.

Ah! cette histoire de la Dame voilée! Il y faut revenir non plus pour faire la lumière qui est complète maintenant, mais pour montrer à notre pays, pour montrer au peuple de France par quelles inventions niaises on s'est joué de lui.

Quelle comédie plate que ce procès d'Esterhazy devant le Conseil de guerre!

Il fallait bien que le traître se sentît soutenu par tous les grands chefs et par les basses cohortes césariennes et cléricales pour oser à ce point mystifier les juges et la nation.

Rappelez-vous que la prétendue Dame voilée c'était du Paty de Clam et savourez, je vous prie, le récit d'Esterhazy devant le Conseil de guerre :

— J'étais à la campagne, lorsque je reçus, à la date du 20 octobre, une lettre anonyme, ou plutôt signée Speranza, m'annonçant les manœuvres dont j'allais être victime et l'intervention dans cette affaire du lieutenant-colonel Picquart... Je m'adressai immédiatement à M. le ministre de la guerre auquel j'écrivis qu'il était le gardien de l'honneur de tous ses officiers, et je le priai de m'entendre pour lui faire part d'une communication très grave.

Le ministre me fit recevoir par le général Billot qui me dit de faire un récit détaillé de toute l'affaire. Je fis le récit demandé, mais je n'eus pas de réponse.

Deux jours avant, je reçus un télégramme me donnant rendez-vous derrière le pont Alexandre III, sur le carré des Invalides. Je m'y rendis et *trouvai là cette dame dont on a tant parlé, que je ne connais pas, couverte d'une voilette épaisse*. Je n'ai pas pu voir sa figure et j'ai pris, sur sa demande, l'engagement de ne pas chercher à la reconnaître.

Cette dame me prévint de la machination tramée contre moi...

LE GÉNÉRAL DE LUXER. — Vous n'avez pas cherché à trouver le nom de cette dame, ni à savoir à quelle source elle avait puisé ses renseignements ?

R. — Au cours de l'enquête du général de Pellieux, j'ai reçu un avis fixant le jour où je devais la revoir, mais je n'ai pas pu la revoir parce que j'étais entouré d'une collection d'immondes gredins qui m'enveloppaient et me suivaient botte à botte. J'ai prévenu le général de Pellieux que je ne pouvais pas m'en débarrasser, et, en effet, je n'ai pas été lâché d'une semelle.

D. — Cependant cette bande vous a lâché, puisque vous avez eu des rendez-vous avec la dame ?

R. — Au moment du rendez-vous du pont, je n'étais pas suivi encore.

D. — Mais vous avez eu plusieurs rendez-vous. A combien de jours d'intervalle?

R. — Le premier, le 20 octobre; le second, quatre jours après; deux autres ont précédé de très peu la déclaration du général Billot à la Chambre...

D. — A la suite de laquelle vous avez été suivi, dites-vous. Il est bien singulier que vous ayez eu ainsi quatre rendez-vous de la personne mystérieuse et que vous n'ayez pas pu chercher à savoir d'où venaient les renseignements qu'elle vous donnait.

R. — Les renseignements étaient exacts, j'en avais la preuve.

D. — Vous n'avez pas cherché à savoir quel intérêt elle avait à vous dévoiler les agissements de vos ennemis?

R. — Elle semblait poussée par un besoin impérieux de défendre un malheureux contre des imputations fausses.

D. — Pourquoi ne pas reproduire ces allégations au grand jour? Pourquoi se cacher quand on a quelque chose à dire dans l'intérêt de la vérité?

R. — Je ne chercherai pas même aujourd'hui à savoir où elle a puisé ses renseignements, car j'ai juré de ne pas m'en occuper. Dans la seconde entrevue que j'eus avec cette dame, elle me remit une enveloppe disant qu'elle contenait la preuve de la culpabilité de Dreyfus et de mon innocence; elle ajouta que « si le torchon brûlait, il n'y avait qu'à faire publier la pièce dans les journaux ».

D. — Qu'avez-vous fait de cette pièce?

R. — Je l'ai remise au ministre de la guerre. Je prévins le ministre, le président de la République. Je fus appelé chez le gouverneur militaire qui me demanda des détails. J'ai remis la pièce sans savoir ce qu'elle contenait. C'était le 14 novembre. Le 15, M. Mathieu Dreyfus publiait, dans le *Matin*, sa lettre de dénonciation. Le 13, à midi, je prévins le ministre de la guerre que j'avais l'honneur de demander une enquête.

D. — En ce qui concerne l'histoire de la Dame voilée, la police a recherché les cochers qui l'auraient conduite dans les rendez-vous. Les résultats ont été nuls.

R. — Tout ce que j'ai dit est aussi vrai que je suis innocent.

Ce dernier trait est admirable. Que dirait Esterhazy, si nous le prenions au mot?

IV

Mais vit-on jamais mystification pareille et vaudeville aussi grossier?

Et quelle humiliation pour les juges d'être obligés d'accepter ou de paraître accepter une fable aussi absurde!

On devine bien, dans les paroles du président, le général de Luxer, une sourde révolte de bon sens et de conscience. Il sent bien qu'on se joue de lui, mais il n'ose pousser à fond. Il sait qu'Esterhazy est intangible.

Pourtant, les juges du Conseil de guerre, s'ils n'avaient pas consenti à être dupes de cette comédie, avaient un moyen bien simple de savoir la vérité.

Une pièce secrète du ministère de la guerre avait été remise à Esterhazy. Ils n'avaient qu'à demander : « Comment cette pièce a-t-elle pu sortir des tiroirs du ministère? Comment une photographie a-t-elle pu en être livrée à Esterhazy? »

Les officiers qui gardaient les dossiers n'étaient pas bien nombreux : l'enquête aurait abouti vite. La preuve c'est qu'en quelques jours le général Zurlinden a su que la Dame voilée c'était du Paty de Clam.

Mais si on avait fait sérieusement cette enquête, on aurait constaté publiquement la complicité de l'Etat-Major avec le traître Esterhazy.

Et les hommes de bon sens se seraient dit : Puisque du Paty de Clam, qui a été l'officier de police judiciaire dans l'affaire Dreyfus, qui a conduit et machiné tout le procès, est obligé maintenant de recourir aux manœuvres les plus suspectes pour sauver Esterhazy, accusé d'avoir commis la trahison imputée à Dreyfus, c'est qu'il n'y a pas contre Dreyfus de charges sérieuses.

Ils se seraient dit aussi : Puisque du Paty de Clam est

un charlatan et un misérable, combinant, avec le louche Esterhazy, des romans ineptes et livrant des dossiers secrets à un homme accusé de haute trahison, quelle autorité morale garde le procès Dreyfus que du Paty a mené ?

Oui, dès lors, dès le mois de janvier 1898, les honnêtes gens auraient dit ce qu'ils sont bien obligés de dire aujourd'hui.

Et c'est pourquoi, ni le général de Luxer, ni les juges du Conseil de guerre n'osaient chercher à fond ce qui se cachait sous la fable insolente de la Dame voilée, et au nom de l'honneur de l'armée ils ont dû subir, en réprimant un haut-le-cœur, l'écœurante mystification dont les honorait Esterhazy.

V

Il est vrai que celui-ci n'épargnait pas non plus son enquêteur, le général de Pellieux. Il lui avait raconté que la Dame voilée lui avait donné un soir rendez-vous dans une rue voisine du Sacré-Cœur. Le général de Pellieux lui dit : « Apportez-moi cette lettre. » Naturellement, comme Esterhazy n'avait jamais reçu cette lettre, il dut, une fois rentré chez lui, la fabriquer.

Mais il ne se rappela plus le nom de la rue voisine du Sacré-Cœur et il envoya sa concierge pour le vérifier. C'est elle qui en a témoigné devant le juge.

Quand la concierge fut de retour, Esterhazy put achever la lettre de la Dame voilée, et le lendemain le général de Pellieux, comme un vieux maître somnolent qu'un écolier fripon coifferait du bonnet d'âne, recevait le document « authentique ».

Et la verve bouffonne du traître s'attaquait au ministre lui-même : après avoir rapporté solennellement au ministère la pièce secrète que lui avait livrée du Paty, Esterhazy obtenait du ministre un reçu où la légende de la Dame voilée est officiellement inscrite. Et il portait ensuite ce reçu aux journaux !

C'était le plus beau trophée de l'audace du traître sur la plate rouerie de Billot, Je ne connais pas de document plus monstrueusement bouffon que le reçu donné gravement par un ministre de la guerre à un traître qui rapporte un document volé au ministère. En voici le texte qui passera à l'histoire :

Commandant,

Le ministre de la guerre vous accuse réception du document que vous lui avez fait remettre à la date du 14 novembre, document qui vous a été donné, avez-vous dit, par une femme inconnue, et qui serait, ajoutez-vous, la photographie d'un document appartenant au ministère de la guerre.

Ainsi, on ne vérifie pas tout de suite si c'est bien en effet la photographie d'un document du ministère, car il aurait fallu arrêter immédiatement Esterhazy comme receleur. On se borne à enregistrer les affirmations du traître et à lui accuser réception du document. Le général Billot peut-il relire aujourd'hui toute cette histoire sans une rougeur de honte ?

VI

Mais pourquoi du Paty avait-il communiqué à Esterhazy, quelques jours avant le procès de celui-ci, une pièce secrète ? On sait aujourd'hui que c'est la fameuse pièce : « Ce canaille de D... » qui avait été illégalement communiquée par le général Mercier aux juges de Dreyfus, à l'insu de celui-ci.

Le rapport Ravary nous apprend que c'est cette pièce qui fut communiquée à Esterhazy. Pourquoi ? dans quel intérêt ?

Comme je l'ai fait observer dans ma déposition à la

cour d'assises, au procès Zola, cette pièce ne pouvait pas aider Esterhazy dans sa défense. Il était accusé d'avoir écrit le bordereau. La possession de la pièce : « Ce canaille de D... » ne l'aidait pas à démontrer qu'il n'était pas l'auteur du bordereau. Et je disais : « L'Etat-Major, en lui passant ce document, a voulu dire à Esterhazy : *Nous sommes avec vous : ne perdez pas courage, n'avouez pas.* »

L'explication était vraie dans l'ensemble, puisque nous savons maintenant que du Paty avait des relations constantes avec Esterhazy.

Mais elle n'était pas assez précise. En effet, si du Paty de Clam avait voulu seulement assurer Esterhazy du concours de l'Etat-Major, il n'avait pas besoin de lui mettre en main une pièce du dossier qui ne pouvait pas servir directement à sa défense.

Non, par cette manœuvre, l'Etat-Major a voulu autre chose. Il a voulu faire peur au général Billot. Il a voulu lui signifier qu'Esterhazy avait en main la pièce dont le général Mercier avait fait un usage illégal et criminel.

Cela disait à Billot : *Ne touchez pas à Esterhazy, car il est armé d'un secret redoutable; il peut provoquer un grand scandale qui atteindra un ancien ministre et ébranlera toute la haute armée.*

C'est pour cela qu'Esterhazy a reçu de du Paty cette pièce compromettante et qu'il l'a remise au ministre. *C'est un chantage exercé par l'Etat-Major* sur le général Billot et celui-ci peut être fier de la façon dont les bureaux de la guerre l'ont traité.

En octobre 1896, ils fabriquent un faux pour le lancer contre Dreyfus dans l'interpellation Castelin; et en novembre 1897, ils lui ont fait peur du scandale pour qu'il fasse acquitter Esterhazy.

C'est entre le faux et le chantage, comme entre les deux branches d'un étau, que le général Billot a été pressé et façonné par l'Etat-Major.

VII

Aussi bien le général Billot croyait-il peut-être de son intérêt d'être trompé.

Mais maintenant que les faux d'Henry sont découverts, maintenant que ceux de du Paty sont démontrés, maintenant qu'il est reconnu de tous que la fable de la Dame voilée a été concertée par du Paty et Esterhazy pour duper le ministre et égarer les juges, il faut quelque audace aux nationalistes et aux cléricaux pour soutenir que le procès Dreyfus est intact.

Ils ont vraiment le génie de la disjonction : ils ne voient pas ou ils n'avouent pas les connexités les plus évidentes.

Dreyfus est condamné sur le bordereau ; plus tard, quand il est établi que le bordereau est d'Esterhazy, nos bons nationalistes disent : « C'est possible, mais cela n'a aucun rapport avec l'affaire Dreyfus.

Puis, il est établi que le colonel Henry, qui fut contre Dreyfus le principal témoin à charge, est un faussaire et un scélérat. Ils disent : « C'est possible ; mais c'est l'affaire Henry ; cela n'a aucun rapport avec l'affaire Dreyfus. »

Et encore il est prouvé que l'enquêteur et meneur du procès Dreyfus, du Paty, est un faussaire, une sorte de feuilletonniste niais et malfaisant; ils disent : « C'est possible ; mais c'est l'affaire du Paty ; cela n'a aucun rapport avec l'affaire Dreyfus. »

Ils affectent même, à chaque découverte nouvelle qui ruine le fondement même du procès Dreyfus, de se réjouir et de triompher. A la bonne heure, murmurent-ils : voilà le procès qui s'épure de tous ses éléments parasites, de toutes ses dépendances suspectes ; c'est « la liquidation » de toutes les affaires accessoires et latérales : l'affaire centrale, dominante, va se dresser dans sa rectitude et sa force, comme un monument dégagé des masures qui le souillaient et le masquaient.

Il n'y a qu'un malheur: c'est que toutes ces affaires Henry et du Paty ne sont pas des excroissances du procès Dreyfus, elles en sont le cœur et le centre.

Quand un homme a été condamné par l'action de deux hommes, l'un juge d'instruction, l'autre premier témoin, et que l'indignité de ces deux hommes est démontrée, le procès est atteint dans ses œuvres vives. Le procès est mort avec Henry; il est déshonoré avec du Paty.

La tactique désespérée des nationalistes ne trompe plus personne; et c'est en vain qu'ils l'appliquent aux documents comme aux hommes.

Ils avaient invoqué le bordereau: le bordereau croule, puisqu'il est d'Esterhazy. Ils s'écrient: A la bonne heure; les autres pièces ne sont que plus fortes.

Les pièces avec l'initiale D cessent de porter, car la preuve est faite qu'elles ne peuvent s'appliquer à Dreyfus. Ils s'écrient: Très bien; mais la lettre des attachés où Dreyfus est nommé en toutes lettres est irrésistible.

On démontre que c'est un faux. Qu'à cela ne tienne, s'écrient-ils; la fausseté constatée de cette pièce ajoute encore à l'authenticité des autres, et il y a le dossier *ultra secret* qui est inexpugnable; il y a, tremblez donc, la correspondance de Guillaume II et de Dreyfus. Au bout de quelques jours cette correspondance croule à jamais sous le ridicule, et ils n'osent plus en parler. Victoire, clament-ils, en avant! Il y a les rapports des espions berlinois, et quand la preuve sera faite de leur fausseté et de leurs inepties, ils triompheront encore.

La culpabilité de Dreyfus est pour eux comme une essence immatérielle et immortelle qui survit à la ruine morale de tous les témoins et au discrédit de toutes les preuves.

Elle existe en soi et par soi, c'est une entité indestructible... Oui, mais le pays se dit que lorsqu'il n'y a contre un homme que des témoins flétris et des pièces fausses, c'est que cet homme est innocent.

VIII

Du Paty n'était pas un comparse au procès Dreyfus : c'est lui qui a mis en mouvement les poursuites. C'est lui, d'accord avec Bertillon, qui a imaginé que Dreyfus avait fabriqué le bordereau avec un mélange d'écritures variées ; c'est lui qui a torturé le capitaine pour lui arracher des semblants d'aveux que toujours il refusa.

C'est lui enfin qui a machiné la scène de la dictée où l'on retrouve toute la fausseté d'esprit et de conscience, toute la complication niaise et mélodramatique qui éclate dans le roman de la Dame voilée.

Le même fou qui a conspiré avec Esterhazy, dans le nocturne décor des vespasiennes et sous le voile mystérieux de la femme inconnue, a organisé contre Dreyfus cette épreuve judiciaire de la dictée, qui décida de l'arrestation.

Il avait imaginé de dicter à Dreyfus le bordereau pour voir s'il se troublerait. De pareilles expériences sont toujours très délicates.

Essayer de surprendre sur la physionomie d'un homme les signes d'une émotion secrète est très hasardeux. Il est toujours à craindre que l'observateur, qui ne fait cette expérience que quand il a déjà des soupçons, ne ramène à son idée préconçue les signes les plus indifférents.

En tout cas, cette méthode, toujours incertaine, ne vaut que ce que vaut l'homme qui la pratique.

Et quand on sait que le commandant du Paty de Clam avait une imagination de Ponson du Terrail, quand on sait qu'au lieu de se réserver tout entier pour l'observation directe de Dreyfus, il avait disposé des miroirs sur toutes les faces du cabinet pour surprendre les attitudes ou les mouvements que lui déroberait l'homme soupçonné, quand on sait qu'il s'introduisait de nuit dans la chambre de prison où dormait Dreyfus et qu'il voulait lui porter brusquement une lanterne au visage pour saisir le soubresaut de sa pensée, on se demande si cet enquêteur de mélodrame devenu un inquisiteur de tragédie avait le sang-froid et la mesure nécessaires pour interpréter exactement les jeux de la physionomie, les mouvements involontaires du pied ou de la main.

IX

Mais regardons de près ce que dit à cet égard l'acte d'accusation :

Alors que le capitaine Dreyfus, s'il était innocent, ne pouvait pas se douter de l'accusation formulée contre lui, M. le commandant du Paty de Clam le soumit à l'épreuve suivante : il lui fit écrire une lettre dans laquelle étaient énumérés les documents figurant dans la lettre-missive incriminée. Dès que le capitaine Dreyfus s'aperçut de l'objet de cette lettre, son écriture, jusque-là régulière, normale, devint irrégulière et il trembla d'une façon manifeste pour les assistants.

Interpellé sur les motifs de son trouble, il déclara qu'il avait froid aux doigts. Or, la température était bonne dans les bureaux du ministère, où le capitaine Dreyfus était arrivé depuis un quart d'heure, et les quatre premières lignes écrites ne présentent aucune trace de l'influence de ce froid.

Et d'abord pour couper court à tout, la défense met l'Etat-Major au défi de produire cette pièce. Elle affirme que nul ne pourra surprendre à aucune ligne la moindre trace de tremblement.

Mais de plus, comme si tout devait être louche dans cette affaire, à quel étrange procédé a recouru le commandant du Paty? S'il avait voulu que l'expérience fût claire, qu'elle eût au moins quelque chance d'aboutir, il fallait qu'il dictât à Dreyfus le texte même du bordereau.

C'est alors que, si vraiment il en était l'auteur, il eût éprouvé une commotion assez forte pour être un indice sérieux.

Mais non : il semble bien, d'après le texte de l'acte

d'accusation, que ce n'est pas le bordereau même qu'on lui a dicté ; l'esprit tortueux de M. du Paty de Clam a faussé encore, par une combinaison à côté, une expérience déjà très incertaine.

Si on eût dicté à Dreyfus le texte du bordereau, l'acte d'accusation le dirait sans doute formellement, et il ne dirait pas qu'il a fallu un certain temps à Dreyfus pour s'apercevoir de l'objet de la lettre ; c'est tout de suite qu'il l'aurait vu.

Mais si on ne lui a pas dicté le texte même du bordereau, que signifie l'épreuve ?

Quoi ! il suffira au traître, pour se sentir perdu et pour trembler, de voir qu'on parle ou qu'on écrit des sujets mentionnés dans le bordereau ? Mais il ne pouvait supposer, j'imagine, qu'à partir de l'envoi de son bordereau on cessât de parler au ministère de la guerre de la mobilisation, des troupes de couverture et des expériences d'artillerie.

Comment donc, aussitôt que dans une lettre qui n'est pas le bordereau on lui dicte un mot qui a rapport à ces sujets, peut-il se mettre à trembler ?

Il tremble, dit l'acte d'accusation, dès la quatrième ligne, c'est-à-dire à la première mention qui est faite d'une des questions mentionnées au bordereau.

Or, depuis que le bordereau a été envoyé, depuis six mois, il a dû être fait mention devant lui cent et mille fois, soit de vive voix et en conversation, soit dans des rapports et des notes de service, des objets indiqués au bordereau. Pourquoi donc tremblerait-il, ce jour-là, au moindre énoncé de l'un d'entre eux ?

Encore une fois, par quelle bizarrerie, par quel goût suspect du compliqué, du détourné et de l'étrange, ne l'a-t-on pas éprouvé brutalement par la dictée du bordereau lui-même ? Puisqu'on l'a arrêté et mis au secret tout de suite après cette scène de la dictée, il n'y avait aucun inconvénient à lui donner toute la précision possible.

Et que penser de l'exactitude d'esprit d'hommes qui gâchent ainsi une expérience jugée par eux décisive?

Mais si, contrairement à ce que semble indiquer l'acte d'accusation, c'est bien le texte même du bordereau qui a été dicté à Dreyfus, il est inexplicable que sa main n'ait manifesté un peu d'émotion, selon du Paty, qu'à la quatrième ligne.

C'est tout de suite, c'est dès les premiers mots qu'il doit être foudroyé par la découverte de son crime; c'est dans les premières lignes que son trouble doit se montrer au maximum, et au contraire il peut ensuite retrouver quelque calme.

Mais comment Dreyfus a-t-il marqué son prétendu trouble à la quatrième ligne? Est-ce par un signe d'émotion certain, violent, non équivoque?

Quoi! voilà un homme qui depuis six mois, dans l'hypothèse de l'accusation, a envoyé le bordereau. Il peut croire que tout péril a passé pour lui. Brusquement, sans qu'il puisse s'attendre à rien, au moment où il arrive dans son bureau pour sa besogne quotidienne, on lui dit : « Ecrivez! » et il apprend soudainement que sa trahison est découverte!

Je le répète : c'est la foudre qui tombe sur lui, et quelque maître qu'il soit de ses nerfs, il est au moins étrange qu'il ne lui échappe ni un cri ni même un mouvement marqué.

L'acte d'accusation ne dit même pas qu'il ait pâli; que relève-t-on seulement? que notent les hommes prévenus qui l'entourent, qui déjà voient en lui le traître et qui ont tout disposé pour son arrestation?

Ils notent que l'écriture cesse d'être « normale », et là où l'on pouvait attendre la force et la clarté de la foudre, nous sommes réduits à une nuance de graphologie.

La copie écrite par Dreyfus ne porte même pas, assure la défense, la marque de cette prétendue irrégularité d'écriture.

Maître Labori a défié qu'on osât la produire et la soumettre à des experts.

Mais quoi! c'est sur d'aussi misérables indices que l'on juge un homme! Dreyfus a dit qu'il avait l'onglée et que ses doigts étaient un peu gourds. Au matin du 15 octobre, à Paris, quand on vient du dehors, cela n'est point pour surprendre.

Mais, dit l'acte d'accusation, il était déjà au ministère depuis un quart d'heure.

Ainsi la culpabilité ou l'innocence de Dreyfus va dépendre de la rapidité avec laquelle, par une matinée un peu froide, la circulation du sang se rétablit à l'extrémité de ses doigts!

Tout cela est enfantin et misérable.

Et tout cela c'est l'œuvre de du Paty le faussaire, de du Paty l'inventeur niais et fourbe de la Dame voilée. Cette épreuve décisive qui a abouti à l'arrestation de Dreyfus a été conçue et conduite par l'homme le plus faux de conscience et d'esprit, et quand on découvre qu'en effet du Paty est à la fois un faussaire et un feuilletonniste malade, qui donc voudrait maintenir contre Dreyfus une épreuve toujours téméraire et incertaine mais qui pour avoir quelque valeur suppose du moins chez celui qui la dirige l'entière rectitude du sens moral et de la pensée?

C'est dans sa source même que le procès Dreyfus est faussé.

C'est dans sa double racine, Henry et du Paty, qu'il est pourri.

Il est temps de l'arracher du sol.

LE DOSSIER ULTRA-SECRET

I

J'arrive au dernier chapitre de mon étude sur l'affaire Dreyfus au moment même où la procédure de revision vient d'être ouverte.

Un pas décisif a été accompli : mais la bataille n'est point terminée. Le parti des faussaires essaiera de troubler l'opinion par des mensonges.

Déjà il faut au général Zurlinden une singulière impudence pour oser dire, en se retirant, que le dossier contient la preuve de la culpabilité de Dreyfus. Par quel miracle alors, toutes les fois qu'au lieu d'affirmer ainsi sans preuves les ministres ont essayé de prouver, n'ont-ils pu invoquer que des pièces fausses *comme la lettre fabriquée par Henry ou des pièces qui, comme le bordereau, sont d'Esterhazy ?*

Les grands chefs ne se résignent pas à leur défaite : mais qu'ils prennent garde. Plus ils s'obstineront, plus ils compromettront la haute armée.

Boisdeffre, pour s'être porté garant d'une pièce fausse, a dû démissionner. Le général Zurlinden, qui se porte garant, après la mésaventure de Cavaignac, d'un dossier inepte et faux, devra démissionner à son tour, quand la pleine lumière sera faite par un débat public.

En attendant, ce que nous savons du dossier ultra-secret suffit à démontrer au peuple à quelles inventions ineptes les césariens et les cléricaux recourent pour le berner.

Il ne faut pas laisser tomber dans l'oubli l'histoire prodigieuse que Rochefort a osé raconter à ses lecteurs. Peut-être espère-t-il que ceux-ci, ahuris par son incohérence, ont perdu la mémoire du roman inepte qu'il leur a servi. Mais l'heure est venue où ce mépriseur du peuple qui a traité le prolétariat en vieille dupe imbécile, doit rendre ses comptes.

II

Donc, au moment où furent produites des accusations précises contre Esterhazy, Rochefort, essayant de sauver le délicieux uhlan par tous les moyens, imagina la diversion que voici. Le 15 décembre 1897, *l'Intransigeant*, sous le titre : « La vérité sur le traître », publiait l'article suivant :

Dreyfus et Guillaume II

Dreyfus était exaspéré depuis longtemps de la campagne antisémite menée par plusieurs journaux.

Très ambitieux il se disait que juif, il ne pourrait jamais atteindre aux sommets de la hiérarchie qu'il rêvait.

Et il pensait que, dans ces conditions, il serait préférable pour lui de reconnaître comme définitifs les résultats de la guerre de 1870, d'aller habiter l'Alsace où il avait des intérêts et d'adopter enfin la nationalité allemande.

C'est alors qu'il songea à donner sa démission, à quitter l'armée.

Mais auparavant, il écrivit directement à l'empereur d'Allemagne, afin de lui faire part de ses sympathies, pour sa personne et pour la nation dont il est le chef, et lui demander s'il consentirait à lui permettre d'entrer avec son grade dans l'armée allemande.

Guillaume II fit savoir au capitaine Dreyfus, par l'entremise de l'ambassade, qu'il était préférable qu'il servît le pays allemand, sa vraie patrie, dans le poste que les circonstances lui avaient assigné, *et qu'il serait considéré à l'Etat-Major allemand comme un officier en mission en France.*

La promesse lui fut faite, en outre, qu'en cas de guerre il prendrait immédiatement rang dans l'armée allemande.

Dreyfus accepta ces conditions et la trahison commença : elle dura jusqu'au jour où le traître fut arrêté.

LETTRE IMPÉRIALE

Ce préambule était nécessaire à ce qui va suivre : **Une des fameuses pièces secrètes est une lettre de l'empereur d'Allemagne lui-même.**

Elle fut dérobée, photographiée et replacée où elle avait été prise.

Dans cette lettre adressée à M. de Munster, Guillaume II nommait tout au long le capitaine Dreyfus, commentait certains renseignements et chargeait l'agent de l'ambassade communiquant avec lui d'indiquer au traître les autres renseignements à recueillir, nécessaires à l'Etat-Major allemand.

Telle est l'origine de la principale « pièce secrète ».

Nous possédions depuis longtemps une version *qui nous avait été fournie par une* **personnalité militaire des mieux placées** pour être admirablement informée, analogue à celle que nous publions aujourd'hui en toute certitude.

CONFIRMATION

Nous avons tenu, d'ailleurs, à nous entourer de toutes les garanties possibles avant de livrer ces importantes révélations au public, bien, encore une fois, que la source d'où elles émanent soit des plus autorisées.

Un attaché militaire étranger à qui nous les avons soumises nous a déclaré ce qui suit :

« — J'ignorais les détails extrêmement curieux que vous possédez sur les relations de Dreyfus avec le haut Etat-Major allemand ; mais ce que je sais du fond de l'affaire y correspond admirablement. De même que la plupart de mes collègues attachés militaires des puissances étrangères, j'ai entretenu des relations de camaraderie assez intimes avec le colonel Schwarzkoppen, et il m'arriva souvent, dans les conversations nombreuses que j'eus avec lui, de faire allusion à l'affaire Dreyfus.

» Et voici, résumé, ce que j'ai appris :

» Quelques jours avant l'arrestation de Dreyfus, le comte de Munster, ambassadeur d'Allemagne, s'était rendu chez M. Charles Dupuy, président du Conseil des ministres, et lui avait tenu le langage suivant :

« On a soustrait dans les bureaux de l'ambassade une
» liasse de documents, huit lettres qui m'étaient adressées.
» C'est une véritable violation du territoire en temps de paix.
» J'ai le regret de vous informer que si ces lettres ne me
» sont pas restituées immédiatement, je quitterai Paris dans
» les vingt-quatre heures. »

» Les documents furent rendus séance tenante au comte de Munster.

» Seulement **ils avaient été photographiés**, et ce sont les photographies qui ont été mises sous les yeux des juges du Conseil de guerre.

» Sur les huit lettres, sept émanaient de Dreyfus. »

Cette déclaration, sur la sincérité de laquelle aucun doute n'est possible, confirme absolument les renseignements publiés plus haut d'autre source.

Des huit lettres soustraites, sept étaient de Dreyfus. La huitième était évidemment la missive impériale où **le capitaine Dreyfus était nommé**, et qui fut la cause du langage tenu par l'ambassadeur allemand M. Dupuy.

Voilà ce que *l'Intransigeant* osait raconter à ses lecteurs. Le gouvernement, ayant cru devoir opposer à ces monstrueuses inepties un démenti officiel, Rochefort intervint de sa personne ; sous le titre : « Démentis négligeables », il publiait ceci :

Billot et Méline, tout en feignant de s'incliner devant la chose jugée, laissaient volontiers entendre que quoique déclaré coupable à l'unanimité, il n'y aurait rien d'extraordinaire à ce que le déporté de l'île du Diable fût innocent, étant donné le peu d'infaillibilité de la justice humaine.

Or, lorsque Billot, autant par crainte des manifestations

de la rue que de l'hostilité du Sénat, se résignait à cette posture entre deux selles, il connaissait dans leurs moindres détails les phases des débats du procès du traître.

Il avait également sous les yeux la « pièce secrète » avec laquelle il lui était si facile de moucher Scheurer-Kestner, quand ce vieil imbécile venait dans son cabinet lui exhiber les paperasses incohérentes de son prétendu dossier.

En quatre mots, avant que la moindre agitation se produisît, il était loisible à Billot de régler leur compte aux agitateurs.

Pendant que Rochefort servait ce conte absurde aux lecteurs de *l'Intransigeant*, Millevoye, qui porte avec sérénité le souvenir de l'affaire Norton, contait la même histoire aux ouvriers de Suresnes qui se moquaient de lui. Voici le compte rendu du *Temps* qui m'a été confirmé par notre ami Chauvin présent à la réunion :

M. Millevoye, faisant l'historique de l'affaire Dreyfus, arrive à la pièce secrète.

— Elle existe ? crie-t-on de toutes parts.

— Eh bien, oui, citoyens, elle existe, dit l'orateur. Voulez-vous en connaître la teneur ?

— Oui ! oui !

— La voilà ; cette pièce dit : « *Que cette canaille de Dreyfus envoie au plutôt les pièces promises. Signé... Guillaume.* »

Cette révélation est accueillie par un rire général. Ce sont, pendant cinq minutes, des clameurs étourdissantes que percent des lazzi à l'adresse du conférencier.

— Est-ce la dame voilée qui vous a communiqué cette lettre ? demande ironiquement quelqu'un...

L'orateur termine en disant que, vu les déclarations de M. de Bülow, la publication de la pièce secrète prouverait le parjure de l'empereur d'Allemagne et ce serait la guerre.

Ces calembredaines et ces menaces ne firent pas trembler les socialistes de Suresnes et à la presque unanimité un ordre du jour de flétrissure contre les antisémites et nationalistes fut voté.

Le bon sens des ouvriers et leur gaieté gouailleuse

avaient balayé les inventions ineptes de Rochefort et de Millevoye.

III

Je ne m'arrêterai pas longtemps à les discuter. Elles sont dix et vingt fois absurdes.

D'abord, si, au moment du procès, *l'Etat-Major avait eu en main des lettres de Dreyfus lui-même, adressées à l'ambassade et signées de lui*, il s'en serait servi.

Il n'avait que le bordereau, et pour pouvoir l'attribuer à Dreyfus, il était obligé de faire appel aux imaginations délirantes de du Paty et de Bertillon.

Il ne sert à rien de dire qu'on ne pouvait utiliser *légalement* les lettres dérobées à l'ambassade d'Allemagne : *le bordereau aussi y avait été dérobé* et il était la base *légale* de l'accusation.

Et quelle joie c'eût été pour du Paty l'enquêteur et pour l'Etat-Major, quand Dreyfus protestait de son innocence pendant toute l'instruction et au procès même, de lui faire rentrer dans la gorge ce cri mensonger en lui montrant, à huis clos, les lettres écrites par lui à l'ambassade !

On ne les avait pas et *l'Intransigeant* a menti.

S'il y en avait maintenant au dossier, c'est qu'après coup les faussaires galonnés les auraient fabriquées.

Puis, l'idée qu'un empereur, un chef d'Etat va se compromettre personnellement dans une correspondance d'espionnage est bien la plus folle qui se puisse imaginer.

On comprend très bien que Guillaume II ait fait savoir récemment par *la Gazette de Cologne* qu'on pouvait publier ses lettres, qu'il ne s'en offenserait pas. Je le crois bien ; elles couvriront de ridicule notre Etat-Major, capable de prendre au sérieux de telles niaiseries.

Pour nous qui ne sommes pas des patriotes de métier,

mais qui souffrons cruellement de toute diminution de la France, nous ne pardonnerons jamais aux imbéciles de haut grade, qu'ils s'appellent Boisdeffre ou Rochefort, qui, en accueillant et propageant de pareilles inepties, font de notre gouvernement et de notre peuple la risée du monde.

Enfin comprenne qui pourra le calcul prêté par *l'Intransigeant* à Dreyfus :

Celui-ci a peur, étant juif, de ne pas arriver en France aux plus hauts grades, et il songe à aller servir en Allemagne *où jamais les juifs n'arrivent aux grades élevés*.

Et comment aurait-il pu penser, étant un traître authentique, qu'il serait accueilli dans l'armée allemande ?

Quel est le pays qui donnerait à un espion étranger l'uniforme de ses officiers ?

Enfin, quelle eût été, en Alsace même, la vie de Dreyfus revêtu de l'uniforme prussien ? Il y aurait été écrasé par le mépris de tous, surtout par le mépris de sa propre famille, qui depuis l'annexion envoie tous ses fils servir sous le drapeau de la France.

Et au bout du compte, à quoi se résigne Dreyfus ? Lui qui craint de ne pas monter assez vite dans l'armée française, le voilà qui y reste, mais en acceptant le rôle aussi dangereux que vil d'espion et de traître.

Il est vrai qu'il aura une compensation. Le jour où éclatera la guerre entre la France et l'Allemagne, il désertera, au prix de mille dangers, et il retrouvera dans l'armée allemande le même grade que dans l'armée française.

Voilà les absurdités que les nationalistes ont osé proposer à la crédulité du pays, à l'imagination surchauffée du peuple.

Quand donc viendra le châtiment pour tous ces hommes ? Quand donc le peuple, qu'ils méprisent au point de lui raconter de telles inepties, leur signifiera-t-il rudement qu'il ne veut plus être dupe ?

J'ajoute qu'il y a une contradiction grossière entre

cette prétendue lettre de Guillaume et les autres documents invoqués contre Dreyfus. Dans les lettres où il y a l'initiale D... les attachés militaires traitent cavalièrement leur espion et parlent de le congédier : *comment l'auraient-ils fait s'il s'agissait d'un espion en relation directe avec l'empereur?*

Et dans les faux Henry, comment les attachés peuvent-ils comploter de laisser ignorer à leurs gouvernements leurs relations avec Dreyfus s'il y a rapports directs de Dreyfus et de l'empereur ?

Il n'y a pas seulement faux et crime, il y a incohérence dans le crime et dans le faux.

Aussi bien, Rochefort lui-même n'osa pas insister longuement sur cette histoire. Il comprit sans doute qu'à tendre outre mesure la crédulité de son public il la briserait, et il s'arrêta.

Depuis la fin de décembre 1897, il n'a pas osé parler de nouveau de la lettre de Guillaume.

Et lui qui accusait le général Billot de trahison, parce qu'il n'assénait pas sur Scheurer-Kestner le coup de massue de la lettre impériale, il n'a pas osé demander à son ami Cavaignac la production de cette lettre.

Bien mieux, quand le faux de « la pièce décisive » citée par Cavaignac fut démontré, pourquoi Rochefort n'a-t-il pas arrêté la débâcle en s'écriant : « Mais il reste la lettre de Guillaume, qu'on la sorte ! »

Pourquoi n'a-t-il pas dit cela ? Il ne peut pas alléguer que ce serait dangereux, car c'est lui qui a lancé cette histoire, il y a un an, dans son journal.

M. Millevoye ne peut dire que ce serait dangereux, puisqu'il a donné lui-même le texte de la pièce dans une réunion publique.

Si donc ils se taisent, s'ils n'en réclament pas la production au moment où elle leur serait le plus nécessaire, c'est qu'ils ont cessé de croire au document jadis invoqué par eux. C'est qu'ils ont perdu l'espoir de faire accepter au public une aussi énorme imbécillité.

IV

Mais ils n'échapperont pas par le silence et l'oubli aux responsabilités qu'ils ont encourues. Et il faudra bien que, devant le peuple qu'il a berné, M. Rochefort s'explique.

De deux choses l'une. Ou bien M. Rochefort a inventé de toutes pièces la lettre de l'empereur Guillaume, ou bien en effet, comme il le dit, c'est par une « haute personnalité militaire », par l'Etat-Major qu'il en a appris l'existence.

Dans le premier cas, M. Rochefort a commis le crime le plus abject. Il a, pour accabler un innocent et pour sauver les grands chefs réactionnaires compromis, jeté au public un mensonge. Il a tenté d'affoler le patriotisme du peuple en mettant en cause, par un document faux, l'empereur Guillaume. Il donnait ainsi à ce dernier le beau rôle devant le monde, et si une émotion populaire avait suivi les révélations mensongères de *l'Intransigeant*, si de ce mouvement populaire une complication diplomatique était sortie, Guillaume avait beau jeu pour accabler la France dans l'opinion de l'Europe, puisque c'est sur un mensonge que le peuple de Paris se fût soulevé.

Crime contre Dreyfus ; crime contre le peuple de Paris et contre la France, voilà ce qu'a commis Rochefort s'il a lui-même imaginé cette absurde et dangereuse histoire.

Mais je me hâte de dire que Rochefort, du moins pour une large part, a été dupe.

Depuis l'origine de cette affaire, il a fait preuve surtout d'imbécillité. Ce n'est pas impunément qu'il vieillit. Les hommes qui toute leur vie ont cherché de bonne foi la vérité peuvent vieillir sans que leur pensée se trouble : la force et la lumière tranquille du vrai soutiennent leur esprit jusqu'à la fin.

Mais quand on s'est fait une loi de la fantaisie la plu

incohérente, quand on s'est fait une habitude et un jeu de forcer sans cesse les idées et les faits, il vient une heure où l'esprit alourdi devient la dupe de lui-même. Il ne s'arrête plus aux limites extrêmes de la fantaisie, il tombe lourdement dans l'absurde.

Pauvre amuseur raidi et bientôt ankylosé ! Malgré la grimace du sourire professionnel, à chaque tour de force il risque de se rompre le cou.

L'Etat-Major avait bien vu que Rochefort était à point pour accepter les fables les plus invraisemblables et je suis porté à croire qu'en effet, une haute personnalité militaire lui a raconté qu'il y avait une lettre de Guillaume sur Dreyfus.

Millevoye ne suffisait pas à l'Etat-Major. Non certes que Millevoye n'eût sa bonne crédulité toujours prête. Celui-là est un modèle de bonne foi. Il ne peut y avoir un dossier fabriqué dans le monde sans qu'aussitôt, avec une conviction touchante, il en proclame l'authenticité.

Vers cette haute chandelle à la lumière candide, les papiers faux volent d'eux-mêmes, comme des papillons de nuit.

Il suffisait donc de chuchoter à l'oreille de Millevoye : « Dossier A et Dossier B — dans dossier B lettre de Guillaume » pour qu'aussitôt de tout son clairon de patriote informé il le fît savoir à l'univers.

Par malheur, l'aventure Norton diminuait un peu son crédit.

Rochefort, lui, valait mieux. Il n'avait pas encore servi dans les papiers faux : il n'était pas chevronné de la campagne Norton. Et sa réputation d'homme d'esprit était intacte. Mais à y regarder d'un peu près, ses facultés avaient faibli.

On pouvait donc, en le flattant un peu, l'engager dans l'aventure.

On lui envoya d'abord, au nom de l'Etat-Major, le commandant Pauffin de Saint-Morel qui lui confia, symboliquement, « le drapeau de la France ».

Puis, quand cette cérémonie patriotique eut préparé Rochefort, par une sorte d'attendrissement, à recevoir toutes les empreintes, on lui fit passer l'histoire de la lettre de Guillaume, et avec une discipline toute militaire il la communiqua à ses lecteurs.

Le tour de l'Etat-Major était joué. Ce qu'il n'osait faire ouvertement lui-même, par ses Gonse et ses Pellieux, il le faisait faire par Rochefort. C'était tout bénéfice. Si l'histoire prenait, la haute armée bénéficiait du trouble des esprits. Si elle ne prenait pas, la charge en restait à Rochefort et cela ne tirait pas à conséquence.

Ces vieux troupiers, bien qu'ils ne soient pas malins, ont joué du pamphlétaire comme un chat joue d'un peloton de fil très embrouillé.

V

Très bien, et la responsabilité de Rochefort, dans l'invention criminelle de la lettre, est très diminuée : mais celle de l'Etat-Major devient terrible.

En effet, il ne peut nier ses relations avec Rochefort, puisqu'il lui a envoyé, d'ordre de Boisdeffre, Pauffin de Saint-Morel.

C'est donc l'Etat-Major qui a soufflé à notre pauvre Géronte, l'histoire de la lettre de Guillaume.

Mais, ou bien l'Etat-Major n'a pas cette lettre et il a commis le plus criminel mensonge. Ou bien il a en effet une lettre de Guillaume et que penser alors de l'imbécillité de nos chefs s'ils ont pris au sérieux un faux aussi monstrueusement inepte ?

L'Etat-Major a le choix entre une incomparable scélératesse et une insondable niaiserie.

Pour moi, je l'avoue, j'incline à croire que nos chefs et nos sous-chefs ont eu, en effet, en main une lettre de Guillaume, fabriquée par un faussaire assez avisé pour se dire que l'Etat-Major accepterait tout.

Aujourd'hui nos généraux hésitent à produire cette pièce imbécile parce que l'aventure d'Henry, si elle ne les a pas rendus honnêtes, les a rendus prudents.

Mais il est probable qu'ils ont eu, un moment, ce document terrible dans quelque tiroir mystérieux devant lequel leur sottise montait la garde comme un dogue au collier hérissé de clous.

Cette lettre, il faut qu'ils la montrent. Il faut que nous sachions au juste si nous avons eu des chefs assez niais pour croire à l'authenticité d'un pareil document, ou assez criminels pour faire jeter à la foule, par l'intermédiaire de Rochefort, un faux connu pour tel.

Oui, il faut que sur ce point la lumière se fasse. Il faut qu'au prochain procès Dreyfus, Rochefort, appelé comme témoin, soit invité à dire s'il a inventé de toutes pièces cette histoire, ou s'il la tient, en effet, d'une « haute personnalité militaire », comme l'affirme l'*Intransigeant*.

Pour moi, j'incline à penser que cette pièce était, au ministère de la guerre, une sorte de faux hors cadre.

Il y avait des pièces fausses, comme les lettres fabriquées par Henry, qui étaient, si je puis dire, enrégimentées et encadrées. Elles étaient là, au premier rang, toutes prêtes à marcher au premier signal des faussaires.

Il y en avait d'autres qui rôdaient, si je puis dire, tout autour de l'enceinte régulière des faux. On n'osait pas trop les introduire au dossier officiel et au cœur de la place. Elles étaient comme des aventuriers campés dans les faubourgs. On se réservait de les mobiliser si les autres succombaient. Ou bien on les destinait à Rochefort.

IV

Il semble bien que les bureaux de la guerre constituaient des sous-dossiers, je dirai même des extra-dossiers, pour des usages irréguliers et inconnus.

Voici ce que dit devant la cour d'assises (*Tome I, page 375*) le colonel Henry :

M. LE COLONEL HENRY. — Hé bien! Allons-y. En 1894, j'ai l'honneur d'appeler votre attention sur les dates, messieurs les jurés, au mois de novembre, un jour le colonel Sandherr est entré dans mon bureau et m'a dit : « Il faut absolument que vous recherchiez, dans vos dossiers secrets, tout ce qui a trait aux affaires d'espionnage. — Depuis quand ? — Depuis que vous êtes ici. — Vous les avez classés? — Je lui ai dit : Oh! ce ne sera pas long ; j'y suis depuis un an, depuis 1893. — Eh bien, recherchez tout ce que vous avez, vous en constituerez un dossier. »

J'ai recherché ce que j'avais, et j'ai retrouvé, je crois, **huit ou neuf pièces**, — je ne me souviens plus exactement du nombre — dont une lettre importante ayant un caractère extra-confidentiel et, si vous voulez, extra-secret. Je fis un bordereau de ces pièces, je pris copie de quelques-unes, et je remis le tout au colonel Sandherr. C'était, comme je vous le disais tout à l'heure, messieurs les jurés, en novembre 1894. Le colonel le prit, le garda environ un mois. Vers le 15 ou le 16 décembre 1894, le colonel vint me trouver et me dit : « Voilà votre dossier. »

Ah! pardon, avant il y a un détail important que j'oubliais. Lorsque je remis le dossier au colonel Sandherr, je lui fis remarquer qu'une pièce secrète, pièce importante dont je vous parlais tout à l'heure, messieurs les jurés, ne devait pas sortir du bureau sans que nous en ayons le reçu ou la photographie. Il me répondit : J'en fais mon affaire ; je ferai faire des photographies. Il a fait faire deux ou trois photographies. Je ne me souviens plus exactement du nombre, dans tous les cas deux ou trois — et comme je vous le disais tout à l'heure, il me remit le dossier le 15 ou le 16 décembre 1894.

J'appelle votre attention sur cette date, messieurs les jurés, parce qu'on a fait à ce dossier une légende, et je tiens à rétablir son histoire.

Puis le 16 décembre j'ai repris le dossier sans faire le dépouillement des pièces qui s'y trouvaient, j'ai remis le tout dans une enveloppe : la fameuse enveloppe dont je parlais tout à l'heure, sur laquelle j'ai écrit au crayon bleu : « Dossier secret »; dans un coin de l'enveloppe, la lettre D et, au verso, après avoir collé l'enveloppe, mon paraphe ou presque ma signature au crayon bleu ; j'ai remis ce dossier dans le tiroir de mon armoire secrète; et il n'en est plus sorti qu'au moment où le colonel Picquart l'a demandé à M. Gribelin, c'est-à-dire — il se souviendra mieux de la date que moi, j'étais en permission — à la fin d'août ou au commencement de septembre 1896 ; voilà l'histoire de ce dossier.

Il faut vous dire que lorsque le colonel Sandherr m'a remis ce dossier le 16 décembre 1894, je lui ai dit : Mais comment se fait-il que vous n'ayiez plus besoin de ce dossier-là ?

Il m'a répondu : J'en ai un plus important, et je vais vous montrer une lettre de ce dossier.

Il m'a fait voir une lettre en me faisant jurer de n'en jamais parler.

J'ai juré. Il m'a montré une lettre plus importante encore que celles du dossier. Il m'a dit : « J'ai avec cela quelques documents, mais je les garde par devers moi et je m'en servirai si besoin est. »

Je n'ai plus jamais entendu parler de ce second dossier ; jamais le colonel ne me l'a remis.

Qu'on me pardonne d'avoir cité en entier cette partie de la déposition d'Henry. Il faudrait en méditer chaque parole.

Quel malheur vraiment que Cavaignac lui ait laissé en main le rasoir qui a coupé net tant d'explications.

A coup sûr, nous ne pouvons prendre à la lettre les affirmations du faussaire Henry. Nous pouvons pourtant relever les aveux qui y sont contenus.

C'est au moment du procès Dreyfus que se passent les faits racontés par Henry. En novembre et décembre 1894, Dreyfus est sous les verrous, et c'est le 22 décembre qu'il est condamné.

Or, des paroles d'Henry, il ressort deux faits essentiels. Le premier c'est que, au moment du procès, le dossier **de toutes les affaires** d'espionnage, j'entends le dossier régulier connu des bureaux, *ne comprenait que* **huit ou neuf pièces**. Que devient dès lors le chiffre fantastique de pièces dont a parlé M. Cavaignac ? *Evidemment si elles existent,* **elles ont été fabriquées depuis.**

Et le second fait, bien curieux, bien frappant, c'est que

chacun au ministère de la guerre se constituait des dossiers à son usage personnel.

Quelle anarchie incroyable et comme elle est favorable à l'éclosion des faux !

Voilà le colonel Sandherr, chef du service des renseignements, et déjà miné par une paralysie cérébrale, qui recueille pour son usage personnel un dossier inconnu de ses collaborateurs.

Il se réserve, lui, personnellement, d'en faire usage, comme si des pièces d'espionnage pouvaient être sa propriété.

Et qui ne voit qu'en opérant ainsi tout seul, sans le contrôle même de ses collaborateurs, il s'exposait aux pires mésaventures ? Il était à la merci du premier coquin qui lui vendait des pièces fausses.

Et qu'a voulu le colonel Henry en nous parlant du dossier personnel que s'était constitué le colonel Sandherr et de la lettre ultra-mystérieuse sur laquelle il a dû jurer un éternel silence ? Evidemment le colonel Henry se réservait d'authentiquer par là les documents nouveaux et décisifs qui surgiraient, au besoin, contre Dreyfus.

Il était si facile de dire : Oui, oui ; cela était dans les papiers du colonel Sandherr.

Et je ne serais pas surpris que les bureaux de la guerre eussent formé le plan de rattacher à cette source mystérieuse la prétendue lettre de Guillaume, si l'opinion tâtée par Rochefort et Millevoye faisait mine de la prendre au sérieux.

En tout cas, nous savons que la grande officine de faux qui fonctionnait au ministère de la guerre se divisait en plusieurs laboratoires. Le faussaire Henry lui-même nous apprend que le colonel Sandherr avait son dossier à lui.

Dans cette grande cathédrale du mensonge et du faux il y avait plusieurs chapelles, et cette anarchie, cette incohérence dans le crime explique les résultats lamentables auxquels l'Etat-Major a abouti.

Mais, quelle que soit l'origine présumée de la lettre de Guillaume, il faut qu'on nous donne cette lettre. Il faut qu'on nous explique cette origine.

Il n'est pas possible que ce monument de l'audace criminelle de l'Etat-Major et de l'imbécillité de Rochefort reste dans l'ombre.

Ce faux est le roi des faux, comme Rochefort est le roi des dupes. Qu'on ne nous prive pas de ce chef-d'œuvre !

VII

Voilà donc qu'au point où nous sommes il y a, sans compter les faux non encore constatés, huit faux, exactement, à la charge de l'Etat-Major.

Il y a les trois lettres fausses de Schwarzkoppen et Panizzardi fabriquées par Henry.

Il y a la fausse photographie représentant Picquart en conversation avec Schwarzkoppen.

Il y a les trois lettres ou dépêches fausses fabriquées contre Picquart.

Enfin, par un couronnement impérial et superbe, il y a la lettre fausse de Guillaume II.

Et les bandits qui, dans la seule affaire Dreyfus, ont déjà à leur compte huit faux reconnus, constatés, ont l'audace encore de nous demander crédit.

Ils chuchotent maintenant qu'au fond de leur dossier ultra-secret ils ont des lettres de nos espions prussiens, mais qu'on ne pourrait les montrer sans perdre nos agents de Berlin.

Misérables, vous mentez !

D'abord ces lettres, si elles existent, ne peuvent être que des faux, car tant que le colonel Picquart était au ministère elles n'existaient pas.

La preuve c'est qu'on lui a permis de pousser son enquête jusqu'à la fin d'octobre 1896. On l'aurait arrêté d'un mot en lui disant : « Vous voyez bien qu'il y a des preuves décisives contre Dreyfus. »

Bien mieux, trois ans après la condamnation de Dreyfus, en décembre 1897, quand le général de Pellieux enquête sur Esterhazy et demande aux bureaux de la guerre de rassurer sa conscience par une preuve certaine de la culpabilité de Dreyfus, l'Etat-Major lui sert le faux Henry.

L'eût-il fait s'il eût eu des rapports décisifs de ses agents prussiens ?

Donc, ou ces rapports sont une invention misérable ou ils sont une nouvelle série de faux, s'ajoutant aux huit faux déjà officiellement connus.

Ou peut-être, les agents de Berlin, assurés de plaire en pourvoyant l'Etat-Major aux abois de documents sauveurs, lui ont-ils adressé tout ce qu'il voulait.

La date tardive suffit à démontrer l'imposture.

Bandits, nous n'avons pas besoin de connaître le nom de vos agents berlinois pour établir votre besogne de faussaires.

Nous n'avons pas eu besoin, pour démontrer que le bordereau est d'Esterhazy, de savoir par quel agent il avait été saisi.

Nous n'avons pas eu besoin, pour que l'authenticité du « petit bleu » fût certaine, de savoir le nom de l'agent qui l'a porté.

Nous n'avons pas eu besoin, pour démontrer avant l'aveu le faux d'Henry, de savoir s'il avait été porté au ministère par un agent complice, ou s'il avait été fabriqué directement par Henry lui-même.

Nous n'avons pas besoin de savoir le nom de l'agent qui vous a vendu la lettre de Guillaume pour être assurés que c'est un faux imbécile.

Cachez donc, si vous voulez, la signature des agents berlinois qui sont venus à votre secours contre espèces sonnantes, mais montrez les pièces elles-mêmes : la marque du faux éclatera d'emblée.

VIII

Ah! il serait trop commode à ces criminels, il serait trop commode à ces faussaires d'échapper à tout contrôle et à toute responsabilité sous prétexte qu'ils se font expédier leurs mensonges et leurs faux de l'autre côté du Rhin !

Admirez, je vous prie, quelle arme souveraine ces hommes auraient en main contre tous les Français qui les gênent.

Un beau jour, ils prétendraient qu'ils ont reçu de leurs agents de Berlin ou de Rome des rapports démontrant la trahison d'un tel ou d'un tel... Et sous prétexte de ne pas brûler ces agents, l'Etat-Major jugerait à huis clos ceux qui dénoncent son incapacité et ses crimes.

Oui, ce serait commode : mais quelle audace à ces faussaires, qui ont déjà huit faux à leur actif, de demander confiance et discussion dans les ténèbres, pour le reste des dossiers fabriqués par eux !

Mais non : c'est au plein jour qu'il faut que votre ignominie apparaisse.

A genoux devant la France, coquins qui la déshonoriez !

Pas de huis clos ! Pas de ténèbres !

Au plein jour la justice ! Au plein jour la revision pour le salut de l'innocent, pour le châtiment des coupables, pour l'enseignement du peuple, pour l'honneur de la patrie !

TABLE DES MATIÈRES

	Pages.
Préface..	I

LES PREUVES

L'Illégalité..	1
L'Intérêt socialiste............................	11
Illégalité et Raison d'Etat.....................	14

DREYFUS INNOCENT

Les Prétendus Aveux.................................	23
Le Jour de la Dégradation....................	27
Le Récit de Lebrun-Renaud....................	35
Les Equivoques de Cavaignac..................	37
L'Explication vraie...........................	46
Certitude.....................................	52
Le Bordereau seule Base d'Accusation..............	54
Le Bordereau et son Contenu..................	59
Dreyfus et Bertillon................................	
Le Bordereau et les premiers Experts.........	73
Le Système Bertillon.........................	77
L'Illusion tenace............................	83
Le Chaos de l'Enquête........................	89
Le Véritable Traitre................................	
Le Document révélateur.......................	97
Ce qu'est Esterhazy..........................	105
Les Charges..................................	108
Les Aveux d'Esterhazy.............................	120
Hypothèse absurde............................	128
Un Mensonge..................................	131
Expertises contradictoires.........................	141
Savants contre Experts.......................	150
Témoignages des Savants......................	156

L'Expédient suprême...............................	169
Erreur de fait...............................	174
Mauvaise foi...............................	181
Impossibilités...............................	189
Faux évident...............................	196
Les Erreurs de M. Cavaignac...............................	201
Les Habiletés de M. Cavaignac...............................	209
Les Faussaires.	
Complicité des Bureaux de la Guerre...............................	220
Une Lettre fausse...............................	226
Faux Télégrammes...............................	232
Les Premiers Résultats...............................	241
Du Paty de Clam...............................	257
Le Dossier ultra-secret...............................	274
Dreyfus et Guillaume II...............................	275

Paris. — Imprimerie de *la Petite République*, 4, rue Paul-Lelong.

www.ingramcontent.com/pod-product-compliance
Lightning Source LLC
Chambersburg PA
CBHW071515160426
43196CB00010B/1536